DIE NEUE BREHM-BÜCHEREI

275

Bau und Funktion tierischer Zellen

7., unveränderte Auflage
Nachdruck der 6. Auflage von 1973

Dr. Herbert Klug

W/V Die Neue Brehm-Bücherei Bd. 275
Westarp Wissenschaften · Hohenwarsleben · 2011

Mit 102 Abbildungen

Umschlagbild: Oozyt I (Siehe auch Text S. 152)
(Nach Anderson und Beams)

7., unveränderte Auflage
Nachdruck der 6. Auflage von 1973

Alle Rechte vorbehalten, insbesondere die der fotomechanischen Vervielfältigung oder Übernahme in elektronische Medien, auch auszugsweise.

© 2011 Westarp Wissenschaften-Verlagsgesellschaft mbH, Hohenwarsleben
http://www.westarp.de

Gesamtherstellung: Westarp, Hohenwarsleben

Inhaltsverzeichnis

1. Einleitung 5
2. Geschichte und Methoden der Zellforschung 6
3. Allgemeiner Bau und Funktionen der Zelle 14
   3.1. Der Zellaufbau 14
      3.1.1. Die Zellorganellen 14
      3.1.2. Die chemischen Bestandteile des Protoplasmas 15
   3.2. Der Zellverband 26
   3.3. Größe und Form der Zellen 29
   3.4. Submikroskopischer Bau und Funktion der Zellstrukturen . . . 31
      3.4.1. Die Zellmembran (Plasmalemma) 31
      3.4.2. Bau und Funktion des Zellkernes (Nukleus) 36
         3.4.2.1. Allgemeines 36
         3.4.2.2. Das Geschlechtschromatin 40
         3.4.2.3. Der Feinbau des „Ruhekernes" (Interphasekern) . . 42
             Kernmembran und Kernplasma 42
             Der Nukleolus 47
         3.4.2.4. Der chemische Aufbau der Kernstrukturen 50
             Allgemeines 50
             Struktur und Bildung der DNS 54
             Die Ribonukleinsäuren 59
             Nukleoproteide 60
         3.4.2.5. Allgemeine Kern-Zytoplasmabeziehungen 62
         3.4.2.6. Molekularbiologie der Vererbung 63
             Allgemeines 63
             Der genetische Kode 66
      3.4.3. Die Mitochondrien 68
         3.4.3.1. Darstellung und Morphologie 68
         3.4.3.2. Feinbau und Entwicklung 71
         3.4.3.3. Chemie und Funktion 76
      3.4.4. Das Zentralkörperchen 81
      3.4.5. Der Golgi-Apparat 84
      3.4.6. Das endoplasmatische Retikulum und das Ergastoplasma . 87
         3.4.6.1. Membranstrukturen 87
         3.4.6.2. Die Ribosomen 91
      3.4.7. Die Mikrotubuli 94
      3.4.8. Lysosomen und Peroxysomen 96
      3.4.9. Vakuolen 100
      3.4.10. Das Grundplasma 100
      3.4.11. Paraplasmastrukturen 101
   3.5. Allgemeine Zellfunktionen 103
      3.5.1. Allgemeines 103
      3.5.2. Enzyme (Fermente) 103
      3.5.3. Der Energiestoffwechsel 105

3.5.3.1. Allgemeines ... 105
3.5.3.2. Die Energiegewinnung ... 106
    Die Glykolyse ... 107
    Der Zitronensäurezyklus ... 112
    Die Atmungskette ... 118
3.5.3.3. Die Regulierung des Energiestoffwechsels ... 121
3.5.4. Der Stoffaustausch ... 122
  3.5.4.1. Passiver und aktiver Stofftransport ... 122
  3.5.4.2. Pinozytose und Phagozytose ... 127
3.5.5. Die Zellvermehrung und das Zellwachstum ... 130
  3.5.5.1. Die Mitose ... 130
    Morphologie und Mechanismus ... 130
    Bau und Funktion der Chromosomen ... 134
    Die Faktoren der Zellteilung ... 145
  3.5.5.2. Mitosestörungen und Polyploidie ... 147
  3.5.5.3. Zytostatika und Antimetabolite ... 148
  3.5.5.4. Die Amitose ... 149
  3.5.5.5. Das Wachstum der Zelle ... 150
4. Die Zelldifferenzierung ... 151
  4.1. Bau der Eizellen ... 151
  4.2. Der allgemeine Entwicklungsablauf ... 154
  4.3. Die Bildung der Keimzellen ... 160
    4.3.1. Allgemeines ... 160
    4.3.2. Die Meiosis ... 164
5. Spezielle Zellfunktionen ... 168
  5.1. Epithelzellen ... 168
  5.2. Drüsenzellen ... 173
  5.3. Endothelzellen ... 174
  5.4. Die Zellen der Stützgewebe ... 177
  5.5. Die Blutzellen ... 179
  5.6. Die Plasmazelle ... 184
  5.7. Die Mastzelle ... 187
  5.8. Die männlichen Geschlechtszellen ... 189
    5.8.1. Formen und Bau ... 189
    5.8.2. Die Befruchtung ... 193
    5.8.3. Die genotypische Geschlechtsbestimmung ... 194
  5.9. Die Muskelzellen ... 197
    5.9.1. Der Bau der Muskelzellen ... 197
    5.9.2. Die Elementarvorgänge bei der Muskelkontraktion ... 205
  5.10. Die Nervenzellen ... 209
    5.10.1. Entwicklung und Bau ... 209
    5.10.2. Funktion der Nervenzellen ... 217
    5.10.3. Die Neurosekretion ... 220
  5.11. Sinneszellen ... 223
    5.11.1. Allgemeines ... 223
    5.11.2. Die Lichtsinneszellen ... 226
6. Die Eiweißbiosynthese ... 230
7. Zellalterung und Zelltod ... 234
8. Biokybernetik ... 235
9. Literaturverzeichnis ... 238
10. Sachwortverzeichnis ... 241

1. EINLEITUNG

Die großartig geschaffene Technik, die der Mensch im 20. Jahrhundert sich zu Nutzen macht, bedeutet immer noch wenig dem gegenüber, was die Natur in wunderbarer Weise und Vollkommenheit geschaffen hat: das L e b e n. Noch können wir es nicht definieren, doch offenbart es sich uns in Form von organisierter Materie, deren Bausteine unter Energieaufwand in einer gesetzmäßigen Ordnung gehalten werden. Die sich daraus ergebende notwendige Energiegewinnung ist eine der Grundeigenschaften des Lebens: der E n e r g i e s t o f f w e c h s e l. Gleichzeitig wird ein Teil der gewonnenen Energie zum Aufbau neuer organischer Substanz verwendet. Darin äußert sich eine weitere Eigenschaft des Lebens: W a c h s t u m und V e r m e h r u n g. Diesen genannten Eigenschaften liegt eine Anzahl gesetzmäßiger biochemischer Reaktionsabläufe zugrunde, die sich nur unter ganz bestimmten physikalischen Bedingungen vollziehen. Zu diesen Bedingungen gehört eine Reihe von U m w e l t f a k t o r e n, deren Summe die L e b e n s b e d i n g u n g e n bildet. Auf Grund der kosmischen Verhältnisse sind diese unterschiedlich. Alle Organismen haben aber das Vermögen, sich im einzelnen den für ihren Lebensablauf günstigen (optimalsten) Bedingungen anzupassen. Die Grundlagen eines solchen Vermögens beruhen auf der Fähigkeit des Organischen, auf Veränderungen der Umweltbedingungen mit bestimmten chemisch-physikalischen Reaktionen zu antworten. Dies ist schließlich eine dritte wesentliche Eigenschaft des Lebens: die R e i z b a r k e i t. Mit ihr in enger funktioneller Beziehung steht auch die Fähigkeit zu einer a k t i v e n B e w e g u n g, die als weiteres Kennzeichen des Lebens angesehen werden kann. Alle Merkmale sind an bestimmte Strukturgefüge gebunden, die insgesamt die I n d i v i d u a l i t ä t darstellen.

Alle genannten Eigenschaften sind das Ergebnis biochemischer Reaktionen, denen chemische Verbindungen zugrunde liegen. Diese dienen zu einem Teil dem Aufbau b i o l o g i s c h e r S t r u k t u r e n und zum anderen der Erhaltung dieser Strukturen. Diese wirken nicht unabhängig voneinander, sondern nur miteinander und bilden eine funktionelle Einheit. Die einfachste Organisationsstufe des Lebens, die gewissermaßen einen Elementarorganismus darstellt und alle notwendigen Strukturelemente enthält, ist die Z e l l e [1]. Somit weist dieses Gebilde auch alle Eigenschaften des Lebens auf; sie können an ihr untersucht werden. Daß dies so ist, beweist uns deutlich die Tatsache, daß es eine große Anzahl verschiedener Lebewesen gibt, deren O r g a n i s m u s aus einer einzigen Zelle besteht. Es sind dies die E i n z e l l e r oder P r o t o -

---

[1] von cella (lat.) = Kammer

zoen[1]. Ihnen gegenüber steht das große Heer der **Vielzeller** oder **Metazoen**[2]. Sie heißen auch noch **Gewebetiere**, weil sich bei ihnen die einzelnen Zellen zu einem Zellverband zusammengeschlossen haben. Da nun hier nicht alle Zellen sämtliche Funktionen ausüben (Prinzip der Arbeitsteilung), kommt es zur Ausbildung verschiedener Zellen und somit zum Aufbau besonderer Gewebe. Somit haben diese Zellen neben allgemeinen Zellfunktionen (z. B. Energiestoffwechsel) auch noch spezielle Aufgaben zu verrichten. Solche speziellen Funktionen sind aber an bestimmte **Zellstrukturen** gebunden. Demzufolge haben alle Zellen außer den Strukturen für die allgemeinen Funktionen auch noch besondere Zellelemente für die Ausübung spezieller Funktionen. Ihre Entwicklung bezeichnet man als **Zelldifferenzierung**.

Nun hat die Entwicklung der Elektronenmikroskopie gezeigt, daß die Lichtmikroskopie uns nur ein recht grobes Bild von den Zellstrukturen gibt. In Wirklichkeit sind diese viel komplizierter gebaut. Man bezeichnet daher alles, was man lichtmikroskopisch nicht mehr sehen kann, als **submikroskopische** Strukturen oder als **Ultrastruktur**. Ihre Darstellung bildet einen wesentlichen Teil dieser Ausführungen.

2. GESCHICHTE UND METHODEN DER ZELLFORSCHUNG

Schon seit Jahrtausenden versucht die Menschheit, das Rätsel des Lebens zu lösen. In allen Epochen der Vergangenheit haben sich zahlreiche Gelehrte darum bemüht. Wenn auch anfangs das magisch-mythische Denken vor allem in der praktischen Heilkunst vorherrschte, so war man doch stets um eine Erklärung der Lebensvorgänge und den Körperbau der Organismen bemüht. Man kann zwei Fähigkeiten des Menschen hervorheben, die ihn von der magisch-mythischen Naturbetrachtung zur wissenschaftlichen Erforschung der Natur geführt haben: die genaue Beobachtungsgabe von Naturvorgängen und das folgerichtige Denken. So wurde schon vor der Zeitrechnung ein beachtliches Wissen über den Bau der Pflanzen, der Tiere und des Menschen gelehrt, vor allem von **Alkmaion, Hippokrates, Aristoteles** und **Theophrast**. Durch **Galen** und seine Zeitgenossen wurde die Menschenkunde im 3. Jahrhundert n. d. Ztr. beachtlich (in erster Linie durch Sektionen) bereichert. Im Mittelalter wurde allerdings weder die biologische noch die medizinische Wissenschaft wesentlich erweitert. Beide verharrten auf überliefertem Wissen und Tradition, wobei **Aristoteles** für das biologische und **Galen** für das medizinische Wissen als Autorität galten.

---

[1] von prôtos (gr.) = das erste, zôon (gr.) = Tier
[2] von metá (gr.) = nach, danach

Einen gewaltigen Aufschwung erfuhren Biologie und Medizin im 17. Jahrhundert, als es mit technischen Hilfsmitteln möglich geworden war, bis zu den Bausteinen der Pflanzen und Tiere optisch vorzudringen, nämlich in den Bereich der Zelle. Damit war auch zugleich der Grundstein für die künftige Zell- und Gewebeforschung gelegt, die im Laufe der Zeit immer erfolgreicher vorangetrieben worden ist.

Als den Entdecker der Zelle — wenn auch der Pflanzenzelle — müssen wir den Engländer Robert H o o k e nennen. Dieser betrachtete mit einem primitiven Mikroskop verschiedene Dinge, darunter auch den Flaschenkork. Hierbei erkannte er dessen wabenartige Struktur, die er abbildete und in seiner „Microbiographia" (1667) veröffentlichte. Wegen ihrer Ähnlichkeit mit den Zellen von Bienenwaben nannte er sie „cellulae"[1]. Er entdeckte gleiche Gebilde auch im Holundermark. Heute wissen wir, daß H o o k e nur die toten Zellwände gesehen hat, deren Lumen mit Luft erfüllt waren, nicht aber das, was man heute unter der Zelle versteht. Er war sich auch nicht über die grundsätzliche Bedeutung seiner Entdeckung klar. Aber schon wenige Jahre später (1671) wurden bereits von M a l p i g h i[2] Wesen und Form der Pflanzenzelle näher charakterisiert. Fast zu gleicher Zeit (1675) entdeckte der Holländer A. L e e u w e n h o e k aus Delft mit einem einfachen Mikroskop[3] die einzelligen Infusorien.

Nach einer kleinen Ruhepause hinsichtlich der Zellforschung wurde dann im Jahre 1831 von dem Botaniker R. B r o w n der Kern von Pflanzenzellen bei Orchideen beschrieben. Da man damals den Kern besonders regelmäßig in den wachsenden Teilen der Pflanzen beobachtete, wurde ihm hierbei eine besondere Rolle beigemessen.

Um diese Zeit erlangten auch die mikroskopischen Untersuchungen von P u r k i n j e Bedeutung. 1825 entdeckte er auf der Oberfläche des Vogeleidotters ein durchsichtiges Bläschen und nannte es „Vesicula germinativa", das K e i m b l ä s c h e n. Als dann 1827 durch K. E. v. B a e r das Säugetierei entdeckt wurde, konnte auch hier das Keimbläschen nachgewiesen werden. Bedeutsam für die Zellenlehre waren auch weitere Untersuchungen P u r k i n j e s über die Ganglienzellen und Nervenfasern. Die großen Zellen des Kleinhirnes sind nach ihm benannt (P u r k i n j e sche Zellen). P u r k i n j e regte übrigens auch seinen Schüler O s c h a t z (1843) zum Bau eines M i k r o t o m s an für die Herstellung von mikroskopischen Dünnschnitten.

Im Jahre 1839 veröffentlichte dann der Botaniker S c h l e i d e n eine beachtliche Theorie von der zelligen Struktur der Pflanzen. Bereits ein

---

[1] lat. = kl. Kammern

[2] M a l p i g h i war Professor in Bologna. Die Körperchen der Milz, die Keimschicht der Haut und die Exkretionsorgane der Insekten sind nach ihm benannt.

[3] Es hatte die Form einer Lupe mit Einrichtungen zum Halten und Einstellen des Objektes.

Jahr später unternahm der Zoologe Theodor Schwann[1] den Versuch, diese Theorie auf tierische Organismen zu übertragen.

In einer zusammenfassenden Darstellung, den „Mikroskopischen Untersuchungen über die Übereinstimmung in der Struktur und im Wachsthum der Thiere und Pflanzen" (Berlin 1839) brachte er zum Ausdruck, daß die Zelle sowohl beim pflanzlichen als auch beim tierischen Organismus den Grundbestandteil bildet und in ihrer Gesamtheit den Körper aufbaut. Sicherlich hatte Schwann noch nicht die Bedeutung des Zellkernes und den Vorgang der Zellbildung richtig erfaßt. So sollten sich nach seiner Vorstellung die Zellen in den Wachstumsherden aus einer Art formlosen Mutterlösung, dem „Zytoblastem", gewissermaßen herauskristallisieren. Obwohl Schwann mancherlei Irrtümer unterlaufen waren, war seine Theorie über den Aufbau der Tiere und Pflanzen aus Zellen richtig und hat sich als außerordentlich fruchtbar erwiesen. Man kann daher Schwann mit Recht als den Begründer der Zellenlehre bezeichnen.

Schwanns Lehre von der tierischen Zelle wurde in der Folgezeit einerseits korrigiert, andererseits vervollständigt. Wir müssen es als das Verdienst des Botanikers Hugo v. Mohl (1835) ansehen, die Bedeutung des Protoplasmas[2] weitgehend erkannt zu haben. Mohl kam zu dieser Entdeckung, als er bei pflanzlichen Zellen im Innern außer dem Kern noch andere granuläre Gebilde, vor allem die den grünen Pflanzenfarbstoff führenden Chlorophyllkörner, beobachtete. Er bemerkte, daß diese im Zelleib nicht fixiert, sondern in Bewegung sind. Es muß also ein fließender Zellinhalt vorhanden sein. Diese zähflüssige, aber bewegliche Masse wurde einschließlich Zellkern erstmalig von Mohl als Protoplasma bezeichnet. Von ihm wurde außerdem behauptet, daß die Vermehrung der Zellen in der Pflanze durch Teilung vor sich gehe.

Eine Berichtigung der Zellenlehre von Schwann wurde insofern gemacht, als Purkinje und Max Schultze feststellten, daß die tierische Zelle entweder keine Hülle hat oder eine solche anders beschaffen sein müßte als die der Pflanzenzelle. Schultze war es auch, der 1861 die heute noch gültige Protoplasmatheorie aufstellte: Das Wesentliche einer Zelle ist durch ein Protoplasmaklümpchen gegeben, in welchem ein Kern liegt. Koelliker erkannte den Zellkern als bläschenförmiges Gebilde mit weichem Inhalt, der von einer festen Hülle umgeben ist und mehrere Kernkörperchen enthalten kann.

---

[1] Th. Schwann wurde am 7. 12. 1810 in Neuß geboren. Er studierte in Bonn, Würzburg und Berlin, wo er auch Assistent bei Johannes Müller war.

[2] Die Bezeichnung „Protoplasma" wurde allerdings von Purkinje für die Substanz der lebenden Embryonen eingeführt. Purkinje hat diese Bezeichnung sicherlich der theologischen Literatur entnommen, wo Protoplast für den ersten Menschen, Adam, angewendet wird. Heute bezeichnen wir als Protoplasma die Summe aller biologischen Zellstrukturen.

Von großer Bedeutung für die weitere Entwicklung der Zellenlehre war die Entdeckung der Zellvermehrung. Sie wurde wohl zuerst von Robert Remak um die Mitte des 19. Jahrhunderts beim Tier durch Zellteilung beobachtet. Er erkannte, daß sich zunächst der Zellkern in zwei Hälften teilt und anschließend die ganze Zelle. Diese Erkenntnis über die Zellvermehrung und Zellentstehung wurde dann in erster Linie durch Rudolf Virchow[1] auf eine feste Grundlage gestellt und in einem kurzen lateinischen Satz klar zum Ausdruck gebracht (1855): „Omnis cellula e cellula", das heißt: Jede Zelle entsteht aus einer Zelle. So kann man die bis dahin entwickelte Zellenlehre, an der nicht zuletzt Virchow und M. Schultze großen Anteil hatten, in folgendem zusammenfassen:

1. Die einzelnen Organismen, Pflanzen sowie Tiere, sind aus Zellen (und deren Produkten) aufgebaut.
2. Alle Organismen gehen aus der befruchteten Eizelle hervor.
3. Die Zellen sind die Lebenseinheiten und Träger der Lebensfunktionen.

Während anfangs bei der mikroskopischen Untersuchung zunächst nur Frischpräparate in Form von Zupf- und Quetschpräparaten verwendet wurden, erkannte man jedoch bald die vorteilhafte Einwirkung verschiedener chemischer Substanzen auf die Objekte, wie die des Alkohols und der Essigsäure. Dadurch wurden eine Entwässerung und somit auch eine weit bessere Sichtbarkeit der Strukturen erzielt. Zugleich erhielt man auf diese Weise Dauerpräparate, die bereits Ende des 19. Jahrhunderts in Glyzerin oder Kanadabalsam eingeschlossen wurden. Außer den fixierten und gefärbten Präparaten ist in letzter Zeit auch noch die sogenannte Vitalfärbung (Lebendfärbung) bedeutsam geworden. Sie hat den Vorteil, daß sie am frischen, lebenden Objekt vorgenommen wird, wobei die Zellstrukturen erhalten bleiben.

Die meisten biologischen Untersuchungen werden auch heute noch im durchfallenden Licht (sogenanntes Hellfeld) ausgeführt. Für viele Objekte ist aber auch die Dunkelfeldbeleuchtung besonders geeignet. Das Prinzip dieses Verfahrens läßt sich auf die des öfteren zu beobachtende Erscheinung zurückführen, wenn ein schmaler Sonnenstrahl ins Zimmer fällt. Man kann dann nämlich die feinsten Staubteilchen aufleuchten sehen, die man normalerweise wegen ihrer Kleinheit nicht sieht. Dies beruht darauf, daß bei fortschreitender Schiefe der Beleuchtung schließlich nur das Objekt mit so schiefem Licht bestrahlt wird, daß nur die an feinen Objekteinzelheiten gestreuten und reflektierten Strahlen in das Objektiv gelangen. Man bekommt also gewissermaßen ein umgekehrtes Bild: Das hell aufleuchtende Präparat erscheint auf dunklem Grund.

[1] Virchow (1821—1902) war ein bedeutender Pathologe und Sozialpolitiker. Er wirkte in Würzburg und Berlin.

Die Vorzüge dieses Verfahrens äußern sich in einem gesteigerten Kontrast zwischen Objekt und Umgebung. Auf diese Weise werden auch noch Gegenstände, deren Größe unterhalb des Auflösungsvermögens (S. 12) des Mikroskops liegt (bis 4 mμ), bei geeignetem Abstand abgebildet (Ultramikroskopie). Die Bilder sind allerdings nicht formgetreu, da die Struktureinzelheiten mehr oder weniger von Lichthöfen umgeben sind.

Eine weitere Möglichkeit zur Untersuchung von ungefärbten tierischen Zellen und Geweben bietet das P o l a r i s a t i o n s m i k r o s k o p. Bei Anwendung von polarisiertem Licht zeigen ungefärbte biologische Präparate eine bemerkenswerte Farbenpracht. Diese Methode beruht darauf, daß das Licht, dessen Wellen normalerweise senkrecht zur Fortpflanzungsrichtung schwingen und sich in alle Richtungen des Raumes ausbreiten, „gerichtet", d. h. „polarisiert" wird. Solches Licht schwingt nur noch in einer Ebene. Um dies zu erreichen, benutzte man früher aus Kalkspat angefertigte N i c o l sche Prismen. Heute verwendet man mit Vorteil Polarisationsfilter (bestehend aus Polarisator und Analysator). Polarisiertes Licht wurde bereits im 19. Jahrhundert verwendet.

Mit den angeführten mikroskopischen Methoden kann man nur biologische und medizinische Präparate untersuchen, die eine Intensitätsschwankung des durchfallenden Lichtes verursachen. Sie müssen also gewisse „Kontraste" aufweisen. Gerade in der Biologie und Medizin wird eine solche Kontrastwirkung gewöhnlich aber erst durch verschiedene Färbeverfahren erreicht. Dieser Kunstgriff verursacht bereits teilweise eine Zerstörung der sehr labilen Zellstrukturen. Das auf diese Weise gewonnene Bild ist daher nicht mehr in allen Einzelheiten naturgetreu. Die unbehandelten biologischen Objekte sind jedoch vielfach zu kontrastarm. Ihre einzelnen Teile unterscheiden sich zwar in der Brechungszahl und bewirken damit eine Phasendifferenz, aber keine Intensitätsänderung. Unser Auge reagiert aber nur auf Amplitudendifferenzen, so daß solche Objekte mit gewöhnlichem Mikroskop kaum Einzelheiten erkennen lassen. Durch eine besondere Vorrichtung läßt sich aber der Phasenunterschied in einen Amplitudenunterschied umwandeln und sich somit unserem Auge zugängig machen. Auf weitere Einzelheiten dieses Verfahrens muß hier aber verzichtet werden. Diese P h a s e n k o n t r a s t m i k r o s k o p i e ermöglicht also eine störungsfreie Untersuchung frischer biologischer Objekte und wird seit einiger Zeit mit viel Erfolg angewendet.

Ein weiteres Verfahren, das ebenfalls die Untersuchung unfixierter und ungefärbter biologischer Objekte ermöglicht, ist die F l u o r e s - z e n z m i k r o s k o p i e. Wird biologisches Material mit u l t r a v i o - l e t t e m Licht bestrahlt, das ja vom menschlichen Auge nicht wahrgenommen wird[1], so wird es angeregt und **fluoresziert**; es wird also selbstleuchtend. Unter Fluoreszenz versteht man also jede durch Einstrahlung angeregte Lichtaussendung. Ein auf diese Weise ausgesandtes Licht ist abhängig von der chemischen Beschaffenheit der einzelnen Zell- und Gewebestrukturen, so daß man gegebenenfalls ein buntes Bild bekommt. Bei nicht fluoreszierenden Objekten kann der geschilderte Effekt nur durch Anwendung bestimmter Farblösungen erreicht werden (z. B. Rhodamin). Zur Erzeugung des UV-Lichtes dient eine Quecksilberhöchstdrucklampe.

UV-Licht wird auch für die **Mikrospektrophotometrie** verwendet, die von **Casperson** (1936, 1950) als Methode der **Zytochemie** in die Zellforschung eingeführt worden ist. Sie beruht darauf, daß vor allem die **Nukleinsäure** und deren Bausteine (S. 52) UV-Licht einer bestimmten Wellenlänge (260 mμ) absorbieren und somit qualitativ und quantitativ bestimmt werden können. Gegenwärtig wird jedoch nicht nur UV-Licht, sondern vorwiegend Licht des sichtbaren Spektralbereichs angewendet. Diese Methode beruht darauf, daß man monochromatisches (einfarbiges) Licht auf ein Objekt (z. B. eine Zelle oder Zellkern) fallen läßt, das mit einem Lichtmikroskop betrachtet wird. Die Intensität des durchgehenden Lichtes wird dann photoelektrisch gemessen. Die registrierte Lichtintensität ermöglicht sehr genaue Aussagen über die Menge einer Substanz in der Zelle, die vorher spezifisch angefärbt wird. Mit dieser Methode lassen sich z. B. noch Desoxyribonukleinsäure-Werte von etwa 10^{-12} g bei geringer Variationsbreite ermitteln. Das ist eine Menge, wie sie etwa in der einzelnen Zelle vorkommt, so daß man einen guten Einblick in die chemischen Verhältnisse der Zellstrukturen bekommt (S. 51).

Abschließend soll noch die **Elektronenmikroskopie** kurz erläutert werden.

Als „Elektronenquelle" (Kathode) dient gewöhnlich ein spitzer, haarnadelförmiger, 0,1—0,2 mm starker Wolframdraht, dessen Spitze zur Anode gerichtet ist. Die Kathode wird zwecks Emission von Elektronen mit Hilfe von Gleichstrom (einige Volt) bis auf etwa 2400 °C erhitzt (Glühkathode). Durch die zugeführte Energie werden laufend von dem Metalldraht Elektronen entfernt und durch das zwischen beiden Elektroden liegende Potentialfeld zur Anode hin beschleunigt. Diese ist scheibenförmig und hat eine Durchbohrung. Die Kathode ist noch von einem Wehnelt-Zylinder umgeben, der gegenüber der Kathode eine negative Vorspannung hat. Die Wehnelt-Blende kann daher ähnlich dem Steuergitter einer Elektronenröhre zur Intensitätssteuerung des Strahl-

---

[1] ultra (lat.) = jenseits. Das menschliche Auge kann nur einen kleinen Bereich des Sonnenspektrums wahrnehmen (320—400 mμ Wellenlänge). Lichtstrahlen mit kürzerer Wellenlänge bezeichnet man als ultraviolette, mit längerer Wellenlänge als ultrarote (infrarote) Strahlen.

stromes dienen, d. h., je weniger negativ sie ist, um so mehr Elektronen gelangen zur Anode. Sie wirkt daher im Elektronenmikroskop wie eine Iris-Blende beim Lichtmikroskop.

Mit einer bestimmten Geschwindigkeit gelangen die Elektronen durch die Anodenbohrung, „durchstrahlen" anschließend das Objekt (Präparat) und durchfliegen dann ein System von rotationssymmetrischen (elektrischen oder magnetischen) Ablenkfeldern, die hier als „Elektronenlinsen" die Richtung des Elektronenstrahles ändern und entsprechend in der Lichtoptik das Objekt auf einem Leuchtschirm vergrößert darstellen. Der Leuchtschirm ist mit Zinksulfid oder Zink-Kadmium-Sulfid-Selenid versehen. Auf diesem bewirken die unsichtbaren Elektronenstrahlen eine für das menschliche Auge wahrnehmbare Fluoreszenzstrahlung mit gelbgrünem Spektrum. Wichtig ist dabei, daß in der Mikroskopsäule ein Hochvakuum von etwa $10^{-3} - 10^{-4}$ Torr [1] herrschen muß, um eine allzu große Elektronenstreuung zu vermeiden. Die Aufnahme der Bilder erfolgt auf Elektronenplatten (Glasplatten mit Fotoemulsion) oder Filmstreifen. Die Entstehung der sichtbaren Kontrastunterschiede im Elektronenbild beruht auf Absorption und Streuung der Elektronen und variiert bei unterschiedlicher Dichte und Dicke der Objekte.

Das Elektronenmikroskop unterscheidet sich vom Lichtmikroskop vor allem durch sehr klein gehaltene Aperturen. Dadurch werden allzu große Abbildungsfehler vermieden, wobei gleichzeitig eine hohe Tiefenschärfe (etwa 2 μ) beobachtet werden kann, die trotz des hohen Auflösungsvermögens [2] von etwa 10—20 Å eine relativ leichte Schärfeeinstellung erlaubt. Das Auflösungsvermögen eines Mikroskopes bedingt aber auch sein Vergrößerungsvermögen. Da ersteres bei einem guten Elektronenmikroskop etwa hundertmal größer als beim Lichtmikroskop ist, kann man auch geeignete Objekte direkt 100 000 : 1 vergrößern und gegebenenfalls noch nachvergrößern. Der Nachteil des Elektronenmikroskopes gegenüber anderen optischen Geräten besteht vor allem darin, daß die Untersuchung des Objektes in einem Hochvakuum erfolgen muß. Das Vakuum erfordert einerseits einen erheblichen technischen Aufwand (Vakuumpumpen), und andererseits können keine lebenden Objekte untersucht werden.

Außer diesen angeführten mikroskopischen Untersuchungsmethoden werden in neuerer Zeit noch andere, indirekte Methoden im Rahmen der Zellforschung angewendet. Sie dienen in erster Linie dazu, den chemischen Aufbau der Zelle zu erforschen. Wir wollen hier die wichtigsten anführen, ohne jedoch auf die Arbeitsweise näher einzugehen.

[1] „Torr" = Maßeinheit für Druckmessungen; 1 Torr entspricht einem Druck von $1/760$ Atmosphäre.
[2] Unter „Auflösungsvermögen" versteht man die Leistung eines optischen Gerätes, einen bestimmten Abstand zwischen zwei Objektpunkten noch abzubilden.

Dazu gehören die Papierchromatographie, die Elektrophorese, die Autoradiographie, die Isotopenmethode, die Spektrophotometrie und als rein mechanische Methode die Zellfraktionierung (S. 76).

Große Beachtung hat in letzter Zeit die Autoradiographie gefunden, die auch in der Elektronenmikroskopie angewendet wird (Ultraautoradiographie). Diese Methode basiert auf der Einwirkung eines radioaktiven Stoffes auf eine Spezialemulsion. Dadurch wird die Ionisationsrate der Strahlung sichtbar gemacht. Auf diese Weise lassen sich Verteilung und Menge der radioaktiven Substanz ermitteln. Verwendet werden die Isotope ^{32}P, ^{15}N, ^{35}S, ^{14}C und ^{3}H.

Bei den Isotopen handelt es sich um Elemente mit abweichender Massenzahl bei gleicher Kernladungszahl. Die instabilen Isotope gehen unter Abgabe von α-, β- oder γ-Strahlen in stabile Elemente über (Radioaktivität). α-Strahlen: 2fach positiv geladene Heliumkerne mit hoher Energie. β-Strahlen: schnelle Elektronen sowie Positronen (β^+) mit mittlerer Energie (etwa 1,5 MeV); sie werden von 7 mm dicken Gewebeschichten absorbiert. γ-Strahlen: keine korpuskulare, sondern kurzwellige elektromagnetische Wellenstrahlen; äußerst durchdringend.

Das autoradiographische Auflösungsvermögen ist um so größer, je kleiner die Reichweite der emittierten Teilchen ist. Daher wird vor allem Tritium (^{3}H) verwendet, dessen β-Strahlen im Gewebe etwa 1—2 μ reichen. Hierdurch wird ein Auflösungsvermögen von weniger als 1 μ erreicht (bei ^{32}P nur 5 μ). Die radioaktiven Isotope spielen in der biologisch-medizinischen Forschung eine große Rolle. Sie werden in erster Linie zur Messung des Stoffwechselreservoirs (Stoffwechselpool) und zur Ermittlung der mittleren Lebensdauer eines Moleküls im Organismus (Turnovertime) verwendet, die sich aus Abbau, Umbau und Ausscheidung des betreffenden Moleküls ergibt.

Bei der Anwendung der radioaktiven Isotope ist es wichtig, möglichst kleine Aktivitäten zu verwenden, um Strahlenschäden der Zellen zu vermeiden. Aus diesem Grund ist auch die sogenannte Halbwertszeit bedeutsam. Man versteht hierunter jene Zeitspanne, in der ein Element zur Hälfte zerfallen ist. Beim ^{11}C beträgt sie z. B. 20 Minuten, beim ^{14}C dagegen 5568 Jahre.

Mit Hilfe radioaktiver Elemente werden bestimmte, vom Organismus benötigte Substanzen mit einem radioaktiven Element markiert, indem man es bei der Synthese solcher Substanzen einbaut. Auf Grund ihrer Strahlenaussendung können ihr Weg und ihr Verbleib im Organismus verfolgt werden.

Bei der Zellfraktionierung werden die Gewebe und Zellen in einem Homogenisator zerstört, die einzelnen Zellbestandteile durch Zentrifugierung vom Homogenat getrennt. Dies ist auf Grund ihrer unterschiedlichen Größe und Dichte möglich, wodurch sie im Schwerefeld verschieden sedimentieren (S. 76).

3. ALLGEMEINER BAU UND FUNKTIONEN DER ZELLE

3.1. Der Zellaufbau

3.1.1. Die Zellorganellen

Die tierische Zelle unterscheidet sich von der pflanzlichen Zelle in erster Linie durch das Fehlen einer festen Zellwand. Diese besteht bei Pflanzen aus Zellulose und verleiht ihr eine bestimmte Festigkeit. Die Pflanzenzellwand ist gegenüber dem Verwesungsprozeß sehr widerstandsfähig und kann unter gewissen Bedingungen noch lange nach dem Zelltod in ihrer Form und Struktur erhalten bleiben. Diesen Tatsachen ist es auch zu verdanken, daß die Pflanzenzelle früher als die tierische Zelle entdeckt worden ist. Dagegen werden die Zellen der Tiere nur von einer dünnen Zellmembran begrenzt, die allerdings nur auf dem elektronenmikroskopischen Bild eindeutig zu erkennen ist und deren Existenz bis dahin abgelehnt wurde (S. 31).

Durch den Prozeß der Arbeitsteilung bei Vielzellern, der mit einer Differenzierung der Zellen verbunden ist, kommt es bei diesen Organismen zur Ausbildung einer großen Anzahl von Zelltypen, die sich in ihrer Form wesentlich voneinander unterscheiden. Sie haben im Rahmen ihres Zellverbandes (Gewebes) spezielle Aufgaben zu erfüllen. Trotz der z. T. recht unterschiedlichen biologischen Funktion der einzelnen Zelltypen und ihrer abweichenden Form haben alle die meisten Strukturen gemeinsam. Da die Zelle die kleinste Lebenseinheit ist, sollen diese konstanten Strukturen entsprechend den Organen eines Organismus als Organelle (auch Organoide) bezeichnet werden. So besteht zunächst jede Zelle aus dem Zelleib und dem Zellkern (Nukleus). Am Zelleib kann man die Zellmembran, die Mitochondrien[1], das Zentralkörperchen und das Grundplasma unterscheiden. Bei vielen Zellen läßt sich zudem als weiteres Organell der Golgi-Apparat nachweisen. Alle diese Zellbestandteile, die den Zellkern umgeben, bezeichnet man in ihrer Gesamtheit als Zytoplasma. Der Kern besteht aus der Kernmembran, einem oder mehreren Kernkörperchen (Nucleoli) und dem im Kernsaft liegenden Chromatin[2]. Alle in einer Zelle aktiv tätigen Strukturen bilden das Protoplasma. Abb. 1 zeigt schematisch die Form und ungefähre Größe dieser Organelle, wie man sie ganz allgemein — mit Ausnahme der Zellmembran — in fixierten und gefärbten Präparaten lichtmikroskopisch beobachten kann. Ihr Bau bis zur sublichtmikroskopischen Ultrastruktur wird weiter unten ausführlich dargestellt.

---

[1] mítos (gr.) = Faden; chóndros (gr.) = Körnchen
[2] chrôma (gr.) = Farbe

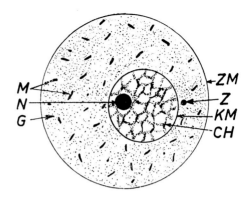

Abb. 1. Lichtmikroskopisches Schema einer tierischen Zelle. Ch Chromatin, G Grundplasma, KM Kernmembran, M Mitochondrien, N Kernkörperchen, Z Zentralkörperchen, ZM Zellmembran

Außer diesen funktionell aktiven Zellstrukturen können in differenzierten Zellen noch Substanzen in flüssiger (Vakuolen) oder fester Form (Granula) auftreten, die entweder von der Zelle selbst gebildet und gespeichert (z. B. Granula der Leukozyten, Glykogen, Fett) oder aufgenommen (phagozytiert) werden (S. 127). Derartige Stoffe werden insgesamt als Paraplasma bezeichnet. Unter Metaplasma werden dagegen alle Gebilde zusammengefaßt, die als spezifische Funktionsstrukturen im Zytoplasma gebildet werden (z. B. die Myofibrillen, S. 201).

Bevor Bau und Funktion der einzelnen Zellstrukturen näher dargestellt werden, sollen hier noch einige Bemerkungen über die physikalische Beschaffenheit des Protoplasmas und seine wesentlichen chemischen Bestandteile angeführt werden.

3.1.2. Die chemischen Bestandteile des Protoplasmas

Das Protoplasma stellt eine gallertartige Masse dar, deren Viskosität von verschiedenen Faktoren abhängt, wie z. B. vom Säuregrad (pH-Wert) und der Salzkonzentration (Molarität). Durch Veränderung dieser Faktoren kann das ganze Protoplasma oder Teile desselben von einer mehr flüssigen Phase (Sol-Zustand) in eine mehr festere Form (Gel-Zustand) reversibel überführt werden (Sol-Gel-Transformation). Derartige Phänomene kann man z. B. ständig bei Amöben zwischen der festeren Ektoplasmaschicht, dem Plasmagel, und dem mehr flüssigeren Endoplasma, dem Plasmasol, beobachten (Abb. 2). Die Oberfläche des Ektoplasmas ist durch ein festeres „Häutchen" begrenzt, das Plasmalemma. Im Endoplasma befinden sich Einschlüsse, wie z. B. die Nahrungsvakuolen und kontraktile Vakuolen. Dagegen kann man am Ektoplasma bereits einfache Kontraktionen beobachten, wodurch das Plasmasol in eine bestimmte Richtung getrieben wird und

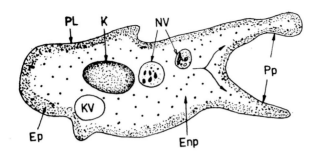

Abb. 2. Schematische Darstellung einer nackten Amöbe. Enp Endoplasma, Ep Ektoplasma, K Kern, KV kontraktile Vakuole, NV Nahrungsvakuole, PL Plasmalemma, Pp Pseudopodien.

damit der Amöbe eine „Bewegung" ermöglicht. Hierbei kommt es zur Bildung von Pseudopodien, die in Form von L o b o p o d i e n (lappenförmig) oder F i l o p o d i e n (fadenförmig) erscheinen. Als weitere Differenzierung kann ein Achsenstab aus längsgerichteten Molekülen als „Stützorganell" in solchen Pseudopodien hinzukommen, wie dies z. B. bei den A x o p o d i e n der Heliozoen der Fall ist. Durch unphysiologische Veränderungen der genannten Faktoren kann das Protoplasma leicht in eine irreversible, festere Form überführt werden (z. B. Fixierung durch Säuren), was man als D e n a t u r i e r u n g bezeichnet.

Durch elektronenmikroskopische Untersuchungen wissen wir heute, daß die Zellorganelle nicht in einem amorphen Grundplasma liegen, sondern daß dieses fibrilläre Strukturen enthält. Somit stellt das Protoplasma auch im sublichtmikroskopischen Bereich ein „geordnetes" Strukturgefüge dar, das in verschiedene Funktionsbereiche (Kompartimente) unterteilt ist. Ein solcher Ordnungszustand kann freilich nur unter ständiger Energiezufuhr aufrechterhalten werden, da jedes System eine Entropiezunahme [1] und damit einen ungeordneten Zustand anstrebt.

Die verschiedenen Strukturkomponenten des Protoplasmas sind die eigentlichen Träger aller Lebensvorgänge. Somit können wir einen Schritt weiter gehen und nach der chemischen Beschaffenheit des Protoplasmas fragen. Eine genauere Analyse zeigt, daß der größte Teil dieser Masse aus Wasser (70—90%) besteht. In ihm sind einige anorganische Salze (NaCl, KCl, $MgCl_2$, $CaCl_2$, $NaHCO_3$, NaH_2PO_4) gelöst, die seine Molarität bewirken (Leberzellen sind z. B. etwa 0,34 molar). Dabei ist

---

[1] Unter Entropie versteht man ein Maß für den molekularen Ordnungszustand der Materie, wobei Übergang in einen ungeordneten Zustand eine Zunahme und Übergang in einen geordneten Zustand eine Abnahme der Entropie bedeuten.

bemerkenswert, daß die einzelnen Ionen sehr unterschiedlich verteilt sind. So sind z. B. die Zellen reich an K^+, aber arm an Na^+ und Cl^-, während außerhalb der Zellen (extrazellulär) umgekehrte Verhältnisse herrschen (S. 125). Ein Teil Wasser ist an Strukturen gebunden (Hydratationswasser) und steht nicht als Transportmittel zur Verfügung (S. 39).

Die Hauptmasse der organischen Verbindungen bilden die Eiweiße. Weitere Substanzen sind: Fette, Lipoide, Kohlenhydrate, Mucopolysaccharide und Nukleinsäuren. Hinsichtlich Masse und Bedeutung nehmen die Eiweiße zweifellos im „Leben" der Zelle eine vorrangige Stellung ein, wenngleich die Nukleinsäuren eine gewisse Schlüsselfunktion einnehmen. Während diese an anderer Stelle erörtert werden (S. 52), wollen wir hier die übrigen Substanzen etwas näher betrachten.

Die molekularen Bausteine der Eiweiße sind die Aminosäuren. Dies sind Fettsäuren, die noch eine (vereinzelt zwei) Aminogruppe($-NH_2$) enthalten; sie befindet sich gewöhnlich in α-(Alpha-)Stellung (1. C-Atom nach der Karboxylgruppe). Die einfachste Aminosäure ist Glykokoll (Glycin), das chemisch eine α-Aminoessigsäure ist: H_2N-CH_2COOH.

Eine CH_2-Gruppe mehr weist Alanin auf, das somit eine α-Aminopropionsäure ist (Formel I) [1]. Einzelne Aminosäuren haben noch eine weitere funktionelle Gruppe, wie z. B. das Zystein, das in β-Stellung (am 2. C-Atom) eine Thiogruppe ($-SH$) trägt und somit eine α-Amino-β-thiopropionsäure ist (II). Es gibt aber auch Aminosäuren mit zwei Karboxylgruppen (Monoaminodikarbonsäuren), wie z. B. Glutaminsäure, die eine α-Aminoglutarsäure ist (III). Umgekehrt haben einzelne zwei NH_2-Gruppen, wie z. B. Lysin, das eine α-, ε-Diaminokapronsäure ist (IV):

$$CH_3-\underset{\underset{NH_2}{|}}{CH}-COOH \qquad \underset{\underset{SH\ \ NH_2}{|\ \ \ \ \ |}}{CH_2-CH}-COOH \qquad HOOC-CH_2-CH_2-\underset{\underset{NH_2}{|}}{CH}-COOH$$

I Alanin II Zystein III Glutaminsäure

$$\underset{\underset{NH_2\ \ \ \ NH_2}{|\ \ \ \ \ \ \ \ \ \ |}}{CH_2-(CH_2)_3-CH}-COOH$$

IV Lysin

Die Monoaminodikarbonsäuren neigen zum sauren, die Diaminomonokarbonsäuren zum basischen pH-Bereich. Einzelne Aminosäuren

---

[1] Außerdem gibt es noch ein β-Alanin ($H_2N-CH_2-CH_2-COOH$), die einzige in der Natur vorkommende β-Aminosäure; sie ist ein wesentlicher Baustein der Pantothensäure (S. 113).

haben einen aromatischen Ring, wie z. B. Phenylalanin (= α-Amino-β-phenylpropionsäure) und Tyrosin (= α-Amino-β-oxyphenylpropionsäure).

Eine charakteristische Eigenschaft der Aminosäuren besteht darin, daß sich zahlreiche Moleküle kettenartig aneinanderreihen können, wobei jeweils die Aminogruppe der einen Säure mit der Karboxylgruppe einer anderen reagiert und sich beide Moleküle unter Wasseraustritt verbinden. Bei der Vereinigung von zwei Molekülen spricht man von einem **Dipeptid**:

$$H_2N - CH_2 - CO \;\lvert OH + H \rvert\; - NH - CH_2 - COON \rightarrow$$
$$\rightarrow H_2N - CH_2 - CO - NH - CH_2 - COOH + H_2O$$

Aminosäure + Aminosäure = Dipeptid + Wasser

Diese Bindungsart wird als **Peptidbindung** bezeichnet; sie ist durch die -CO-NH-Gruppe (Peptidgruppe) charakterisiert.

Bei drei Aminosäuren spricht man von einem **Tripeptid**, bei acht von einem **Oktapeptid** usw. Bis zu zehn Aminosäuren wird die Verbindung allgemein als **Oligopeptid** bezeichnet und darüber hinaus als **Polypeptid**. Ist die Anzahl der Aminosäuren sehr groß, z. B. über 100 und mehr, so spricht man von **Proteinen**. Somit ergibt sich folgender Aufbau:

Dipeptid ⟶ Oligopeptid ⟶ Polypeptid ⟶ Protein

Die Proteine bestehen aus langen Ketten (Makromolekülen), die schematisch folgendes Aussehen haben (R = verschiedene Aminosäurereste):

$$R_1 \diagup^{CO-NH} \diagdown R_2 \diagup^{CO-NH} \diagdown R_3 \diagup^{CO-NH} \diagdown R_4 \diagup^{CO-NH} \diagdown R_5$$

Bei einem Ausmaß von 3,5 Å pro Peptidbindung würde also ein Molekül mit 100 Säuren bereits eine Länge von 350 Å erreichen.

Wie schon bemerkt, haben einige Aminosäuren außer einer Amino- und Karboxylgruppe noch weitere funktionelle Gruppen (z. B. -SH), so daß diese von verschiedenen Ketten untereinander reagieren können. So werden z. B. die A- und B-Kette des Insulins durch Sulfidbrücken zusammengehalten (R-S-S-R). Bei der Bindung von Peptidketten untereinander spielen außerdem die „Wasserstoffbrücken" eine wesentliche Rolle, die zwischen der CO-Gruppe der einen Kette und der NH-Gruppe der anderen zustande kommen:

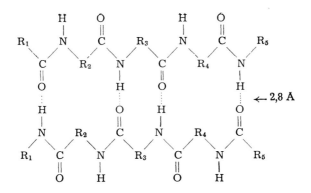

Der Abstand zwischen dem H-Atom und dem O-Atom beträgt etwa 2,8 Å. Diese Wasserstoffbindung ist schwächer als eine Hauptvalenzbindung. Durch solche Nebenvalenzbindungen können mehrere Polypeptidketten (Hauptvalenzketten) zusammengeschlossen werden.

Bei Betätigung von Seitenketten wird zwischen den Hauptketten ein Abstand von 10 Å angenommen. Durch eine parallele Anlagerung mehrerer Makromoleküle wird der Aufbau größerer Struktureinheiten erreicht, die hier als Protofibrillen benannt werden sollen. Sie haben einen Durchmesser von einhundert bis einigen hundert Å und können somit nach geeigneter Präparation elektronenmikroskopisch sichtbar gemacht werden. Diese Elementarfibrillen können durch weitere „Nebenbindungen" Netzstrukturen oder durch Zusammenlagerung lichtmikroskopisch sichtbare Fibrillen bilden (Durchmesser 1 bis 10 μ).

Die Protofibrillen spielen nun aber nicht nur bei der Ausbildung des Netzwerkes im Plasmagel sowie beim Aufbau von Eiweißfasern (z. B. Muskelfasern) eine Rolle, sondern sind auch sicherlich die Bausteine für die Bildung der verschiedensten Membranen und Filme. Da nach den bisher hier gegebenen Darstellungen vor allem die Membranen in der tierischen Zelle beim Aufbau der einzelnen Strukturen eine dominierende Rolle spielen, ist natürlich die Kenntnis des Aufbaues dieser Membranen zur Klärung anderer Probleme (z. B. Stoffaustausch) wichtig. Beachtenswert ist jedoch, mit welcher Geschwindigkeit das plasmatische Netzwerk bei der Sol-Gel-Umwandlung abgebaut und wieder errichtet wird. Unter welchen Bedingungen in der Zelle sich diese Vorgänge abspielen, ist allerdings nicht bekannt.

Diese Ausführungen zeigen, daß die Proteinmoleküle leicht größere Strukturelemente bilden können und somit den Aufbau bestimmter Zellstrukturen ermöglichen, wie z. B. die bereits erwähnten Axopodien der Heliozoen. Am Beispiel des Kollagens (S. 26) soll der stufenweise Aufbau einer komplizierteren fibrillären Proteinstruktur schematisch dargestellt werden (Abb. 3). Der prozentuale Anteil der einzelnen Aminosäuren, die das Kollagen aufbauen, ist annähernd bekannt. Wie

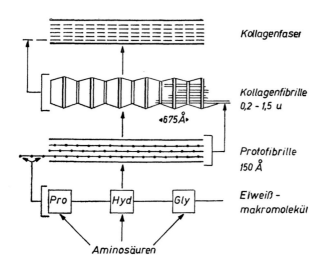

Abb. 3. Aufbau der Kollagenfaser (schematisch). Erläuterungen im Text. (Original)

bereits erwähnt, sind es in erster Linie Prolin (Pro), Hydroxyprolin (Hyd), Glykokoll (Gly) und Alanin (Ala). Aus diesen Molekülen werden lange Polypeptidketten aufgebaut, wobei die Sequenz, d. h. die Folge der einzelnen Säuren innerhalb der Kette, noch nicht bekannt ist. Diese Eiweißmakromoleküle sind vermutlich in Richtung ihrer Hauptvalenzkette gewendelt. Man bezeichnet solche primären Windungen als α - H e - l i x. Drei schraubenförmige Peptidketten sind nun ihrerseits untereinander gewendelt (β-Helix), wobei sie durch Wasserstoffbrücken und salzartige Bindungen zusammengehalten werden und Protofibrillen bilden. Sie haben eine Dicke von etwa 150 Å und können somit elektronenoptisch erkannt werden. Mehrere Protofibrillen bilden die Kollagenfibrillen, wobei es infolge einer besonderen Anordnung der einzelnen Protofibrillen zu der typischen Querstreifung kommt. Sie haben eine Dicke von 0,2 bis 1,5 μ. Mehrere Fibrillen bilden unter Beteiligung von Kittsubstanz (Mucopolysaccharide), die lichtmikroskopisch sichtbaren Kollagenfasern mit einer Dicke von einigen μ.

In dem Schema sind die Aminosäuren abgekürzt wiedergegeben. Dies ist allgemein üblich, wenn man ein Peptidmolekül mit einer größeren Anzahl von Säuren demonstrieren möchte. Gewöhnlich werden die ersten drei Buchstaben verwendet, so daß sich folgende Symbole ergeben:

Gly = Glykokoll	Ser = Serin	Phe = Phenylalanin
Ala = Alanin	Cys = Zystein	Asp = Asparaginsäure
Val = Valin	Try = Tryptophan	Glu = Glutaminsäure
Leu = Leucin	Tyr = Tyrosin	His = Histidin
Met = Methionin	Lys = Lysin	Arg = Arginin

Die Ermittlung der richtigen Reihenfolge (Sequenz) der einzelnen Aminosäuren innerhalb eines Peptid- oder Proteinmoleküls ergibt die

Primärstruktur. Dies ist allerdings bei Polypeptiden und Proteinen nicht so einfach, konnte aber bereits in einigen Fällen erreicht werden, so z. B. bei den Hormonen der Bauchspeicheldrüse, dem Glukagon mit 29 und dem Insulin mit 51 Aminosäuren, ja sogar bei dem Enzym Ribonuklease mit 154 Aminosäuren. Der Verlauf der Peptid- bzw. Proteinmoleküle in sich, d. h. ob sie gestreckt oder schraubenartig sind, wird als Sekundärstruktur bezeichnet. Verbreitet ist in der Natur die α-Helix. Hierbei bilden etwa 3,7 Aminosäuren eine Windung. Schließlich interessiert auch noch die räumliche Orientierung der Moleküle, ihre Tertiärstruktur. Diese ist beim Hämoglobin (S. 204) und Myoglobin (S. 204) bekannt.

Von den Peptiden ist das Tripeptid Gluthation bemerkenswert, das aus Glu-Cys-Gly besteht und offenbar für die Eiweißbildung wesentlich ist (S. 96). Interessant ist auch das Oligopeptid Angiotensin, das als Dekapeptid (Angiot. I) und Oktapeptid (Angiot. II) vorkommt und möglicherweise durch Renin aus Angiotensinogen gebildet wird. Beachtlich ist seine blutdrucksteigernde Wirkung, die je nach Tierart 3- bis 10mal stärker ist als die von Noradrenalin. Angiotensin und Renin werden offenbar in den distalen Nierentubuli gebildet.

Die Proteine lassen sich in zwei Gruppen einteilen:
1. unlösliche Skleroproteine mit Faserstruktur, welche die Stütz- und Gerüsteiweiße darstellen, wie z. B. Kollagen und Keratin.
2. in Wasser und Salzlösungen lösliche Sphäroproteine mit globulärer Struktur. Hierher gehören die Protamine, Histone, Globuline und Albumine. Außerdem gibt es noch eine dritte Gruppe, die streng genommen nicht zu den einfachen Eiweißen gehört, da sie noch eine Nichteiweißkomponente enthält. Man bezeichnet sie als zusammengesetzte Eiweiße oder Proteide. So heißen:
Protein + Phosphorsäure = Phosphoproteid (Ovovitellin des Eidotters).
Protein + Lipoid = Lipoproteid (Lezithalbumin des Eidotters).
Protein + Kohlenhydrat = Glykoproteid (Substanz der Blutgruppe A).
Protein + Nukleinsäure = Nukleoproteid (Chromatin).
Protein + Farbstoff = Chromoproteid (Hämoglobin, Myoglobin).

Am Beispiel des für alle Wirbeltiere unentbehrlichen Hämoglobins (= Hb) soll der Aufbau eines Chromoproteids gezeigt werden. In gleicher Weise sind auch die Atmungsfermente (Zellhämine) und das Chlorophyll aufgebaut.

Hämoglobin ist der rote Blutfarbstoff aller Wirbeltiere, kommt allerdings auch bei vielen Wirbellosen vor. Die meisten Mollusken, viele Krebse und Skorpione haben einen kupferhaltigen Farbstoff, das Hämocyanin, das aber eine wesentlich geringere O_2-Affinität (etwa 2/5) hat. Weitere eisenhaltige Blutfarbstoffe finden sich bei manchen Meeresborstenwürmern in Form von Chlorokruorin und bei Echiuriden (Igelwürmer) als Hämerythrin. Hb ist entweder in die roten Blutzellen eingelagert (S. 179) oder frei in der Körperflüssigkeit gelöst (z. B. bei Wirbellosen). Der Hb-Gehalt von 100 ml Blut beträgt bei Fischen 5,7 g, bei Kriechtieren etwa 7 g, bei Vögeln etwa 12 g und bei Säugetieren 11—15 g.

Das Hb besteht aus dem Protein G l o b i n (95%) und dem Farbstoff H ä m. Letzteres ist das komplexe Eisensalz des P r o t o p o r p h y r i n s, dem seinerseits das P o r p h i n zugrunde liegt. Dieses besteht aus vier Molekülen Pyrrol, die durch vier Methinbrücken (- CH =) untereinander verbunden sind (I).

I Porphin (A—D = 4 Moleküle Pyrrol)   II Protoporphyrin

```
      HC════CH                         CH₃─C₁════₂C─CH═CH₂
      │  A  │                           │           │
   HC═C     C═CH                     HC═C           C═CH
      \   /                             \         /
       N                                   N
  HC─C  H   C─CH              CH₃─C₈─C   H   C─₃C─CH₃
   ‖  \   /  ‖                     ‖   \   /   ‖
   D   N   N  B                         N   N
  HC─C  H   C─CH              CH₂─CH₂─C⁷─C   H   C─'C─CH═CH₂
   ‖  /   \  ‖                     │    ‖   \  /   ‖
      N                           COOH       N
   HC─C     C─CH                     HC─C        C─CH
      ‖  C  ‖                           ‖       ‖
      HC════CH                   HOOC─CH₂─CH₂─C⁶════⁵C─CH₃
```

Werden die 8 H-Atome der Pyrrolmoleküle im Porphin durch 4 Methyl-, 2 Vinyl- und 2 Propionylgruppen ersetzt, so hat man das Protoporphyrin (II). Genauer ist es das 1,3,5,8-Tetramethyl-2,4-divinyl-6,7-dipropionylporphin. Werden nun die beiden H-Atome am N durch Fe ersetzt, so erhält man den Farbstoff Häm, wobei das Fe an die beiden anderen N-Atome durch Nebenvalenzen gebunden ist. Beim Hämoglobin ist dann das Protein (Globin) über eine Histidingruppe an die 5. Koordinationsstelle des Fe gebunden, während die 6. von Sauerstoff eingenommen wird:

```
              N       N
               \     /
  . . . His ······ Fe ······ O₂
               /     \
              N       N
```

Auf Grund der Eisenbestimmung ergibt sich ein Molekulargewicht von 17 000. Mit der Ultrazentrifuge erhält man jedoch einen Wert von 64 500. Somit besteht ein Hb-Molekül aus vier Untereinheiten oder anders: Vier Monomere bilden ein Tetramer, wobei jedes Monomer aus einem Proteinanteil und einer Hämgruppe besteht. Genaue Analysen zeigen, daß jeweils zwei Proteinketten die gleiche Anzahl von Aminosäuren haben. Sie werden als α- und β-K e t t e n bezeichnet. Erstere bestehen bei Säugetieren und dem Menschen aus 141, letztere aus 146 Aminosäuren. Die vier Proteinketten werden durch H-Brücken und v a n d e r W a a l sche Kräfte zusammengehalten. Von Säuren (z. B. Eisessig + NaCl) wird das Hb in Häm und Globin gespalten, wobei H ä m i n entsteht, in dem das Fe dreiwertig ist. Es kristallisiert in rhombischer Form (T e i c h m a n n sche Kristalle).

Mit Hilfe der Elektrophorese läßt sich zeigen, daß beim Föten die β-Ketten von denen des Erwachsenen abweichen; sie werden daher als γ - K e t t e n bezeichnet. Demzufolge spricht man bei Erwachsenen vom HbA[1] und beim Föten von HbF. Beim Neugeborenen sind 60—80% HbF, der Rest ist HbA$_1$.

In den letzten Jahren konnten mehrere pathologische Hb-Formen ermittelt werden. Am längsten bekannt ist das HbS, das bei O_2-Mangel im venösen Blut zu einer Sichelzellform der roten Blutzellen und zum klinischen Bild der Sichelzellanämie führt. Diese Anomalie ist erblich und unter der Negerbevölkerung recht häufig. Bei homozygoter Anlage liegen 80 bis 100% HbS vor, der Rest ist HbF. Bemerkenswert ist, daß beim HbS lediglich Glu in Position 6 der β-Ketten durch Val ersetzt ist. Interessant ist auch das HbH, das aus vier normalen β-Ketten besteht. Es ist sehr labil, hat aber eine 10mal höhere O_2-Affinität.

Bei den Fetten handelt es sich um Ester höherer Fettsäuren und den dreiwertigen Alkohol Glyzerin; sie sind also T r i g l y z e r i d e. Sie werden in erster Linie zur Energiegewinnung verwendet (S. 116).

Den Fetten sehr nahe stehen die W a c h s e. Dies sind Ester von höheren Fettsäuren mit höheren, einwertigen Alkoholen (z. B. Myrizylalkohol). Sie werden teilweise in Talgdrüsen der Epidermis gebildet und z. B. bei Wasservögeln zum Einfetten des Gefieders verwendet.

Die Lipoide sind fettähnliche Stoffe und daher wie Fette in organischen Lösungsmitteln (Azeton, Äther) leicht löslich. Teilweise enthalten sie auch Glyzerin und Fettsäuren. Bemerkenswert sind die P h o s p h a t i d e, die am Aufbau von Zellmembranen wesentlichen Anteil haben. Ihnen liegt ein Glyzerinphosphorsäureester zugrunde, während die beiden restlichen OH-Gruppen des Glyzerins wie bei Fetten mit höheren Fettsäuren verestert sind. Zudem ist die Phosphorsäure noch mit einer organischen Base verestert. Handelt es sich hierbei um C o l a m i n (Amino-äthanol: $CH_2OH—CH_2 \cdot NH_2$), so liegt ein

$$\begin{array}{l} CH_2O \cdot OC—R_1 \\ | \\ CHO \cdot OC—R_2 \\ | \\ CH_2O \cdot PO_2H \\ | \\ O—CH_2—CH_2—NH_2 \end{array} \qquad \begin{array}{l} CH_2O \cdot OC—R_1 \\ | \\ CHO \cdot PO_2H \cdot O—CH_2—CH_2—N(CH_3)_3 \\ | \\ CH_2O \cdot OC—R_2 \end{array}$$

α-Kephalin $\qquad\qquad\qquad$ β-Lezithin

---

[1] Auch das HbA ist nicht einheitlich, so daß man HbA$_1$, HbA$_2$ und HbA$_3$ unterscheiden kann.

Kephalin vor, während die Base **Cholin** (Trimethylamino-äthanol) zum **Lezithin** führt [1].

Weitere Lipoide sind **Zerebroside**, die vor allem im Gehirn vorkommen, die **Steroide** und die **Karotinoide**. Von den Steroiden ist das **Cholesterin** noch ein wesentlicher Baustein der Membranstrukturen. Im Unterschied zu den Proteinen, Polysacchariden und Mucopolysacchariden können die Lipoide keine Polymere bilden. Eine durch den Molekülbau bedingte Eigenschaft dieser Stoffe ist, daß sich der eine Molekülteil (Fettsäurereste) **hydrophob** (lipophil) und der andere (Phosphorsäure + Cholin oder Colamin) sich **hydrophil** verhält, also eine größere Affinität zu Wasser aufweist.

Bei den Kohlenhydraten handelt es sich formal gesehen um „hydratisierten" Kohlenstoff, wobei summarisch auf ein C-Atom ein Molekül Wasser kommt ($C_n(H_2O)_u$). Sie erscheinen als Polysaccharide, Disaccharide und Monosaccharide. Die ersten beiden können durch hydrolytische Spaltung (d. h. Aufnahme von H_2O) in letztere, die einfachen Zucker überführt werden. Je nach der Anzahl der C-Atome unterscheidet man bei diesen Triosen, Tetrosen, Pentosen und Hexosen. Die Pentosen ($C_5H_{10}O_5$) beggegnen uns wieder beim Aufbau der Kernstrukturen (S. 53). Die Hexosen ($C_6H_{12}O_6$) sind mithin die wichtigsten Energieträger der tierischen Zelle, und zwar in Form von **Glukose** (Traubenzucker) und **Fruktose** (Fruchtzucker).

Die Zucker leiten sich von mehrwertigen Alkoholen ab, wobei eine endständige Alkoholgruppe zu einer Aldehydgruppe (Aldose) oder die sekundäre Alkoholgruppe am 2. C-Atom zu einer Ketogruppe (Ketose) oxydiert ist. So ist z. B. die Fruktose eine Ketose und die Glukose eine Aldose. Einige Eigenschaften der Zucker zeigen aber, daß die Moleküle in Lösung größtenteils nicht in der Kettenform vorliegen, sondern zyklische Halbazetale bilden. Räumlich gesehen befinden sich hierbei die C-Atome in einer Ebene, während die H-Atome und OH-Gruppen darüber bzw. darunter stehen. Den schrittweisen Aufbau von der Kettenform bis zum Raummodell zeigen die Strukturformeln S. 25 oben.

Eine wesentliche Eigenschaft der Hexosen ist, daß ihre primären Alkoholgruppen in der Zelle mit Phosphorsäure reagieren und Ester bilden: $-CH_2OH + HO-PO_3H_2 \longrightarrow CH_2O \cdot PO_3H_2$. Unter Wasseraustritt können sich zwei bzw. viele Moleküle Monosaccharide zu Di- bzw. Polysacchariden verbinden. So bilden z. B. jeweils ein Molekül Glukose und Fruktose ein Molekül Saccharose (Rohrzucker). Die glykosidische Bindung [2] erfolgt zwischen denjenigen OH-Gruppen, die infolge Ringbildung entstehen (Glukose 1. C-Atom, Fruktose 2. C-Atom).

---

[1] Je nachdem ob sich die Phosphorsäure am end- oder mittelständigen C-Atom des Glyzerins befindet, spricht man vom α- oder β-Lezithin bzw. -Kephalin.

[2] Die Reaktion eines Zuckers mit einem Alkohol führt zu einem Glykosid. Da bei dieser Reaktion ebenfalls alkoholische Gruppen miteinander reagieren, spricht man von einer Glykosidbindung.

			6. CH_2OH	
	H	H		
1.	C=O	C—OH	5. C—O	
			H / \ H	
2.	HCOH	HCOH	4. C H C 1.	⬤
		\	\ OH H /	⎡――O⎤
3.	HOCH	HOCH O	OH OH	⎢ ⎢
		/	3. C—C 2.	⎣――――⎦
4.	HCOH	HCOH		
5.	HCOH	HC	H OH	
6.	CH_2OH	CH_2OH		

Von den Polysacchariden ist das G l y k o g e n für die tierischen Zellen bedeutsam, das ein Molekulargewicht von über 1 Million hat. Als Reservekohlenhydrat kann es in der Leber bis zu 20% angereichert werden. Noch größere Mengen finden sich bei den erblichen Glykogenspeicherkrankheiten (Glukogenosen).

Gegenwärtig sind etwa 6 biochemisch definierbare Glukogenoseformen bekannt, denen verschiedene Enzymdefekte zugrunde liegen. So fehlt z. B. bei der hepato-renalen Form die Glukose-6-phosphatase (G i e r k e s c h e Krankheit), bei der generalisierten Form die α-Glykosidase (P o m p e sche Krankheit), und bei einer weiteren Form besteht Mangel an Phosphorylase (S. 107). Glykogen wird aus Glukose durch eine glykosidische 1—4-Bindung aufgebaut.

Eine bemerkenswerte Stoffgruppe bilden die schleimigen Mucopolysaccharide, die man zu den Glykoproteiden rechnen kann. Sie enthalten außer einfachem Zucker noch U r o n s ä u r e n (meist Glukoronsäure) und Schwefel- oder Phosphorsäure. Man unterscheidet saure (Chondroitinschwefelsäure, Hyaluronsäure, Heparin) und neutrale (Blutgruppensubstanzen) Mucopolysaccharide. Sie finden sich vor allem in der Gelenkflüssigkeit, der Knorpelgrundsubstanz, dem Glaskörper und den Sekreten der Schleimhäute (z. B. des Darmes). Überwiegt mehr die Eiweißnatur, so spricht man von Mucoproteiden. Insgesamt werden sie als M u c i n e (Mucoide) bezeichnet.

Die Nukleinsäuren (Kernsäuren) haben ihren Namen nach ihrem Vorkommen im Zellkern erhalten, in dem sie zuerst festgestellt wurden und man ursprünglich glaubte, sie kämen nur in diesem vor. Ihre große biologische Bedeutung ist jedoch erst in neuerer Zeit entdeckt worden, und heute wissen wir, daß Ihnen eine Schlüsselfunktion innerhalb der Zelle zukommt. Auf Grund ihrer chemischen Zusammensetzung kann man zwei Formen unterscheiden: D e s o x y r i b o n u k l e i n s ä u r e = DNS und R i b o n u k l e i n s ä u r e = RNS. Mit Proteinen bilden sie die entsprechenden Nukleoproteide. Weitere Einzelheiten werden auf S. 52 angeführt.

3.2. Der Zellverband

Bei den Metazoen sind die verschiedenen Zellen gewissermaßen die „Bausteine" ihrer Gewebe und Organe. Sie stellen hier einen wohlgeordneten riesigen Zellverband dar, dessen Zerstörung gewöhnlich den Zelltod zur Folge hat[1]. Solchem Verband passen sich die Zellen mit ihrer Form und ihrer funktionellen Leistung dem jeweiligen Gewebe an (z. B. Zylinderform der Epithelzellen), behalten jedoch ihre „Individualität" als wohlbegrenzte Zellen bei. Eine Ausnahme bilden die Synzytien[2], bei denen Zellkerne ohne Abgrenzung durch Zellmembranen in einer größeren Zytoplasmamasse gemeinsam liegen. Derartige Gebilde können durch Zusammenfließen (Konfluieren) von Zellen entstehen oder dadurch, daß sich Kernteilungen ohne Zellteilungen vollziehen. Ein Synzytium ist z. B. der Synzytiotrophoblast[3] des Keimes.

Bei den einzelnen Geweben grenzen die Zellen nicht immer ganz dicht aneinander, so daß häufig zwischen den einzelnen Zellen unterschiedlich große Spalträume zu finden sind, die als Interzellularspalten bezeichnet werden. Man findet sie regelmäßig bei Epithel- und Stützgeweben (S. 177). Die Zwischenzellräume sind von Flüssigkeiten unterschiedlicher Konsistenz erfüllt. In diese strukturlose Grundmasse sind bei Stützgeweben noch organische Strukturen eingelagert, und man bezeichnet beide Anteile als Interzellularsubstanz. An den Strukturelementen kann man im wesentlichen zwei Formen unterscheiden: die Kollagenfasern[4] und die Gitterfasern (Retikulinfasern). Sie unterscheiden sich bei Anwendung der Silberimprägnierung, wobei sich nur letztere schwarz färben (Silberfibrillen). Außerdem ergeben die Kollagenfasern beim Kochen Leim, nicht jedoch die Gitterfasern. Bei geeigneter chemischer Behandlung (z. B. mit Pikrinsäure) kann man die Kollagenfasern weiter in Fibrillen zerlegen. Elektronenoptische Untersuchungen lassen an diesen Fibrillen eine charakteristische Querstreifung erkennen, wobei sich die Streifung periodisch in einem Abstand von 650—700 Å wiederholt (Abb. 4). Die einzelne Kollagenfibrille ist ihrerseits aus langen Tropokollagenmolekülen aufgebaut.

Zum Teil beträchtliche Veränderungen (Quellungen) bis zur völligen Auflösung der Kollagenfibrillen kann man bei nekrotischen Veränderungen des Bindegewebes erkennen, die unter dem Begriff Kollagenosen zusammengefaßt werden können. Dazu gehören z. B. das Granuloma anulare mit seinem Sitz in der Kutis, die senile Elastose der Haut und Rheumatismus. Die

---

[1] Eine Ausnahme bilden die Schwämme, die einfachste organisierte Metazoengruppe, deren „Organismus" lediglich ein Aggregat von Zellen darstellt.
[2] syn (gr.) = zusammen; kýtos (gr.) = Zelle
[3] So nennt man die äußere Zellschicht der Morula (S. 156), da sie der Ernährung des Keimes dient. (gr.) trophé = Nahrung, blastós = Keim
[4] kólla (gr.) = Leim

Abb. 4. Kollagenfibrillen einer kollagenen Faser der Rattenschwanzsehne. Dünnschnittpräparat. Vergr.: 120 200 : 1. (Aufnahme: R. G i e s e k i n g, Münster)

Ursachen dieser Veränderungen sind unbekannt. Es ist möglich, daß daran indirekt die H y a l u r o n i d a s e beteiligt ist, also jenes Enzym, das die H y a l u r o n s ä u r e [1] abbaut (depolymerisiert), die ja ein wesentlicher Bestandteil der bindegewebigen Grundsubstanz ist (S. 25). Jedenfalls sind die entzündlichen Reaktionen nicht primärer, sondern sekundärer Natur.

Ungeklärt ist immer noch das Problem der Bildung (Genese) der Kollagenfibrillen, d. h., ob sie von der strukturlosen Grundsubstanz selbst gebildet werden oder i n t r a z e l l u l ä r. Höchstwahrscheinlich ist es aber so, daß innerhalb der Zellen monomere Tropokollagenmoleküle gebildet und diese dann von der Zelle „sezerniert" werden. Die weitere Bildung der eigentlichen Kollagenfibrillen erfolgt dann in der interzellulären Grundmasse. Wieweit diese eine Art „Matrizenfunktion" bei der Fibrillogenese ausüben oder einen „Informationsschlüssel" darstellen, ist gegenwärtig noch ungeklärt. Gleichzeitig wirken sie aber auch noch als „Kittsubstanz" zwischen den einzelnen Fibrillen.

Bilden Zellen einen lückenlosen Zellverband ohne nennenswerte interzelluläre Spalten, so spricht man von E p i t h e l g e w e b e (S. 168). Die

[1] hyaléos (gr.) = glasartig

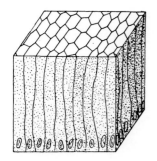

Abb. 5. Schlußleisten von Darmepithelzellen (schematisch).

einzelnen Zellen liegen hier so nahe aneinander, daß möglicherweise molekulare Kräfte ihren Zusammenhalt bewirken. Häufig kann man jedoch besondere Haftmechanismen in Form von S c h l u ß l e i s t e n und I n t e r z e l l u l a r b r ü c k e n beobachten. Diese Schlußleisten umgeben bei Epithelzellen rahmenartig deren äußere Kanten und bewirken damit eine Festigung des Zellverbandes (Abb. 5). Die Interzellularbrücken finden sich z. B. bei allen Schichten der Epithelien und bewirken hier eine Verzahnung benachbarter Zellen. Werden diese Verbindungen teilweise aufgehoben oder werden die Interzellularspalten stark erweitert, so gewinnen die Zellen durch langausgezogene Interzellularbrücken ein stacheliges Aussehen. Solche Verhältnisse findet man z. B. im Stratum spinosum („Stachelzellen") und in der „spongiösen" Schicht des Vaginalepithels. In der Mitte dieser Interzellularbrücken sind Plasmaverdichtungen zu erkennen, die als D e s m o s o m e n[1] bezeichnet werden (Abb. 6). Dies sind unterschiedlich lange und sich einander berührende Plasmavorstülpungen benachbarter Zellen. An der Berührungsfläche befindet sich eine zu keiner der beiden Zellen gehörende Mittelschicht, die I n t e r z e l l u l a r f u g e, die die eigentliche Kontaktfläche darstellt. In die Desmosomen ziehen T o n o f i l a m e n t e (etwa 80 Å dick), welche die lichtmikroskopisch sichtbaren T o n o f i b r i l l e n (Epithelfasern) darstellen. Diese Elemente führen nicht kontinuierlich, wie bislang angenommen, von einer Zelle zur anderen. Somit stellt diese Art von Zellverbindung keinen ununterbrochenen Zytoplasmaübergang zwischen zwei Zellen dar.

Einen anderen Typ bilden die „echten" Interzellularbrücken, bei denen eine kontinuierliche Zytoplasmaverbindung zweier Zellen besteht. Sie finden sich z. B. bei unreifen männlichen Geschlechtszellen einiger Säugetiere und bei Cnidoblastengruppen im Ektoderm von Polypen (Hydra). Durch solche Verbindungen können mehrere Zellen miteinander verbunden sein und dem Zellhaufen einen synzytialen Charakter verleihen.

---

[1] gr. desmós = Band; sôma = Körper. Die Desmosomen wurden gleichzeitig von M. S c h u l t z e u. B i z z o z e r e (1864) entdeckt.

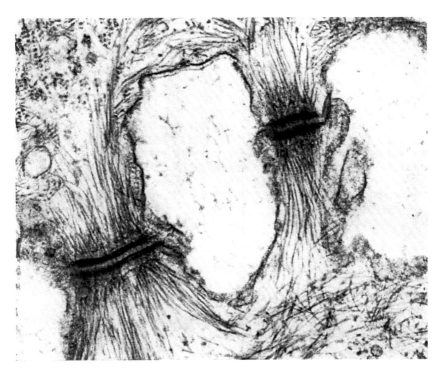

Abb. 6. Desmosomen zwischen Stachelzellen der Epidermis; zahlreiche Tonofilamente. Vergr.: 50 000 : 1. (Aufnahme: D. E. K e l l y , Washington).

3.3. Größe und Form der Zellen

Im allgemeinen sind die tierischen Zellen mikroskopisch kleine Gebilde mit einer Durchschnittsgröße von 10 bis 30 μ [1]. Es gibt jedoch zahlreiche Abweichungen, so daß es zweckmäßig erscheint, hier einige Beispiele anzuführen. Im Säugetierorganismus sind die männlichen Geschlechtszellen die kleinsten, während die weiblichen, also die Eizellen, die größten sind. Ja man muß sogar das Eigelb des Vogeleies als eine einzige riesige Zelle betrachten. Allerdings ist der weitaus größte Teil dieser Masse in Form von Nährdotter vorhanden. Eine bemerkenswerte Größe erreichen auch manche Nervenzellen, wenn man ihre Zellausläufer in Betracht zieht, die bis zu 1 m lang werden können; allerdings sind diese Fasern äußerst dünn. In Abb. 7 sind einige Zellen des Menschen im gleichen Vergrößerungsmaßstab dargestellt. Die durchschnitt-

[1] 1 mm = 1000 μ

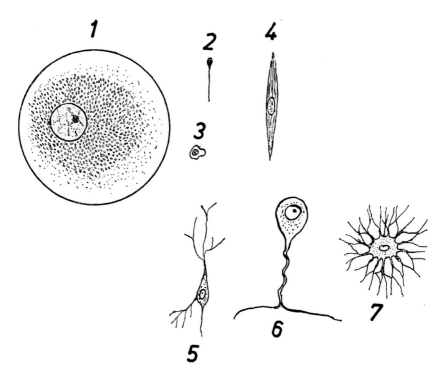

Abb. 7. Form und Größe einiger Zellen des Menschen bei gleichem Vergrößerungsmaßstab. 1 Eizelle, 2 Samenzelle, 3 Leukozyt, 4 glatte Muskelzelle, 5 Nervenzelle aus der Großhirnrinde, 6 T-förmig sensible Nervenzelle, 7 Knochenzelle.

liche Größe ist bei den einzelnen Tiergruppen unterschiedlich. Gewöhnlich sind die Zellen bei Wirbellosen etwas kleiner als bei den Wirbeltieren. Unter diesen haben die Knochenfische die kleinsten und die Lurche die größten Zellen. Doch gibt es auch hier zahlreiche Abweichungen. Selbst bei den Einzellern (Protozoen) gibt es beträchtliche Unterschiede, sogar innerhalb einer Klasse. So sind beispielsweise die zu den Sporentierchen *(Sporozoa)* gehörenden Malariaerreger (Plasmodien) etwa 10 μ groß, während manche Gregarinenformen bis zu 1,5 cm lang werden und daher mit bloßem Auge sichtbar sind (z. B. *Porospora gigantea*). Zudem ist bei diesen der einzellige Organismus nochmals in zwei Abschnitte unterteilt (Protomerit und Deutomerit), die durch eine Doppelmembran voneinander getrennt sind. Der Kern liegt stets im hinteren Abschnitt, dem Deutomerit.

Die einfachste Zellform ist die kugelige. Sie wird gewöhnlich von freibeweglichen Zellen angenommen (z. B. Blutzellen). Beim Zusammenschluß mit mehreren Zellen zu einem Gewebe sind sie entweder polyedrisch (vielseitig) oder zylindrisch, wie z. B. Epithelzellen (Abb. 5). Eine recht eigenartige Form bekommen die Nervenzellen dadurch, daß sie zahlreiche Zytoplasmaauswüchse bilden (Abb. 7). Die glatten Muskelzellen sind spindelförmig (Abb. 7), während die quergestreiften Muskelzellen lange Fasern darstellen. Wohl die mannigfaltigsten Zellformen bieten die Protozoen und die männlichen Geschlechtszellen der verschiedenen Tiergruppen, wie dies aus Abb. 78 hervorgeht. Recht eigenartig sind auch die Kragengeißel-Zellen (Choanozyten)[1] der Schwämme gebaut, bei denen sich an einem Pol der Zelle eine Geißel befindet, die von einem kragenartigen Gebilde umgeben wird. Der Kragen dieser Choanozyten ist nicht, wie allgemein angenommen worden ist, eine einheitliche Membran, sondern wird von kreisförmig angeordneten Fortsätzen der Zelloberfläche gebildet. Die fadenförmigen Strukturen haben einen Durchmesser von 0,1 μ und sind durch feinste Fibrillen netzartig miteinander verbunden.

3.4. Submikroskopischer Bau und Funktion der Zellstrukturen

3.4.1. Die Zellmembran (Plasmalemma)

Die Frage nach der Existenz einer morphologischen Zellbegrenzungsschicht war seit Beginn der Zellforschung ein zentrales Problem. Anfänglich wurden viele Zellen (z. B. Leukozyten) als „nackt" betrachtet, während man später eine sogenannte physikalische Membran für solche Zellen forderte. Diese sollte aus in bestimmter Weise angeordneten Molekülen gegenüber dem Milieu bestehen. Mit der Einführung der Elektronenmikroskopie konnte dieses Problem dahingehend geklärt werden, daß allen tierischen Zellen eine wohlbegrenzte Umhüllungsschicht zukommt, die als Zellmembran bezeichnet wird.

Die Dicke der Zellmembran beträgt etwa 60 bis 80 Å. Obwohl bei vielen Einzellern besondere Zellvorrichtungen für den Stoffaustausch mit der Umwelt bestehen, wie ein Zellmund (Cytostom)[2] und ein Zellafter (Cytopyge), so erfolgt doch vor allem bei den Zellen höher entwickelter Tiere der Stoffaustausch der Zelle durch die intakte Zellmembran. Sie bildet also gewissermaßen das „Tor" für den Ein- und Austritt aller Stoffe, die von der Zelle für die Aufrechterhaltung ihrer Strukturen benötigt bzw. als „Schlacke" wieder entfernt werden.

Bei einem regen Stoffwechsel der Zelle muß auch die Oberflächenbegrenzung des Zytoplasmas entsprechend beschaffen sein. Bisher konnte jedoch trotz Anwendung des Elektronenmikroskopes der strukturelle Aufbau der Zellmembran noch nicht restlos geklärt werden. Die elektronenmikroskopischen Untersuchungsergebnisse von verschiedenen

---

[1] choáne (gr.) = Trichter
[2] cýtos (gr.) = Zelle; stóma (gr.) = Mund, Öffnung

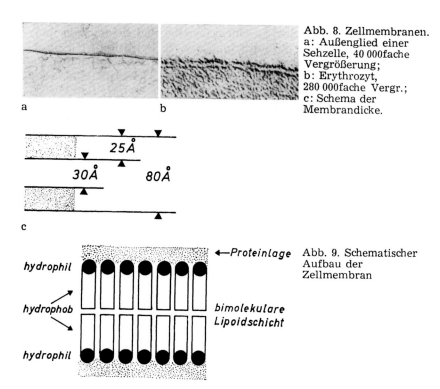

Abb. 8. Zellmembranen.
a: Außenglied einer Sehzelle, 40 000fache Vergrößerung;
b: Erythrozyt, 280 000fache Vergr.;
c: Schema der Membrandicke.

Abb. 9. Schematischer Aufbau der Zellmembran

Zelltypen deuten aber an, daß alle Zellmembranen im elektronenoptischen Bild gewöhnlich als dunkle Linien erscheinen (Abb. 8a), die bei starker Vergrößerung dreischichtig sind. Dabei schließen zwei elektronendichte Lamellen eine helle Schicht ein (Abb. 8b). Solche Verhältnisse ergeben sich bei Anwendung verschiedener Fixiermethoden. Man darf daher annehmen, daß auch bei lebenden Zellen eine membranartige Begrenzung vorliegt. Die beiden Außenschichten haben die gleiche Dicke von etwa 25 Å, während die Mittelschicht etwa 30 Å dick ist (Abb. 8c). Kleinere Unterschiede sind offenbar durch die jeweilige Fixiermethode bedingt. Ein gleichartiger Schichtenaufbau kann auch im Experiment mit Lipoproteiden erzielt werden, wobei bimolekulare Lipoidschichten von Proteinlagen begrenzt werden. Die chemischen Verhältnisse in den einzelnen Membranteilen sind allerdings noch nicht geklärt.

Untersuchungen an „leeren Erythrozytenmembranen (sog. Ghosts) und Myelinhüllen (S. 213) zeigen, daß in erster Linie Phospholipoide und Cholesterin (etwa 1:1) am Aufbau der Zellmembran beteiligt sind. Hinzu kommen noch Proteine und teilweise Glykoproteide. Vermutlich sind auch in der lebenden Zellmembran die Lipoide zu einer Doppelschicht angeordnet. Hierbei sind die Lipoidmoleküle so polar gelagert, daß die lipophilen (hydrophoben) Anteile innen und die hydrophilen außen liegen (Abb. 9). Dieser Doppelschicht liegen wahrscheinlich Proteinschichten auf, die durch Dipolkräfte zusammengehalten werden. Ungeklärt bleibt, welche Schichten des Schemas die elektronendichten Außenlamellen der Membran bedingen. Vermutlich ist es aber so, daß die Schwermetallatome der Fixiermittel (Os, Mn) in Form von Oxiden im polaren (äußeren) Bereich der Lipoidschicht und der Proteine abgelagert werden und diese „färben", während die lipophilen Fettsäurereste unkontrastiert bleiben. Bemerkenswert ist, daß eine Negativfärbung nach Saponin-Behandlung hexagonal angeordnete Strukturen andeutet.

Wahrscheinlich ist dieser strukturelle Aufbau für alle Zellmembranen gleich. Dagegen sind bei den verschiedenen Zellen chemische Unterschiede festzustellen, die sowohl die Lipoide als auch die Proteine betreffen. Dies wird verständlich, wenn man die Erythrozyten betrachtet, deren Oberfläche spezifische immunologische Eigenschaften aufweisen. Diese sind durch die Blutgruppensubstanzen bedingt (S. 180). Es ist noch unklar, in welcher Weise solche Stoffe der Zellmembran ein- oder aufgelagert sind. Bemerkenswert ist das Vorkommen von Proteinen in der Erythrozytenmembran, deren Eigenschaften denen des Aktins und Myosins ähneln (S. 204).

Die Funktion der Zellmembran besteht in erster Linie in der Regulierung des Stoffaustausches zwischen Zelle und Umgebung. Sie ist aber auch entscheidend an speziellen Zellfunktionen beteiligt, wie z. B. an der Resorption und Sekretion (S. 170) sowie an der Erregungsleitung bei Nervenzellen (S. 217) und bei der Befruchtung der Eizelle (S. 194). Zur Erfüllung dieser Funktionen können sich Teile der Zellmembran fingerartig aus- oder einstülpen, Stoffe passieren lassen oder zurückhalten und Membranpotentiale bilden. Über die Bildung (Genese) der Zellmembran wissen wir zur Zeit so gut wie nichts.

Eine komplizierte Zellbegrenzung stellt das Oberflächensystem der einzelligen Wimpertierchen (Ciliaten) dar. Die Zellmembran dieser Pro-

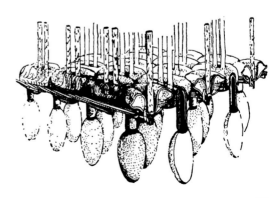

Abb. 10. Schematische Darstellung der Pellikula von Paramäzien. Oben: Wimpern; unten: spindelförmige Trichozysten.
(Nach C. F. Ehret u. E. L. Powers, 1959)

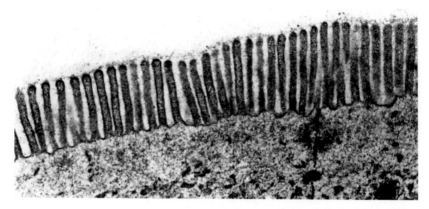

Abb. 11. Apikaler Teil einer Darmepithelzelle mit Mikrovilli. Vergr.: 20 000:1.

tozoen wird als Pellikula[1] bezeichnet und ist ebenfalls eine Doppellamelle. Auf der Pellikula befinden sich noch Wimpern, die das Tier ganz oder teilweise bedecken, wobei jede einzelne von der äußeren Lamelle der Pellikula überzogen wird. Außerdem ragen von der Oberfläche zahlreiche spindelförmige Gebilde in das Zellinnere, die als Trichozysten[2] bezeichnet werden (Abb. 10). Diese Strukturen wirken als Schutzorganell und werden auf Reize hin herausgeschleudert, wobei sie sich um das Sechs- bis Siebenfache verlängern (Spindeltrichozysten). Noch komplizierter ist eine andere Form gebaut, bei der nur ein im Innern einer Kapsel aufgerollter Faden explosionsartig herausgeschleudert wird, wodurch getroffene Beutetiere gelähmt und festgehalten werden (Nesselkapseltrichozysten); sie dienen also dem Nahrungserwerb. Elektronenmikroskopisch ist allerdings keine Kapsel nachweisbar. Die Streckung der Trichozysten wird vermutlich durch Proteinfasern bewirkt, die elektronenmikroskopisch eine ähnliche Querstreifung zeigen wie die Kollagenfibrillen. Der Streckungs- und Schleudereffekt kann bei isolierten, unabgeschossenen Trichozysten auch durch Ca- und Sr-Ionen erwirkt werden.

Eine Anpassung an die Resorptionsfunktion zeigt die Zellmembran der Darmepithelzelle von Wirbellosen und Wirbeltieren, die der Aufnahme von Wasser und Nährstoffen dient. Von diesen relativ langgestreckten Zellen grenzt nur ein kleiner Teil der Zellmembran an das Darmlumen, der als „Stäbchensaum" ausgebildet ist. Dieser stellt eine große Anzahl (viele Millionen pro mm^2) von fingerartigen Gebilden dar, wodurch die Zelloberfläche beträchtlich vergrößert wird (Abb. 11). Man

---

[1] lat. = Häutchen
[2] trichós (gr.) = Haar; kystis (gr.) = Beutel, Behälter

bezeichnet sie als Mikrovilli. Sie werden von fädigen Proteinstrukturen gestützt und enthalten außerdem den größten Teil der alkalischen Phosphatase sowie Lipase und Esterase für die Fettresorption.
Solche Mikrovilli hat auch ein Teil der Zellen der Ductuli efferentes der Nebenhoden der Säugetiere, die stark verästelt sind. Nach Kastration wird die Zelloberfläche glatt und hat dann nur noch wenige Zellfortsätze. Mikrovilli haben auch die Eizellen der Wirbeltiere, während die das Ei umgebenden Follikelzellen nur einzelne, jedoch längere Fortsätze bilden (Abb. 60). Auch der sogenannte Bürstensaum der proximalen Nierentubuluszellen besteht aus zylinderförmigen Zytoplasmafortsätzen, die eine Länge von 1,4 μ und einen Durchmesser von etwa 600 Å haben (Abb. 70). Die gleiche apikale Zellbegrenzung in Form eines Bürstensaumes haben auch die Zellen der Malpighischen Gefäße von Insekten.
Bemerkenswert ist, daß Zellen verschiedener Organe, die aber eine analoge Funktion erfüllen, im wesentlichen gleich gebaut sind. So haben

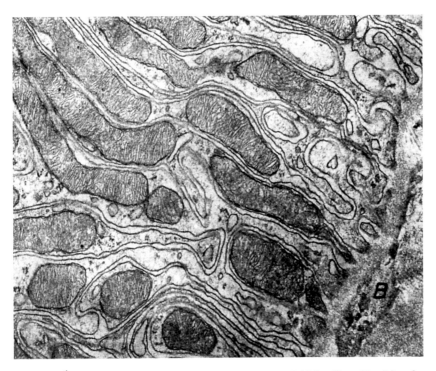

Abb. 12. Basaler Teil einer proximalen Nierenhauptstückzelle mit schlauchförmigen Einstülpungen der Zellmembran, zwischen denen Mitochondrien liegen. B. Basalmembran. Vergr.: 30 000 : 1.

z. B. die Epithelzellen der Nierentubuli der Wirbeltiere, die Zellen der Malpighischen Gefäße der Insekten und die Zellen der Analpapillen der Mückenlarven die gleiche Aufgabe, nämlich den osmotischen Druck des Blutes bzw. der Hämolymphe weitgehend konstant zu halten. Dies erfolgt durch einen aktiven Ionentransport (S. 125). Dazu sind diese Zellen polar gebaut, d. h., am apikalen Pol der Zellen befinden sich die Mikrovilli, während der basale Pol als weitere Besonderheit dieser Zellen zahlreiche tiefe Einstülpungen der Zellmembran hat. Zwischen diesen Zytomembranen, die insgesamt als „basales Labyrinth" bezeichnet werden, liegen die Mitochondrien (Abb. 12). Eine Erhöhung der Ionenkonzentration des Mediums führt zur Verringerung der Mikrovilli und der Falten des Labyrinthes. Eine ähnliche Beziehung zwischen Struktur und Funktion lassen auch die Epithelzellen der Uterusschleimhaut erkennen, deren Mikrovilli hinsichtlich Form und Anzahl entsprechend dem Funktionszyklus dieser Zellen (Proliferations- u. Sekretionsphase) ständig variieren.

Besondere Differenzierungen der Zelloberfläche haben auch die Sinneszellen in Form von Sinneshärchen, die z. B. bei den Haarzellen des Gleichgewichtsorgans in Form von Stereozilien und Kinozilien auftreten (Abb. 97).

3.4.2. Bau und Funktion des Zellkernes (Nukleus)

3.4.2.1. Allgemeines

Alle tierischen Zellen haben mit Ausnahme der roten Blutkörperchen (Erythrozyten) der Säugetiere einen Zellkern. Auch die Erythroblasten als Bildungszellen der Erythrozyten haben noch einen Kern, den sie aber während ihrer Entwicklung verlieren. Wie dies vor sich geht, konnte bisher noch nicht geklärt werden. In manchen differenzierten Zellen kann man gelegentlich zwei Kerne beobachten, was z. B. für die Leberzellen, aber auch für andere zutrifft.

Eine größere Anzahl von Kernen kann man bei manchen Einzellern beobachten, so bei den Opalinen [1] und den Ciliaten. Das holotriche Wimpertier *Geleia murmanica* Reikov hat 8 bis 32 Makronuklei und 3 bis 16 Kleinkerne. In einigen Fällen findet man auch bei den Metazoen vielkernige Zellen, die gewöhnlich über die durchschnittliche Größe der Zellen gleicher Art hinauswachsen (Riesenzellen, S. 150). Mehrkernige Zellen entstehen dadurch, daß sich Kernteilungen ohne Zellteilungen vollziehen.

Die Größe der Zellkerne ist bei den einzelnen Tierarten und auch bei den verschiedenen Gewebearten eines Organismus etwas unter-

---

[1] Diese Organismen ähneln äußerlich den Ciliaten, weshalb sie auch als Protociliaten bezeichnet werden. Ihre Kerne sind allerdings gleichwertig, weisen also keinen Kerndimorphismus auf.

schiedlich. Einen bemerkenswert langen Kern können z. B. die Fibrozyten in den Bindegewebskapseln der Hodenkanälchen haben. Hier erreichen sie eine Länge von etwa 15 μ, bei einem Durchmesser von etwa 0,8 μ. Sogar innerhalb der gleichen Zellart gibt es beachtliche Unterschiede. Mißt man z. B. die Kernvolumina der Leberparenchymzellen von Ratten, so lassen sich diese wenigstens in drei Klassen einteilen. Ihr Kernvolumen verhält sich im Mittel von 1 : 2 : 4.

Aber nicht nur Tier- und Gewebeart, sondern auch der jeweilige Funktionszustand der einzelnen Zelle wirkt auf Größe und Form ihres Kernes. So steht z. B. der Tag-Nacht-Rhythmus der Leberzellen in enger Beziehung zur Größe ihrer Kerne. Diese Zellen bilden vorwiegend in der Nacht Glykogen, während am Tage mehr Gallenflüssigkeit abgesondert wird. Dieser Rhythmus fehlt auch bei Hungertieren nicht. Ein entsprechender Wechsel ist auch in bezug auf die Volumina der Kerne ermittelt worden, der bis zum Mittag ein Maximum erreicht und dann bis zum Abend wieder geringer wird. Es läßt sich also ganz allgemein feststellen, daß der Kern „aktiver" Zellen gegenüber „ruhenden" ein größeres Volumen aufweist. Diese Beziehung zwischen Funktion und Volumen des Kernes wird als „funktionelles Kernödem" bezeichnet. Es ist sicherlich z. T. auf eine verstärkte Wasseraufnahme zurückzuführen und zeigt sich auch unter vielen pathologischen Bedingungen. Daraus geht hervor, daß der Kern eine enge Beziehung zur Funktion der Zelle hat und dabei eine bedeutsame Rolle spielt. Dies läßt sich auch sehr deutlich durch Versuche an Amöben beweisen. Wird nämlich diesen Organismen der Kern entfernt, so stirbt das Zytoplasma nach einiger Zeit ab. Wird jedoch einem kernlosen Tier der Kern einer anderen Amöbe eingepflanzt, so lebt sie weiter und vermehrt sich auch wie eine normale.

Die Form der Kerne richtet sich zum Teil nach der Grundgestalt des Zelleibes, ist aber bei allen tierischen Zellen im wesentlichen gleich und gewöhnlich oval bis kugelig. Eine stärkere Abweichung zeigen die Kerne der männlichen Geschlechtszellen (Spermatozoen), wobei der „Kopf" dieser Zellen fast gänzlich vom Kern eingenommen wird (Abb. 78).

Bei den Wirbeltieren zeigen vor allem die Granulozytenkerne stärkere Abweichungen von der gewöhnlichen Form. So besteht der Kern der eosinophilen Granulozyten beim Menschen z. B. in der Regel aus zwei Segmenten, d. h., er weist eine starke Einschnürung auf. Diese Tatsache ist für die klinische Diagnostik bedeutsam. Bei den neutrophilen Granulozyten lassen sich stabkernige und segmentkernige unterscheiden. Bei letzteren hat der Kern gewöhnlich drei bis vier Segmente (Abb. 15). Diese Segmentierung wird auch unter pathologischen Bedingungen beibehalten, nicht jedoch bei der P e l g e r - Anomalie. Sie äußert sich darin, daß ein hoher Prozentsatz der Neutrophilen (25 bis 50%) einen stäbchenförmigen Kern hat, während die übrigen lediglich einen zweisegmentigen haben, wobei die beiden mehr oder weniger runden Kernteile durch einen relativ dünnen Kernplasmafaden mit-

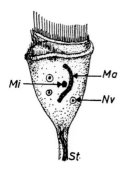

Abb. 13. Festsitzendes Glockentierchen. Ma Makronukleus, Mi Mikronukleus, Nv Nahrungsvakuole, St Stiel mit kontraktilen Fibrillen.

einander verbunden sind. Auf diese Weise erinnert der Kern an eine Brille. Bemerkenswert ist ferner die Tatsache, daß die Anzahl der Kernsegmente nach Einwirkung von Röntgenstrahlen noch erhöht wird, während die Anzahl der stabkernigen Neutrophilen, die als unreife Formen angesehen werden, im peripheren Blut erhöht wird (sog. Linksverschiebung).

Interessant sind bei den Granulozyten ferner gewisse Kernanhänge, die vorwiegend bei den segmentkernigen Neutrophilen des weiblichen Geschlechts anzutreffen sind (S. 40).

Eigenartige Kernformen finden sich bei den Protozoen. Dies gilt besonders für die Wimpertierchen (Ciliaten), die gewöhnlich zwei Kerne haben: einen G r o ß k e r n (Makronukleus) mit Stoffwechselfunktion und einen K l e i n k e r n (Mikronukleus) mit Vermehrungsfunktion (Abb. 13). Während der Kleinkern unscheinbar ist, nimmt der Großkern bei manchen Arten sonderbare Formen an. So ist er z. B. bei Glockentierchen schlauchförmig und bei *Loxophyllum* perlschnurartig (Abb. 59). Die Großkerne entstehen durch wiederholte Vermehrung des Chromosomenbestandes ohne Teilung (endomitotische Polyploidisierung, S. 148). Ein recht eigenartiges Gebilde stellt auch der Großkern der Glockentierchen (Vorticellen) dar (Abb. 13), die ebenfalls zu den Ciliaten gehören

Im allgemeinen nimmt der Kern innerhalb der Zelle eine zentrale Lage ein, obwohl er nicht starr in das Zytoplasma gebettet ist, sondern örtliche Verschiebungen möglich sind. Solche Verlagerungen lassen sich deutlich an lebenden Zellen beobachten, besonders mit dem Phasenkontrastmikroskop. Vielfach befindet sich jedoch der Kern aller Zellen eines Gewebeverbandes in einem bestimmten Bereich der Zelle. So liegen beispielsweise die Kerne der zylindrisch hohen Epidermiszellen gewöhnlich alle in annähernd gleicher Höhe in den einzelnen Zellen (Abb. 68).

Die lebenden Kerne sind von weicher, jedoch elastischer Beschaffenheit und erwecken den Eindruck gefüllter Bläschen. Vom Zytoplasma lassen sie sich deutlich abgrenzen, obwohl der Kerninhalt auch im

Phasenkontrastmikroskop bis auf ein (manchmal auch zwei und mehr) Kernkörperchen (Nukleolus) homogen (strukturlos) erscheint. Außer dem Kernkörperchen läßt sich nur noch die Kernmembran deutlich am lebenden Kern wahrnehmen. Diese optische Homogenität des lebenden Kernplasmas täuscht allerdings eine Strukturhomogenität vor, die in Wirklichkeit nicht vorhanden ist. Vielmehr wird diese homogene Erscheinung des „Ruhekernes" durch eine starke Wasseranlagerung (Hydratation) an seine Strukturen bewirkt. Daß dies so ist, zeigt sich darin, daß nach Entfernung des Wassers (Dehydratation) gewisse Kernstrukturen sichtbar werden. Es sind die Chromosomen.

In sogenannten „Ruhekernen", d. h. in Kernen, die sich nicht in Teilung befinden, sind die Chromosomen gewöhnlich nicht als kompakte Gebilde sichtbar, da sie sich weitgehend auflockern. Auf diese Weise bilden sie ein umfangreiches Netzwerk, das infolge starker Hydratation unsichtbar den ganzen Kernraum ausfüllt. Deutlicher treten sie auch ohne besondere Behandlung in Form von Riesenchromosomen und bei der Zellteilung hervor. Ihr Bau soll daher bei der Besprechung der Zellteilung näher erläutert werden. Werden die Ruhekerne dem Fixierprozeß unterworfen und anschließend gefärbt, so wird ein unregelmäßig geformtes Strukturgewirr sichtbar, wie es Abb. 1 zeigt. Man bezeichnet dieses so gewonnene Netzwerk als Chromatin. Zweifellos entspricht es nicht dem naturgetreuen Zustand des lebenden Kernes, sondern entsteht erst im Verlauf der Fixierung und ist somit in dieser Form lediglich ein Kunstprodukt. Dennoch sind die Bilder, die man von den Kernen der einzelnen Gewebe bei Anwendung gleicher Fixiermethoden erhält, recht unterschiedlich. Man kann daraus schließen, daß die Chromatinstrukturen in den verschiedenen Kernen bereits vital differieren. So repräsentieren sicherlich sogar innerhalb der gleichen Zellart unterschiedliche Kernbilder ungleiche Funktionszustände.

Recht variabel ist das Kernbild nach Anwendung der Feulgen-Färbung (S. 50). Hierbei färben sich die Kernsubstanzen nicht nur unterschiedlich stark an (feulgenpositiv), sondern bleiben teilweise völlig ungefärbt (feulgennegativ). So erscheint der größte Teil des Chromatins im Ruhekern in stark aufgelockerter Form, während bestimmte Teile als dichte, kompakte Strukturen sichtbar werden. Man bezeichnet die erste Form als Euchromatin und letztere als Heterochromatin. Die heterochromatischen Chromatinanteile färben auch stärker an als die anderen. Chemische Unterschiede sind nicht bekannt.

Funktionell ist das Euchromatin, das im Ruhekern etwa 75% umfaßt, offenbar wesentlich stärker an der Synthese von Nukleinsäuren beteiligt. Dies läßt sich aus autoradiographischen Untersuchungen mit ^{3}H-Thymidin schließen. Das Heterochromatin kann sich innerhalb eines Kernes mehr oder weniger zusammenlagern und so eine größere Struk-

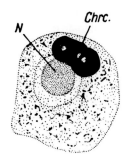

Abb. 14. Chromozentrum in einem Interphasekern. N Kernkörperchen. (Nach H e i t z)

tur bilden, die man als C h r o m o z e n t r u m bezeichnet (Abb. 14). Aus diesem lösen sich in der Prophase dann wieder die einzelnen Anteile heraus. Die Lage solcher Chromozentren in den Ruhekernen ist vielfach die unmittelbare Nähe der Nukleolen. Allem Anschein nach sind sie hier nicht funktionslos und lassen entsprechende Strukturveränderungen erkennen. So kann man auf Grund des Chromatinverhaltens lichtoptisch mehrere Kerntypen unterscheiden („strukturlose" Kerne, Chromozentrenkerne, Chromomerenkerne, Chromonemenkerne und Chromosomenkerne).

3.4.2.2. Das Geschlechtschromatin

Bemerkenswerterweise bestehen bei den Geschlechtschromosomen (Heterochromosomen) hinsichtlich des Heterochromatins gewisse Unterschiede. So soll der kurze Arm des X-Chromosoms (Abb. 54) ausschließlich heterochromatisch sein, während das Y-Chromosom nur einen geringen Teil Heterochromatin neben dem endständig gelegenen Zentromer aufweist. Da das X-Chromosom wesentlich größer ist als das Y-Chromosom, ergibt sich in bezug auf das Heterochromatin ein beträchtlicher Unterschied bei beiden Geschlechtschromosomen. Dies äußert sich zytologisch gewöhnlich in Form einer kleineren Kernstruktur, die erstmals von B a r r (1949) im Zellkern des Hypoglossus der Katze nach F e u l g e n - Färbung beobachtet wurde und dicht an der Kernmembran liegt. Weitere Untersuchungen ergaben dann bald, daß ein solches Gebilde auch bei anderen weiblichen Säugetieren in unterschiedlichem

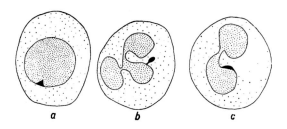

Abb. 15. Schematische Darstellung des Geschlechtschromatins. a: Barrsches Körperchen; b u. c: extranukleäre Chromatinstrukturen bei Granulozyten. (Original)

Prozentsatz in allen Körperzellen vorkommt. Ebenso konnte es beim Menschen gefunden werden, und zwar bei Frauen in 25 bis 75% aller Zellen. Beim Mann sind es nur bis zu 5% (vereinzelt auch mehr), so daß es klinisch zur Geschlechtsdiagnose herangezogen werden kann. Man bezeichnet diese Körperchen daher ganz allgemein als G e ‑ s c h l e c h t s c h r o m a t i n (Sexchromatin) oder B a r r sches Körperchen. Zu seiner Ermittlung werden heute gewöhnlich Zellen der Mundschleimhaut verwendet. Für eine pränatale Geschlechtsbestimmung kann punktiertes Fruchtwasser genommen werden, was übrigens die einzige Methode für eine sichere Geschlechtsvorhersage ist.

Beim Menschen und beim Säuger ist nur das eine X-Chromosom genetisch aktiv, während das zweite im Interphasekern heteropyknotisch wird und den B a r r ‑ Körper liefert. Daraus ergibt sich allgemein, daß die maximale Anzahl der B a r r ‑ Körperchen um eines geringer ist als die Anzahl der Sexualchromosomen. Ferner zeigt sich, daß bei normalen XY-Männchen und XO-Weibchen das Sex-Chromatin fehlt. Die genetische Aktivierung des einen X-Chromosoms erfolgt bei normalen XX-Weibchen zufällig, d. h., es bleibt entweder das mütterliche oder das väterliche X-Chromosom inaktiv. Bemerkenswert ist, daß auch bei weiblichen Vögeln, die heterogametisch sind (XY), Sex-Chromatin auftritt, nicht aber bei männlichen Tieren mit zwei X-Chromosomen. Beim Menschen sind statistisch nach dem Geschlechtschromatin 2,65% der neugeborenen Knaben „weiblich" und 1,30% der Mädchen „männlich". Morphologisch erscheint es als dreieckiges Gebilde und liegt der Kernmembran innen an, wobei eine Spitze zur Kernmitte zeigt (Abb. 15a). Elektronenoptisch bildet es eine dicht-granuläre Struktur.

Bald nach Ermittlung dieses intranuklearen Geschlechtschromatins wurden bei Granulozyten stark basophile Kernanhängsel gefunden, die ebenfalls geschlechtsspezifisch bei weiblichen Organismen vorkommen. Sie haben entweder die Form eines Trommelschlägers (drumstick), die mit einem lichtmikroskopisch kaum sichtbaren Faden der Kernmembran außen anhaften, oder sie sitzen als knotenartige Bildungen (sessile Noduli) der Membran außen auf (Abb. 15 b u. c). Der Kopf der Drumsticks hat eine Länge von 2 μ und einen Durchmesser von 1,5 μ. In reifen Granulozytenkernen kommen sie gewöhnlich nur in der Einzahl vor, während sie bei vermehrten X-Chromosomen doppelt oder dreifach vorhanden sein können (S. 196). Bemerkenswert ist, daß sie bei Feten und Neugeborenen viel häufiger anzutreffen sind als beim Erwachsenen.

Ganz allgemein wird die Bildung aller dieser geschlechtsspezifischen Kernstrukturen auf das Heterochromatin der beiden X-Chromosomen zurückgeführt. Allerdings sind gegen diese Annahme in letzter Zeit Bedenken erhoben worden, zumal gelegentlich in Granulozytenkernen auch gleichzeitig Barr-Körperchen beobachtet worden sind.

Bei den meisten Organismen wird auch das Geschlecht durch die Chromosomen bestimmt, wenn auch unter Mitwirkung von Hormonen.

Zahlreiche Kreuzungsversuche zwischen reinrassigem Geschlecht (Homozygoten) und Bastarden (Heterozygoten) haben gelehrt, daß dafür die Geschlechtschromosomen (X- und Y-Chromosomen) verantwortlich sind. Näheres hierüber wird an anderer Stelle angeführt werden (S.195).

3.4.2.3. Der Feinbau des „Ruhekernes" (Interphasekern)

Kernmembran und Kernplasma. Im vergangenen Abschnitt war mehrmals von dem „Ruhekern" die Rede. Gemeint sind damit alle Kerne, die sich nicht in einem Stadium der Teilung befinden und so gewissermaßen in bezug auf Teilung in einer „Ruhephase" verharren. Bei teilungsfähigen Zellen wird aber die Zwischenzeit bis zur nächsten Teilung zum Aufbau, d. h. zur Verdoppelung der Kern(Chromosomen)substanz benutzt, so daß sich der Kern durchaus nicht in Ruhe befindet. Treffender ist hier der Ausdruck I n t e r p h a s e k e r n (Zwischenphasekern). Wenn hier vom Bau des Kernes gesprochen wird, so bezieht sich dies

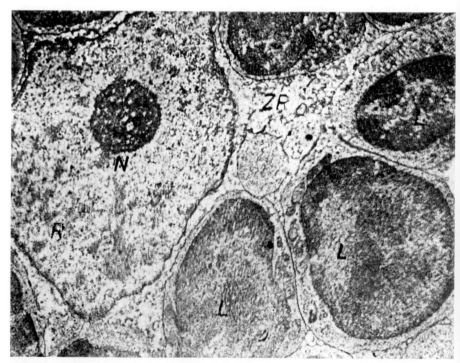

Abb. 16. Ultrastruktur eines Retikulumzellkernes (R) mit Nukleolus (N). L Lymphozytenkerne, die von einem schmalen Zytoplasmasaum umgeben sind, in dem einige Mitochondrien liegen. ZR Zytoplasma der Retikulumzelle. Vergr.: 20 000 : 1.

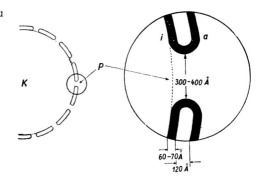

Abb. 17. Schematischer Aufbau der Kernmembran.
a äußere, i innere Membran, K Kern, P Poren

nicht nur auf die Interphasekerne, sondern auch auf alle Kerne von Zellen, die sich nicht mehr teilen.

Auch am Zellkern konnten mit dem Elektronenmikroskop einige bemerkenswerte Ergebnisse über seine submikroskopische Struktur erzielt werden. Allerdings betrifft dies in erster Linie die Kernmembran und das Kernkörperchen. Hingegen konnten bisher über den Aufbau der Chromosomen bzw. des Chromatins keine wesentlichen Resultate erzielt werden. Es ist aber anzunehmen, daß das elektronenoptische Bild des Karyoplasmas nach Osmiumsäurefixierung weitgehend dem lebenden Zustand entspricht. So lassen sich unterschiedlich dicht gelagerte submikroskopische Granula beobachten, die teilweise perlschnurartig angeordnet sind. Bei Amöben sind sogar fibrilläre Strukturen mit spiraligem Verlauf ermittelt worden, die eine Ähnlichkeit zum Chromosomenaufbau andeuten. Abb. 16 zeigt einen Querschnitt eines Kernes von einer Zelle bei geringer elektronenmikroskopischer Vergrößerung. Deutlich sind die Kernmembran und der Nukleolus vom Kernplasma zu unterscheiden.

Die Kernmembran umschließt als doppelte Hülle vollständig das Kernplasma, so daß dieses vom Zytoplasma abgeschlossen ist. In letzter Zeit ist ihr Aufbau mit dem Elektronenmikroskop näher ermittelt worden. So konnte bei allen Zellarten erkannt werden, daß sie nicht eine einfache Membran, sondern eine D o p p e l m e m b r a n ist. Dabei haben die beiden elektronendichten Hüllen jeweils eine Dicke von 60 bis 80 Å und die helle Zwischenschicht eine Stärke von 100 bis 150 Å. Somit erreicht die Kernhülle insgesamt eine Dicke von etwa 300 Å (Abb. 17). Beide Hüllen sind prinzipiell so aufgebaut wie die Zellmembran, also dreischichtig. Der chemische Aufbau dieser Schichten ist noch nicht endgültig geklärt. Wahrscheinlich werden sie von Eiweiß- und Lipoidlagen wie die anderen Membranstrukturen der Zelle gebildet. Die Mittelschicht ist z. B. bei Plasmazellen mehr oder weniger stark verbreitert, so daß es teilweise zu einer beträchtlichen räumlichen Erweiterung kommt. Man spricht daher ganz allgemein von einem p e r i -

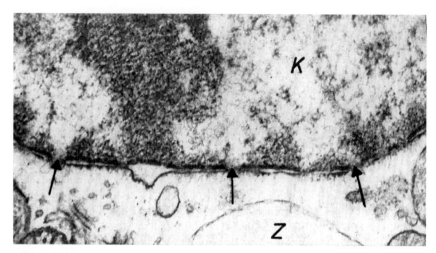

Abb. 18. Teil der Kernmembran einer Leberparenchymzelle mit Poren (Pfeile). Vergr.: 50 000 :1 (Aufnahme: H. D a v i d , Berlin), K Kern, Z Zytoplasma.

nuklearen[1] Raum (Abb. 76, S. 185). Bei manchen Zellen kann gelegentlich beobachtet werden, daß die äußere Kernmembran mit den Membranen des endoplasmatischen Retikulums bzw. des Ergastoplasmas in Verbindung steht.

An geeigneten Präparaten und bei entsprechenden Dünnschnitten kann man an der Kernmembran bei Querschnittpräparaten Unterbrechungen erkennen (Abb. 18). Daß dies so ist, kann noch deutlicher dann beobachtet werden, wenn der Kern tangential angeschnitten worden ist. Auf solchen Abbildungen kann man dann diese Öffnungen in Form von P o r e n erkennen, die der Membran in der Aufsicht ein wabenartiges Aussehen verleihen (Abb. 19). Möglicherweise wird ihre Öffnung durch röhrenartige Gebilde (Annuli) bedingt, die in der Kernmembran „stecken" (Abb. 20). Die Poren sind außerdem (zeitweilig?) mit einem monomolekularen Diaphragma versehen, so daß diese Bezeichnung nicht ganz zutreffend ist, da es sich streng genommen nicht um Poren handelt. Die Anzahl der Kernporen ist bei den verschiedenen Zellen unterschiedlich. So weisen z. B. unreife Seeigeleier mehrere 10 000 auf, während andere Zellen nur einige 100 haben.

Diese Öffnungen haben eine Weite von ca. 300 bis 400 Å, so daß ohne weiteres größere Moleküle die Kernmembran passieren können (Abb. 17). Zweifellos kommt dieser Porenstruktur für den Stoffaustausch zwischen Kern und Zytoplasma eine große Bedeutung zu. Bei diesem Aufbau können nämlich auch größere Moleküle ohne weiteres die Mem-

---

[1] peri (gr.) = um, ringsum

bran passieren, so daß uns auch der Übertritt von Ribosomen in das Zytoplasma durchaus verständlich wird. In zahlreichen Experimenten konnte auch der Durchtritt von markierten Aminosäuren durch die Kernmembran ermittelt werden. Dies gilt auch für größere Eiweißmoleküle, z. B. für Desoxyribonuklease und Ribonuklease. Mehrere Untersuchungen an intakten Zellen haben gezeigt, daß die Kernmembran für hochmolekulare, von außen herangeführte Stoffe nicht passierbar ist. So konnte z. B. an fluoreszierenden Globulinen beobachtet werden, daß diese wohl vom Kern in das Zytoplasma gelangen, nicht aber umgekehrt.

Während der Zellteilung wird die Kernmembran zunächst offensichtlich durch Vergrößerung des Kernvolumens zerrissen, so daß ihre Reste

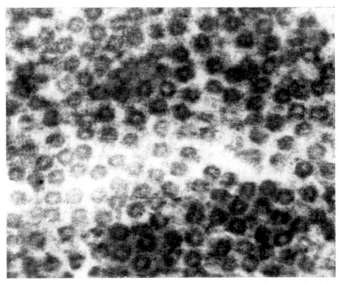

Abb. 19. Tangentialschnitt der Kernmembran von einem unreifen Seeigelei. Vergr.: 50 000 : 1 (Aufnahme: B. A f z e l i u s, Stockholm).

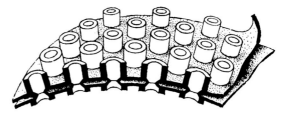

Abb. 20. Schema der Kernmembran mit Poren (nach B. A f z e l i u s, Stockholm).

im Zytoplasma verstreut liegen. Anschließend werden diese höchstwahrscheinlich weiter abgebaut. Auf welche Weise die Neubildung der Membran um die Kerne der Tochterzellen erfolgt, ist noch nicht ganz geklärt.

Das Plasma (Karyoplasma) des Interphasekernes zeigt elektronenoptisch — abgesehen vom Nukleolus — gewöhnlich keine besonderen Strukturen. Die nach Fixierung und Färbung lichtmikroskopisch sichtbare, netzartig oder schollig angeordnete Chromatinsubstanz tritt im Elektronenmikroskop in solcher Form nicht in Erscheinung. Vielmehr wird das Kernplasma von einer feingranulären Substanz gebildet, die den gesamten Kernraum bei den meisten Zellen mehr oder weniger gleichmäßig ausfüllt (Abb. 16). Die einzelnen Granula erscheinen teilweise unterschiedlich stark „gefärbt". Man kann also bei diesen Kernen keine Chromatinstrukturen von der Grundsubstanz eindeutig unterscheiden, so daß wir über ihre räumliche Verteilung innerhalb des Kernes und ihren Feinbau nichts aussagen können. Es ist aber anzunehmen, daß auch im Interphasekern die Chromosomen ihre morphologische Einheit (Individualität) bewahren, wenn auch in einer stark aufgelockerten (entspiralisierten) Form (S. 131). Gleichzeitig dürfte aber auch mit der Auflockerung und Ausbreitung der Chromosomenstrukturen im gesamten Kernraum eine stärkere Anlagerung von Wassermolekülen erfolgen, so daß der gesamte Kerninhalt in eine flüssigere Form übergeht. Dadurch werden aber auch gewisse Phasenunterschiede der Strukturen aufgehoben, so daß der Kern lebender Zellen phasenoptisch homogen erscheint. Diese „Scheinhomogenität" kann jedoch bereits durch geringe Milieuänderungen (z. B. pH-Verschiebungen) teilweise aufgehoben werden. Massive Einwirkungen äußerer Faktoren, wie es z. B. bei der Anwendung von Säuren und Schwermetallsalzen bei der Fixierung der Fall ist, führen zu einer starken Dehydratisierung, räumlichen Veränderungen und Niederschlägen der Vitalstrukturen. Im Endeffekt resultiert dann daraus das lichtmikroskopisch sichtbare Fixationsbild der „Chromatinstrukturen", das wenigstens in dieser Form ein Kunstprodukt (Artefakt) darstellt. Daß das elektronenoptische Bild bei gleichen Zellen in dieser Hinsicht anders aussieht als das lichtmikroskopische, beruht wenigstens teilweise auf der unterschiedlichen Präparationstechnik.

In den Kernen von *Drosophila*-Larven konnten elektronenmikroskopisch in großer Anzahl Vesikel beobachtet werden, die einen Durchmesser von etwa 425 Å haben. Ihre Funktion ist unbekannt. Bei manchen Zellen finden sich gelegentlich echte Nebenkerne. Diese lassen sich in den Oozyten von Hymenopteren während der ganzen Vitellogenese im peripheren Ooplasma beobachten. Strukturell gleichen sie den Kernen, enthalten aber keine spezifischen Kernsubstanzen (DNS). Während der Entwicklung nehmen sie zunächst an Größe zu und teilen sich entweder äqual oder durch terminale Knospung. Nach der Bildung der Dottermembran verschwinden sie.

Im Kern der Erythrozyten von Fröschen und Schildkröten befinden sich netzartig angeordnete, etwa 100 Å dicke Mikrofibrillen (Heterochromatin), zwischen denen amorphe Körperchen liegen (Euchromatin). Eigenartige elektronendichte Körperchen haben die Kerne der Zylinderepithelzellen des Ductus epididymidis. Sie sind unterschiedlich groß, haben eine kugelige Form und befinden sich in einer membranbegrenzten Vakuole (sog. Sphäridien).

Der Nukleolus. Ein konstantes Gebilde des Interphasekernes ist der Nukleolus. Er kommt mit Ausnahme der kernlosen Erythrozyten, reifen Granulozyten, Spermien und der Mikronuklei der Ciliaten (S. 38) in allen tierischen Zellen vor. Bei manchen Zellarten ist er nur einzeln anzutreffen, während es z. B. bei Wassermolchen und bei den Foraminiferen (Protozoen) mehrere hundert sind. Aber auch innerhalb der gleichen Zelle kann die Anzahl variieren, da zwei oder mehrere Nukleolen zu einem verschmelzen können. Bei den Nervenzellen variiert ihre Anzahl im Verlauf der Ontogenese. So haben die Neurone bei menschlichen Föten 4 Nukleolen, während sie beim Erwachsenen nur einen aufweisen.

Die Bildung der Nukleolen erfolgt an bestimmten Stellen besonderer Chromosomen, dem N u k l e o l u s o r g a n i s a t o r. Häufig haben diese Chromosomen zu beiden Seiten des Organisators heterochromatische Abschnitte, die dann im Ruhekern als Chromozentren erscheinen und dem Nukleolus dicht anliegen oder ihn umhüllen. Zu Beginn der Zellteilung verschwindet der Nukleolus und wird nach der Teilung wieder neu gebildet. Die Ursache für dieses Verhalten ist unbekannt, desgleichen der Vorgang der Auflösung[1].

Die einzelnen Nukleolen treten bereits lichtmikroskopisch nach verschiedenen Fixierungen und Färbungen als kleine, polymorphe Kerneinschlüsse in Erscheinung. Auf Grund ihrer chemischen Zusammensetzung lassen sie sich aber auch spezifisch anfärben, so daß sie sich deutlich von den übrigen Kernstrukturen abheben. Wird z. B. Methylgrün-Pyronin verwendet, so ist der Nukleolus rot, während das Chromatin grün gefärbt ist. Bei Verwendung von Methylenblau mit bestimmtem Säuregrad (pH 4,9) und anschließender Differenzierung in 70%igem Alkohol bleiben im Kern nur die Nukleolen blau tingiert.

Die Größe der Nukleolen ist sehr unterschiedlich und von ihrem Funktionszustand sowie der Zellart abhängig. So haben z. B. Lymphozyten, Endothel- und Retikulumzellen relativ kleine Nukleolen, während sie bei Zellen mit starker Eiweißsynthese (z. B. Drüsenzellen) gewöhnlich größer sind. Enorm große Nukleolen finden sich auch bei Aszitestumorzellen, die häufig den ganzen Kern quer durchziehen.

Auch die Lage der Nukleolen innerhalb des Kernes ist verschieden. So findet man sie mehr oder weniger zentral oder an der Kernmembran gelegen. Dies ist wahrscheinlich durch den jeweiligen Bildungsort der

---

[1] Bei einigen Zellstämmen bleibt der Nukleolus in der Gewebekultur bei der Teilung bestehen.

einzelnen Nukleolen bedingt, der sich an einem bestimmten Chromosom befindet. Man kann also ganz allgemein sagen, daß Anzahl, Größe und Lage der Nukleolen variieren und nicht nur von der Zellart abhängen, sondern auch von den physiologischen und pathologischen Bedingungen des Gesamtorganismus.

Zu Beginn der Zellteilung verschwinden die vorhandenen Nukleolen und erscheinen nach deren Beendigung in den Tochterzellen wieder. Somit wird also die Nukleolarsubstanz nicht gleichmäßig auf die Tochterzellen verteilt wie bei den Chromosomen, sondern jeweils neu gebildet. Demnach ist ihre Anwesenheit offenbar für die Funktionstüchtigkeit der Zelle und für die normale Entwicklung des Keimes notwendig. Tatsächlich entwickeln sich z. B. nukleoluslose *Chironomus*-Zygoten (Mücken) nur zu Letalembryonen. Wieweit dies jedoch ganz allgemein gültig ist, müssen weitere Untersuchungen zeigen.

Wo und wie werden nun die Nukleolen gebildet? Freilich können diese Fragen gegenwärtig nicht im einzelnen beantwortet werden, doch ist es zumindest sicher, daß die Nukleolen, die zum größten Teil aus Eiweiß bestehen, unter Mitwirkung der Chromosomen aufgebaut werden. Einzelne Chromosomen lassen nämlich bestimmte Einschnürungen erkennen, die als Nukleolen-Bildungsorte gelten (Abb. 55). Hier werden auch zunächst 100 Å große pränukleolare Partikeln sichtbar, die sich um den „Organisator" sammeln, der sie dann zum Nukleolus formiert. Fehlt der „Organisator", dann liegen die Partikeln später im Kern verstreut. Dies ist z. B. gewöhnlich bei den polytänen Chromosomen von Sziariden (Dipteren) der Fall, die keinen Nukleolus haben.

Hier ist natürlich die Frage interessant, ob die Nukleolarsubstanz jedesmal neu gebildet oder zu Beginn der Zellteilung teilweise abgebaut und im Kernplasma verstreut wird, um nach der Teilung wieder den Nukleolus aufzubauen. Untersuchungen mit der tritiummarkierten Aminosäure Valin an Retikulumzellen haben gezeigt, daß der Nukleolus offenbar nicht unmittelbar nach der Zellteilung aus freien Aminosäuren, sondern aus Proteinen gebildet wird, die vor der Teilung synthetisiert werden. Offen bleibt auch noch, ob an der Synthese der Nukleolarsubstanz die Bildungsorte allein oder ob der gesamte Chromosomenapparat daran beteiligt ist und der Bildungsort lediglich als Nukleolusorganisator aus den gebildeten Stoffen den eigentlichen Nukleolus aufbaut.

Wie schon betont, erscheinen die Nukleolen nach jeder Teilung regelmäßig wieder. Der Nukleolusorganisator muß somit befähigt sein, einmal bei der Zellteilung sich selbst zu reproduzieren und zum anderen in gesetzmäßiger Weise den Aufbau der Nukleolarsubstanzen bei den Tochterzellen jeweils durchzuführen. Wir wissen heute, daß Proteine dies nicht vermögen, wohl aber die N u k l e i n s ä u r e n , die am Aufbau der Chromosomen wesentlichen Anteil haben (S. 137). Es ist auch noch ungeklärt, ob die Anzahl der Nukleolenbildungsorte jeweils mit der Anzahl der Nukleolen im Kern übereinstimmt. So hat z. B. *Chiro-*

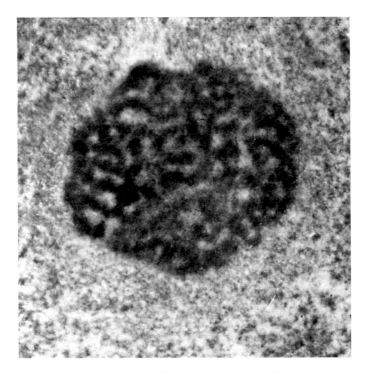

Abb. 21. Nukleolus einer jungen Plasmazelle. Vergr.: etwa 30 000 : 1.

nomus tentans zwei Bildungsorte, die in zwei verschiedenen Chromosomen lokalisiert sind. Hinzu kann jedoch noch ein „akzessorischer" Bildungsort kommen, dessen Nukleolus offenbar physiologisch den Hauptnukleolen nicht gleichwertig ist. Er unterscheidet sich auch strukturell von diesen.

Mit dem Elektronenmikroskop konnten auch bemerkenswerte Befunde an der Ultrastruktur der Nukleolen ermittelt werden. Danach sind sie durchaus nicht so einheitlich aufgebaut, wie sie lichtoptisch erscheinen. Die meisten Nukleolen haben eine schwamm- oder netzartige Struktur, die gewöhnlich von keiner Membran begrenzt ist (Abb. 21).

Grundsätzlich lassen sich gewöhnlich zwei Bestandteile unterscheiden: die N u k l e o n e m a und die P a r s a m o r p h a. Erstere besteht aus etwa 150 Å großen Granula, die fadenartige Strukturen bilden und somit dem Nukleolus ein retikuläres Aussehen verleihen. Die Nukleonema sind zudem kontrastreicher als die Pars amorpha, die nahezu homogen erscheint. Es ist möglich, daß es sich hierbei um Chromatin handelt, das dem Kernkörperchen angelagert ist oder dieses teilweise durchdringt.

Von diesem Strukturtyp, der in den meisten Zellen vorkommt, weichen zahlreiche Nukleolen ab. Dabei können sie schalen- oder kappenartig, ganz oder teilweise Chromatinstrukturen umhüllen, die z. T. Chromozentren darstellen. Sehr kompakte Nukleolen haben z. B. manche Tumorzellen und Eizellen. In dichten Nukleolen kann man häufig zentrale Aufhellungen beobachten, die elektronenoptisch völlig leer erscheinen. Gelegentlich findet man auch schneckenförmige Kernkörperchen. Recht variabel ist ihr Feinbau bei Oozyten. Möglicherweise ist der unterschiedliche Aufbau der morphologische Ausdruck verschiedener Funktionszustände der Nukleolen. So verursacht z. B. Actinomycin, das den Nukleinsäurestoffwechsel hemmt (S. 58), beträchtliche Veränderungen, wobei es zur Bildung von sehr dichten Innenkörpern kommt.

Die Funktion der Nukleolen ist im einzelnen noch nicht geklärt. Anfänglich glaubte man, sie seien für den Kernaufbau verantwortlich. Morphologische Untersuchungen deuten darauf hin, daß sie eine Bedeutung für die Eiweißbildung in der Zelle haben. Dafür sprechen auch die erwähnten submikroskopischen Granula, die in den Nukleolen vorkommen und denen des Zytoplasmas gleichen. Offenbar werden sie aus dem Kern geschleust, um an der Eiweißsynthese im Zytoplasma teilzunehmen (S. 94). Dementsprechend kann man häufig einen „Strom" solcher Granula beobachten, der vom Nukleolus zur Kernmembran reicht und offenbar durch die Kernporen geschleust wird. Untersuchungen mit ^{3}H-Cytidin haben auch gezeigt, daß z. B. die eiweißbildenden Pankreasdrüsenzellen reichlich Nukleolussubstanz an das Zytoplasma abgeben. Diese enthält vor allem Nukleinsäure, die für die Proteinsynthese im Zytoplasma notwendig ist. Man kann heute mit Sicherheit sagen, daß bestimmte Ribonukleinsäuren im Nukleolus synthetisiert und dort auch methyliert werden (S. 60). Ab und an kann sogar die Ausschleusung von Nukleolen beobachtet werden, z. B. bei den Vorkernen der Eizellen.

3.4.2.4. Der chemische Aufbau der Kernstrukturen

Allgemeines. Schon seit längerer Zeit gibt es eine Methode zum Nachweis von Zellkernstoffen, bei deren Anwendung der Zellkern nach geeigneter Fixierung leuchtend rot gefärbt wird, während das Zytoplasma und der Nukleolus ungefärbt bleiben. Für diese Reaktion wird farblose fuchsinschweflige Säure (Leukofuchsin) verwendet, die durch Behandlung von basischem Fuchsin mit einem Überschuß von schwefliger Säure gewonnen wird. Diese Lösung ist unter dem Namen S c h i f f - sches Reagens bekannt. Bei Anwesenheit von Aldehydgruppen (—CHO) wird im sauren Milieu und bei einem Überschuß von Schwefeldioxid ein neuer basischer Farbstoff gebildet. Im Gegensatz zum Fuchsin ist er gegenüber SO_2 stabil. Diese Farbreaktion wurde von F e u l g e n in die histologische Untersuchungstechnik eingeführt und trägt daher auch seinen Namen (Feulgen-Reaktion). Da bei dieser Reaktion das Zytoplasma farblos bleibt, wird sie mit Erfolg zum spezifischen Nachweis von Kernstrukturen verwendet. Auf Grund ihres Vorkommens in den Zellkernen wurden diese Substanzen zunächst ganz allgemein als Nukleinsäuren bezeichnet. Heute wissen wir, daß die Desoxyribonukleinsäure (DNS) zwar vorwiegend im Kern, aber auch in geringer Menge im Zytoplasma (S. 77) vorkommt, während die Ribonukleinsäure (RNS) sowohl im Zytoplasma als auch im Kern zugegen ist.

Aus dem Vorkommen dieser Substanzen geht hervor, daß die Feulgen-Reaktion (Nuklealreaktion) eine spezifische Nachweismethode für die DNS ist, während die auf S. 47 angeführte Methylenblaufärbung spezifisch für die RNS ist. Dementsprechend kann man mit Methylgrün-Pyronin beide Säuren gleichzeitig darstellen. Beide Nukleinsäuren kann man auch noch mit Gallozyanchromalaun nachweisen, jedoch ist hier keine Differenzierung möglich.

Die Verwendung dieser spezifischen Methoden erlaubt nicht nur den Nachweis dieser Substanzen, sondern ermöglicht in Verbindung mit der Spektrophotometrie auch ihre quantitative Bestimmung (S. 11). Auf diese Weise konnte der Nukleinsäuregehalt der Zellen verschiedener Tiere ziemlich genau ermittelt werden. So findet sich z. B. in den Körperzellen folgender Wirbeltiere die nachstehende DNS-Menge:

Schleie	$1{,}7 \cdot 10^{-12}$ g	Sperling	$1{,}9 \cdot 10^{-12}$ g
Barsch	$1{,}9 \cdot 10^{-12}$ g	Maus	$5{,}0 \cdot 10^{-12}$ g
Kröte	$7{,}3 \cdot 10^{-12}$ g	Mensch	$6{,}0 \cdot 10^{-12}$ g

Zahlreiche Untersuchungen haben außerdem gezeigt, daß der DNS-Gehalt innerhalb einer Tierart bei den verschiedenen Zellformen gleich hoch ist. Interessant ist ferner die Tatsache, daß reife Geschlechtszellen nur halb so viel DNS haben wie die Körperzellen der betreffenden Tierart. Daraus geht eindeutig hervor, daß bei der Entwicklung der Organismen offenbar ein Mechanismus besteht, der den konstanten DNS-Gehalt aller Körperzellen besorgt. Da die Entwicklung auf dem Vorgang der Zellteilung beruht, muß diese schließlich dafür verantwortlich sein. Dieses Problem wird weiter unten ausführlicher erläutert werden.

Mit Hilfe verschiedener Extraktionsverfahren lassen sich noch weitere Substanzen aus dem Zellkern isolieren. Dies beruht darauf, daß sich die verschiedenen Stoffe entweder nur in saurem oder nur in alkalischem Milieu lösen bzw. nur mit Salzlösung extrahieren lassen. So werden z. B. 0,25 normale HCl, 3%ige NaOH und 0,14 molare NaCl-Lösung verwendet. Auf diese Weise lassen sich die Kernsubstanzen in Histone, Globuline, Lipoproteine und ein Restprotein auftrennen. Von diesen Fraktionen haben vor allem die Histone in den letzten Jahren ein erhebliches Interesse gewonnen. Dies sind basische Proteine, die bemerkenswerterweise während der Spermatogenese durch Protamine ersetzt werden, die einfacher gebaut sind. Die Histone selbst lassen sich durch Säulenchromatographie, Ultrazentrifuge und Elektrophorese noch in weitere Fraktionen aufteilen, so daß in den Kernen der Körperzellen folgende Verbindungen zu finden sind:

Nukleinsäuren
Lipoproteine
Globuline
Rest-Protein

Histone:
Histon I = lysinreich
Histon II = argeninreich
Histon III = mäßig lysinreich

Bemerkenswert ist, daß Tumorzellen hinsichtlich der drei Histonfraktionen im Vergleich zu normalen Zellen keine Unterschiede aufweisen. Das Gewichtsverhältnis von DNS und Histonen beträgt in den meisten Gewebezellen 1 : 1, ist aber bei Tumorzellen zugunsten der Histone verschoben, während das Verhältnis von Gesamtproteinen zu Nukleinsäuren etwa 4 : 1 beträgt.

Die Nukleinsäuren sind, wie andere Naturstoffe (z. B. Proteine), hochpolymere Verbindungen, d. h., ihre Moleküle werden von einer sehr großen Anzahl Grundbausteine gebildet. Dadurch entstehen Makromoleküle mit einem Molekulargewicht von vielen Millionen. Durch Einwirkung spezifischer Fermente (DNase und RNase) lassen sie sich jedoch weitgehend abbauen (depolymerisieren), so daß man „Bruchstücke" der Kettenmoleküle oder ihre Grundbausteine bekommt. Aber auch Salzsäure bewirkt z. B. einen teilweisen oder vollständigen Abbau der Nukleinsäuren. Eine weitere chemische Analyse ergibt, daß am Aufbau der DNS und RNS drei Stoffgruppen als Bausteine teilnehmen: 1. organische Basen, 2. ein Kohlenhydrat, 3. Orthophosphorsäure (H_3PO_4). Darüber hinaus kennt man heute auch im einzelnen die Basen und das betreffende Kohlenhydrat; sie sollen hier kurz dargestellt werden:

Bei den Basen kann man wiederum zwei Gruppen unterscheiden: P y r i m i d i n b a s e n und P u r i n b a s e n. Ersteren liegt das P y r i m i d i n, letzteren das P u r i n zugrunde. Beide haben in ihrem zyklischen Kohlenstoffgerüst noch N-Atome (heterozyklisch), so daß ihnen folgende Formeln zukommen:

Bei den einzelnen Basen sind lediglich ein oder zwei H-Atome durch Amino(—NH_2)-, Hydroxyl(—OH)- oder Methyl(—CH_3)-Gruppen ersetzt. Am Aufbau beider Nukleinsäureformen beteiligen sich jeweils zwei Pyrimidin- und Purinbasen. Bei der DNS sind es C y t o s i n und T h y m i n bzw. A d e n i n und G u a n i n. Bei der RNS ist es statt Thymin das U r a z i l. Ihre Formeln sind vereinfacht folgende:

Cytosin =
2-Hydroxy-6-aminopyrimidin

Thymin =
2,6-Dihydroxy-5-methylpyrimidin

Adenin = 6-Aminopurin

Guanin = 2,6-Dihydroxypurin

Urazil ist das 2,6-Dihydroxypyrimidin. Somit unterscheidet sich die RNS von der DNS zunächst nur auf Grund einer anderen Base. Wir wollen daher noch kurz das Kohlenhydrat beider Säuren betrachten.

Das Kohlenhydrat der Nukleinsäuren ist eine P e n t o s e. Jedoch unterscheidet sich die Pentose der DNS von derjenigen der RNS dadurch, daß sie am zweiten C-Atom keinen Sauerstoff hat (sie ist desoxydiert), sondern zwei H-Atome (s. Formeln).

Diese Verbindungen werden als R i b o s e und 2 - D e s o x y r i b o s e bezeichnet. Gleichzeitig sind sie auch für die Benennung der beiden Nukleinsäureformen maßgebend. Die durch die Ringbildung entstandene OH-Gruppe am ersten C-Atom ist besonders reaktionsfähig und reagiert mit dem 3. bzw. dem 9. N-Atom des Pyrimidin- bzw. des Purinringes, so daß sich z. B. folgende Verbindungen ergeben:

Cytosin + Desoxyribose
= Desoxycytidin

Adenin + Ribose = Adenosin

Das Reaktionsprodukt von Pentose und Base heißt **Nukleosid**. Je nach der Base werden die einzelnen Nukleoside als Adenosin, Guanosin, Cytidin, Thymidin und Uridin bezeichnet.

Die Desoxyribose bildet mit den in der DNS vorkommenden vier Stickstoffbasen folgende Nukleoside:

Adenin + Desoxyribose = Adenin-desoxyribosid = Desoxyadenosin
Guanin + Desoxyribose = Guanin-desoxyribosid = Desoxyguanosin
Cytosin + Desoxyribose = Cytosin-desoxyribosid = Desoxycytidin
Thymin + Desoxyribose = Thymin-desoxyribosid = Thymidin

Analog heißen sie bei der RNS Adenosin, Guanosin, Zytidin und Uridin. Da die Nukleinsäuren hohe Molekulargewichte haben, muß eine große Anzahl von Nukleosiden zu einem Makromolekül vereinigt sein. Dies erfolgt durch die Phosphorsäure, indem sie gewissermaßen als Bindeglied zwischen zwei Nukleosiden fungiert. Somit ergibt sich folgender schematischer Aufbau, wenn P = Phosphat, Z = Pentose und B = Base sind:

$$-P-Z-P-Z-P-Z-P-Z-P-Z-P-Z-$$
$$\quad\;\;|\quad\;\;|\quad\;\;|\quad\;\;|\quad\;\;|\quad\;\;|$$
$$\quad\;\;B\quad B\quad B\quad B\quad B\quad B$$

(Z + B = Nukleosid)

Wie das Schema zeigt, sind alle drei Stoffgruppen in gleicher Anzahl vorhanden. Man kann daher jeweils ein Molekül dieser Stoffe zusammengefaßt (P—Z—B) als Bauelement auffassen und bezeichnet dies als **Nukleotid**. Tatsächlich kommen solche Nukleotide nicht nur als Bausteine in Nukleinsäuren vor, sondern spielen — je nach der Anzahl der gebundenen Phosphatmoleküle — als Mono-, Di- und Trinukleosidphosphate als Funktionsträger im Organismus eine große Rolle (S. 107). Die Di- und Triphosphate sind sehr energiereich und werden vorwiegend in Mitochondrien aufgebaut (S.79). Je nach der Base werden die Monophosphate als **Adenosinphosphat** (= Adenylsäure), **Guanosinphosphat** (=Guanylsäure) usw. bezeichnet.

Struktur und Bildung der DNS. Am Beispiel der DNS soll der molekulare Aufbau eines Nukleinsäuremoleküls näher erläutert werden. Wie schon das angeführte Schema zeigt, besteht es aus einem „Strang", der von einer großen Anzahl von Mononukleotiden aufgebaut wird. Somit sind die Nukleinsäuren **Polynukleotide**. Die Spezifität der einzelnen DNS-Moleküle verschiedener Tierarten wird durch die Reihenfolge der Basen bestimmt. Da die Desoxyribose innerhalb der Kette jeweils mit 2 Phosphatmolekülen verbunden ist, erfolgt außer der ersten Bindung am 5. C-Atom im Nukleotid noch eine zweite am 3. C-Atom. Somit sind sie diesterartig untereinander verbunden. Die Basen sind mit ihrem N-Atom 3 (Pyrimidin) oder 9 (Purin) an das 1. C-Atom der Pentose gelagert. Über einen Teilausschnitt aus einem solchen DNS-Molekül informiert Abb. 22.

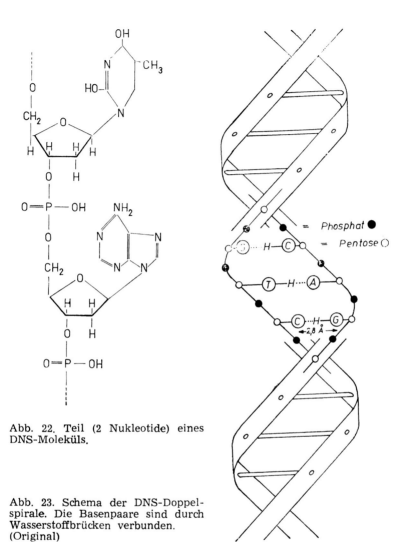

Abb. 22. Teil (2 Nukleotide) eines DNS-Moleküls.

Abb. 23. Schema der DNS-Doppelspirale. Die Basenpaare sind durch Wasserstoffbrücken verbunden. (Original)

Über die Aufeinanderfolge (Sequenz) der einzelnen Basen innerhalb der DNS-Moleküle weiß man kaum etwas. Dagegen haben genaue Analysen gezeigt, daß bei der DNS sowohl das Verhältnis von Adenin zu Thymin als auch von Guanin zu Cytosin jeweils 1 : 1 ist. Allerdings ist das Verhältnis dieser beiden Basenpaare ihrerseits zueinander nicht 1 : 1, sondern bei tierischen Zellen sind meist etwas mehr Adenin und Thymin zugegen.

Damit ist also der chemische Aufbau der DNS im wesentlichen bekannt. Wie nun röntgenoptische Untersuchungen gezeigt haben, liegt die DNS offenbar nicht in Form einzelner Polynukleotidketten in den Kernstrukturen vor, sondern es haben sich jeweils zwei Ketten miteinander „gepaart" und bilden somit einen „Doppelstrang". Hierbei liegen sich das Adenin der einen Kette mit dem Thymin der anderen gegenüber und umgekehrt. Das gleiche gilt auch für das andere Basenpaar. Beide Ketten werden durch sogenannte Wasserstoffbindungen der Basenpaare zusammengehalten, wie es nachstehendes Schema zeigt.

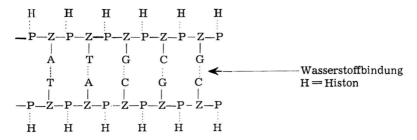

Die gepaarten DNS-Ketten liegen nicht einfach nebeneinander, sondern verlaufen im entgegengesetzten Sinne spiralig um eine gedachte Achse, wie es aus Abb. 23 hervorgeht. Die Basenanteile liegen dabei mit ihren Wasserstoffbindungen in der Spirale. Diese Doppelspirale bildet die S e k u n d ä r s t r u k t u r der DNS. Der Abstand der beiden Ketten wird durch die Wasserstoffbindung bedingt und beträgt zwischen

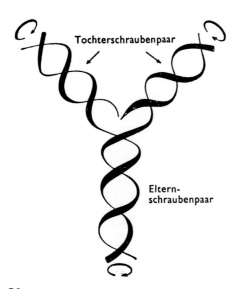

Abb. 24. Schematische Darstellung der Selbstverdoppelung der DNS nach W a t s o n und C r i c k. Bildung von Tochterschrauben.

dem N-Atom der einen Base und dem O-Atom des anderen Paarlings etwa 2,8 Å, während für den Durchmesser der Doppelspirale etwa 18 Å ermittelt worden sind. Die Anzahl der Nukleotide, die ein DNS-Molekül aufbauen, ist naturgemäß sehr hoch und beträgt bei einem Molgewicht von einer Million einige Tausend.

Wir kennen heute nicht nur den chemischen Aufbau der DNS, sondern haben auch bereits eine gute Vorstellung von ihrer Bildung (Biosynthese). Zunächst sei betont, daß der DNS-Gehalt sich verdoppeln muß, da er in den gebildeten Tochterzellen genauso hoch ist wie in der Mutterzelle. Die ersten Einblicke in die Biosynthese wurden an Hand von Untersuchungen außerhalb des Organismus (in vitro) gewonnen. Dabei zeigte sich, daß neue DNS gebildet wird, wenn im Reaktionsmedium außer etwas „Starter-DNS" und den vier Mononukleotiden noch Mg^{++} und das Enzym DNS-Polymerase zugegen sind. Letzteres bewirkt offensichtlich die Polymerisierung der einzelnen Nukleotide zu einem Kettenmolekül (Polynukleotid). Unklar ist die Funktion der Mg^{++}. Dagegen wirkt die Starter-DNS zweifellos als „Schablone" und bestimmt somit den Typ der neuen DNS. Daß dies so ist, zeigt sich darin, daß die gebildete DNS sich nicht von der Starter-DNS unterscheidet. Wie nun diese „Steuerung" im einzelnen abläuft, ist noch unbekannt. Recht plausibel ist die Vorstellung, daß die Bildung in der

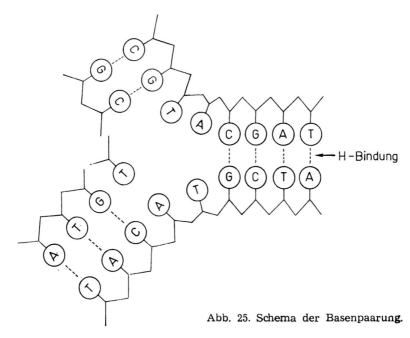

Abb. 25. Schema der Basenpaarung.

Zelle an einem Ende der Doppelspirale der vorhandenen DNS erfolgt, wobei diese mit einer Entspiralisierung beginnt (Abb. 24). Wenn nun jede Base innerhalb der Polynukleotidkette nur eine bestimmte Base binden kann, also ihre Komplementär-Base hat, so wird der Typ der neuen „Tochterspirale" zwangsläufig von der „Mutterspirale" bestimmt (Abb. 25). Diese wirkt also gewissermaßen als Matrize für die neue DNS. Es ist einleuchtend, daß die beiden Nukleotidketten der Doppelspirale bei ihrer Trennung jeweils nur solche Tochterspiralen bilden können, die der Sequenz ihres vorhergehenden Partners entspricht. Dieser Mechanismus der Biosynthese führt somit zu einer identischen Vermehrung der vorhandenen DNS. Wenn hier auch noch andere Mechanismen möglich sind, so ist jedoch sicher, daß die DNS zu ihrer identischen Reduplikation fähig ist, eine Tatsache, die vor allem für die Vererbung von größter Bedeutung ist. Darüber wird im nächsten Abschnitt näher berichtet.

Versuche mit ^{3}H-Thymidin — das nur in die DNS eingebaut wird — lassen erkennen, daß die DNS in nicht teilungsfähigen Zellen eine relativ stabile Substanz ist und keinen nennenswerten Stoffwechsel hat. Mit anderen Worten: Eine DNS-Synthese erfolgt nur bei sich teilenden Zellen. Bei diesen muß die DNS verdoppelt werden, damit die Tochterzellen die gleiche Menge haben wie die Ausgangszelle. Die DNS-Verdoppelung erfolgt nicht während der Teilung, sondern jeweils in der zwischen zwei Mitosen liegenden Interphase (Abb. 26). Allerdings beginnt die Verdoppelung nicht sofort nach einer Teilung, sondern es tritt zunächst eine Ruhephase (G_1-Phase) ein. Diese kann — vor allem bei funktionellem Gewebe wie Leberparenchym — Tage, Wochen und Monate dauern. Erst dann beginnt die DNS-Synthese (S-Phase). Die dafür benötigte Zeit ist bei den verschiedenen Zellen relativ konstant und beträgt 6 bis 12 Stunden. Nach der S-Phase tritt eine zweite Ruhephase ein (G_2-Phase), die wiederum meistens relativ konstant ist und 1 bis 3 Stunden dauert.

Die Bildung der DNS wird durch Actinomycin C_1 (= Actinomycin D) sowie durch Mitomycin und Neomycin gehemmt. Das Actinomycin blockiert spezifisch den Einbau von Guanylsäure, indem es mit dem Desoxyguanosinrest

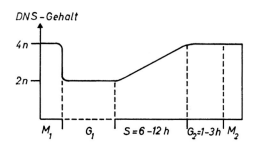

Abb. 26. Schema zum Ablauf der DNS-Bildung während der Interphase.

einen Komplex bildet. Ferner wird die DNS-Synthese durch ionisierende Strahlen gehemmt, wenn diese mit genügend hoher Dosis in der G_1-Phase appliziert werden. Hierbei wird offenbar in erster Linie die erforderliche Neubildung der DNS-Polymerase unterdrückt, die für die DNS-Synthese notwendig ist. Auch das 5-Trifluormethylurazil u. a. Substanzen wirken hemmend auf die DNS-Synthese.

Die Ribonukleinsäuren. Ähnlich wie bei der DNS sind auch bei der RNS die einzelnen Nukleoside durch Phosphorsäure diesterartig miteinander verbunden, so daß Polynukleotide von hohem Molekulargewicht vorliegen. Allerdings ist dieses in seiner Größenordnung hier wesentlich unterschiedlicher als bei der DNS, so daß keine einheitliche Nukleinsäurefraktion in den einzelnen Zellen vorliegt. Auf Grund ihrer physikalischen Eigenschaften und ihrer biologischen Bedeutung kann man gegenwärtig 3 verschiedene Ribonukleinsäuren unterscheiden:

1. die M e s s e n g e r - RNS   (Boten-RNS): m-RNS
2. die T r a n s f e r - RNS   (Überträger-RNS): t-RNS
3. die R i b o s o m e n - RNS   (ribosomale-RNS): r-RNS

Zur Entdeckung der m-RNS führten Untersuchungen an Viren und Bakterien. Sie konnte später auch bei höheren Organismen festgestellt werden. Offenbar hat sie die Aufgabe, die Information („Botschaft") für die spezifische Aminosäuresequenz bei der Eiweißbildung (S. 94) von der DNS zum Ort der Proteinsynthese zu übermitteln. Demzufolge wird sie von der DNS gebildet, wobei dann jeweils an Stelle der Thyminnukleotide der DNS Urazilnukleotide in die m-RNS eingebaut werden. Dieser Abklatsch erfolgt mit Hilfe der RNS-Polymerase und wird als T r a n s k r i p t i o n bezeichnet. Sie vollzieht sich nur an einem DNS-Molekül der Doppel-Helix (kodogener Strang), während der andere möglicherweise t-RNS und r-RNS bildet.

Das m-RNS-Molekül hat nur ein Molekulargewicht von 200 000 bis 500 000, ist sehr kurzlebig und macht daher nur etwa 5% der gesamten RNS einer Zelle aus. Ihre Funktion wird S.68 erörtert.

Die t-RNS zeichnet sich durch ein sehr niedriges Molekulargewicht aus (etwa 25 000), so daß sie eine Sedimentationskonstante von 4S[1] (5S) hat. Folglich bestehen die einzelnen Moleküle nur aus 70 bis 80 Nukleotiden. Im Gegensatz zu hochmolekularer RNS ist sie in 1 molarer NaCl-Lösung löslich. Man bezeichnet sie daher vielfach als l ö s l i c h e (soluble) sRNS. Röntgenbeugungsbilder deuten darauf hin, daß sie ähnlich der DNS eine Sekundärstruktur (Helix) aufweist und möglicherweise sogar in Form einer Doppelspirale vorliegt. Auf Grund von autoradiographischen Untersuchungen ist es sicher, daß diese RNS im Nukleolus gebildet wird und anschließend in das Zytoplasma gelangt, wo sie an keine Strukturen gebunden ist. Sie läßt sich daher auch in der

---

[1] S = Svedberg-Einheit als Sedimentationskonstante

Ultrazentrifuge schwer abschleudern. Chemisch zeichnet sich die t-RNS durch den Gehalt an seltenen Basen aus, vor allem an Pseudouridin (5-Ribosylurazil). Offenbar werden diese aber nicht bei der Synthese eingebaut, sondern erst in der RNS methyliert (Einbau von Methylgruppen). Autoradiographische Untersuchungen lassen vermuten, daß dies im Nukleolus erfolgt. Hierbei wirkt Methionin als Methyl-Spender. Möglicherweise ist dies funktionell bedeutsam. Besonders reich an methylierten Basen sind Tumorzellen. Bemerkenswert ist, daß das eine Ende der Helix stets Guanosin (G) und das andere die Basenfolge —C—C—A aufweist (Abb. 45). Beachtlich ist, daß t-RNS aus *Escherichia coli* auch bei Retikulozyten wirksam ist.

Offenbar existieren in jeder Zelle wesentlich mehr als 20 verschiedene t-RNS-Arten. Mit Hilfe der Technik der DNS-RNS-Hybridisierung konnte festgestellt werden, daß auch die t-RNS an der DNS gebildet wird. Es bleibt abzuwarten, welche Rolle hierbei der Nukleolus spielt. In funktioneller Hinsicht ist die t-RNS für die Proteinsynthese wesentlich (S. 95).

Die r-RNS kommt nur in hochmolekularer Form vor und baut in Verbindung mit Proteinen die Ribosomen auf. Nach Extraktion aus der Zelle läßt sie sich mittels der Ultrazentrifuge in eine 28S- und eine 16S-Komponente auftrennen. Es ist nicht wahrscheinlich, daß erstere eine dimere Form der letzteren ist, da sie verschiedene Basensequenz haben. Auch die r-RNS enthält einige methylierte Basen, wie z. B. Methylurazil und Methylcytidin. Auch hier weisen Untersuchungen an DNS-RNS-Hybriden darauf hin, daß die r-RNS offenbar an der DNS gebildet wird. Neuerdings konnte im Kern eine 90S-RNS ermittelt werden, die möglicherweise ribosomale RNS ist. Die ihr anfänglich zugeschriebene Matrizenfunktion beim Aufbau der Proteine kommt ihr offenbar nicht zu (S. 92). Sie wird wahrscheinlich im Nukleolus gebildet, zumindest aber dort gespeichert. Demzufolge lassen sich auch aus dem Zellkern eine 28S- und 16S-Komponente extrahieren. Die Funktion der r-RNS ist bislang noch unbekannt, doch dürfte ihr eine Bedeutung bei der Eiweißbildung zukommen.

Durch teilweise Entfernung der Histone aus den Thymuszellkernen (z. B. mittels Trypsin) wird die RNS-Synthese um 200 bis 400% gesteigert. Eine weitere funktionelle Differenzierung der Histone hinsichtlich ihrer Wirkung auf die DNS-abhängige RNS-Synthese ist möglicherweise auf eine Azetylierung oder Methylierung ihrer Aminogruppen zurückzuführen, wodurch eine Hemmung oder Aktivierung dieser RNS-Synthese erreicht wird.

Nukleoproteide. Charakteristisch für alle Nukleinsäuren ist, daß sie UV-Licht stark absorbieren, wobei das Maximum im Mittel bei 260 mμ liegt. Für diese Eigenschaft sind nur die Purinbasen verantwortlich, und zwar hauptsächlich das Guanin.

Die Nukleinsäuren liegen im Kern gewöhnlich nicht in freier Form, sondern sind an Proteine gebunden. Diese Verbindungen werden allgemein als N u k l e o p r o t e i d e bezeichnet. Die Bindung der Eiweißmoleküle erfolgt durch die Phosphorsäure der Nukleinsäuren, wie dies im Schema auf S. 56 angedeutet ist (. .). Bei Gegenwart von Histonen im Kern erfolgt die Reaktion der Phosphatgruppen mit den basischen Aminosäuren Arginin, Lysin und Histidin, die etwa 25% eines Histons ausmachen. Dabei entspricht die Anzahl dieser Aminosäuren etwa der Anzahl der Phosphatgruppen in den DNS-Molekülen. Wie diese Bindung an die Eiweißkomponente erfolgt, ist noch nicht geklärt. Einige Forschungsergebnisse deuten darauf hin, daß sie durch elektrostatische Anziehung zwischen den Aminosäuren und der Phosphorsäure zustande kommt.

Über die Herkunft der Kernhistone wissen wir kaum etwas. Es ist aber bemerkenswert, daß offenbar die einzelnen Histone während der Entwicklung ausgetauscht werden, so daß die adulten Organismen andere Histone haben als die Embryonen. Ferner konnten z. B. zellspezifische Histone in den Kernen von Erythrozyten und Milzzellen bei Hühnchen nachgewiesen werden. Dagegen sind hinsichtlich der Funktion neuerdings einige interessante Beobachtungen gemacht worden. So konnte eine Beziehung zwischen der Bindung der Histone an die chromosomale DNS und der Genaktivierung ermittelt werden. Wird z. B. bei Erbsenembryonen die Histonkomponente abgetrennt, so steigt die Aktivität der DNS, gemessen an der gebildeten RNS, um das Fünffache an. Werden dem Inkubationsmedium von Thymuszellkernen Histone hinzugefügt, so wird ganz allgemein die RNS-Syntheseaktivität der DNS gehemmt, während sie nach Entzug von Histonen gesteigert wird. Möglicherweise werden (auf diese Weise) zeitlich jeweils nur bestimmte Anteile eines DNS-Moleküls durch Bindung an Histone blockiert und somit funktionell beeinflußt. Es ist nicht ausgeschlossen, daß eine zeitweise Blockierung bestimmter Gruppen der DNS-Moleküle während der Entwicklung des Organismus eine wesentliche Rolle spielt (S. 158).

Die hier dargestellten Nukleoproteide bauen in erster Linie die optisch sichtbaren Strukturen des Zellkernes auf (Chromatin und Nukleolen). Außer diesen strukturbildenden Verbindungen sind hier noch zahlreiche Fermente lokalisiert, so z. B. die für die Synthese von Nukleotiden und Nukleosiden notwendigen Nukleotidasen und Nukleosidasen. Ferner befindet sich die gesamte DNase im Kern. Diese liegt hier in einer inaktiven Form vor und bedarf zu ihrer Aktivierung Mg-Ionen. Manche Enzyme kommen nur in den Kernen einzelner Zellarten vor, während sie in den Kernen anderer fehlen. So findet sich z. B. Katalase beim Kalb wohl in den Kernen der Leberparenchymzellen, nicht aber in der Niere. Außer Magnesium ist offenbar auch noch Kalzium für die Zellkernfunktionen bedeutsam.

3.4.2.5. Allgemeine Kern-Zytoplasmabeziehungen

Über die Bedeutung des Kernes im Rahmen der Zellfunktion sind seit seiner Entdeckung mannigfaltige Spekulationen angestellt und zahlreiche Theorien aufgestellt worden, von denen die meisten längst vergessen sind. Sie sollen im einzelnen hier nicht angeführt werden.

Daß der Kern ganz allgemein von grundlegender Bedeutung für das Leben der Zelle ist, beweisen zahlreiche experimentelle Ergebnisse; sie wurden bereits erwähnt (S. 36). Seine Aufgabe kann jedoch nicht in der Bereitstellung von Energie beruhen, da die Fermente des Energiestoffwechsels ausschließlich im Zytoplasma zu finden sind. Vielmehr ist der Kern auf die energieliefernden Reaktionen des Zytoplasmas angewiesen.

Andererseits ist aber schon seit langem immer wieder an verschiedenen Untersuchungsobjekten nachgewiesen worden, daß der Kern sich aktiv an den Funktionen des Zytoplasmas beteiligt. Diese Beteiligung äußert sich in erster Linie in dem Übertritt von Kernkörperchensubstanz in das Zytoplasma. Verschiedentlich ist sogar von einem Durchschleusen ganzer Kernkörperchen durch die Kernmembran berichtet worden. Wie weit derartige Beobachtungen einem normalen physiologischen Vorgang entsprechen, sei dahingestellt. Allerdings sind die meisten dieser Befunde an fixiertem Material gemacht worden, so daß sicherlich nicht in allen Fällen von einem physiologischen Übertritt von Kernsubstanzen in das Zytoplasma gesprochen werden kann. Immerhin ist auch an lebenden Zellen gezüchteter Kulturen die Abgabe von Kernsubstanzen in Form kleiner Nukleolusanteile an das Zytoplasma beobachtet worden. Dabei soll die Kernmembran Vor- und Einstülpungen bilden und das Kernmaterial an solchen Stellen „durchschleusen". Besonders auffällig verhalten sich in dieser Hinsicht sekretorisch tätige Drüsenzellen und auch andere Zellen, die eine gesteigerte Stoffwechseltätigkeit haben. An solchen Zellen ist auch beobachtet worden, daß die ganzen Kernkörperchen in das Zytoplasma ausgestoßen und dann direkt zur Bildung von Sekreten verwendet werden. Diese Darstellung trifft zumindest nicht in allen Fällen für die Sekretbildung zu.

Die Beteiligung des Kernes an den Funktionen des Zytoplasmas steht heute außer Zweifel, zumal in letzter Zeit mit Hilfe des Elektronenmikroskops die Porenstruktur der Kernmembran erkannt worden ist, so daß sie ohne weiteres von größeren Molekülen passiert werden kann. Daß diese Beteiligung in erster Linie von seiten des Nukleolus erfolgt, konnte an zahlreichen Objekten festgestellt werden.

Diese Beobachtungen und Ergebnisse werden auch durch experimentelle Untersuchungen an einzelligen Organismen (z. B. Amöben) bestätigt, wonach in kernlosen Fragmenten eine Abnahme bzw. ein Verlust der zytoplasmatischen Basophilie eintritt, während diese in den kernhaltigen Zellteilen erhalten bleibt. Quantitative RNS-Bestimmungen zeigen dementsprechend, daß der RNS-Gehalt im Zytoplasmafragment nach 10 Tagen um etwa 60% geringer ist, während er in kernhaltigen Teilen konstant bleibt. Daß in erster Linie die im Kern gebildete RNS in das Zytoplasma gelangt, lehren auch die Versuche, bei denen Amöbenkerne mit ^{32}P-markierter RNS in entkernte Tiere implantiert wurden, wobei dann bald die markierte RNS in das Zytoplasma gelangte. Desgleichen zeigen autoradiographische Untersuchungen mit H^3- und C^{14}-markierten Aminosäuren sowie mit H^3-Cytidin eindeutig, daß eine vermehrte Eiweißsynthese im Zytoplasma mit einer verstärkten Bildung von Ribonukleinsäure zeitlich einhergeht, die direkt vom Nukleolus an das Zytoplasma abgegeben wird.

3.4.2.6. Molekularbiologie der Vererbung

Allgemeines. Obwohl schon lange die Bedeutung des Zellkernes für die Übertragung der elterlichen Merkmale und Eigenschaften auf die Nachkommen bekannt ist, wußte man über die Funktion der Nukleinsäuren vor etwa drei Jahrzehnten noch nichts. Erst seit etwa einem Jahrzehnt ist die stoffliche Bedeutung dieser chemischen Verbindungen für die genetische Übertragung bekannt. Dadurch hat auch die Vererbungsforschung einen großen Aufschwung erfahren. Auf Grund zahlreicher Untersuchungen in letzter Zeit — vor allem an Mikroorganismen — kann man heute mit Sicherheit sagen, daß hierbei die DNS eine zentrale Stellung einnimmt. Es soll daher hier zunächst die biologische Bedeutung der DNS und der RNS im Zusammenhang ausführlicher dargestellt werden.

Der Erläuterung dieses Problems soll eine anscheinend simple Frage vorangestellt werden, nämlich: Worin besteht die Vererbung? Ganz sicher nicht in der steten Übertragung eines Merkmals, z. B. einer Haarfarbe, auf die Nachkommen. Offenbar beruht sie auf der Fähigkeit der befruchteten Eizelle, aus einer ihrer „ererbten" Anlagen im Verlauf ihrer Entwicklung bis zum adulten Individuum unter geeigneten Bedingungen eine Kette biochemischer Reaktionen zu „steuern", deren Ergebnis das betreffende Merkmal ist.

Für die einzelnen Erbanlagen wurde von dem dänischen Botaniker J o h a n n s e n der Begriff „Gen" eingeführt, ohne daß man sich hierunter etwas Konkretes vorstellen konnte. Die Summe aller Erbanlagen eines Organismus, die man auch als den G e n o t y p u s[1] bezeichnet, äußert sich also in einer großen Anzahl biochemischer Reaktionen, deren Ergebnis die Entwicklung des betreffenden Individuums ist. Sie hat eine Reihe morphologischer Merkmale zur Folge, die in ihrer Gesamtheit das Erscheinungsbild der jeweiligen Tierart formt, das auch als P h ä n o t y p u s[2] bezeichnet wird. Freilich führt

---

[1] geneá (gr.) = Abstammung
[2] phaínesthai (gr.) = erscheinen

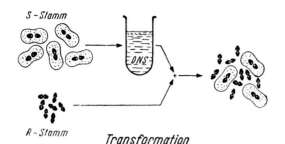

Abb. 27. DNS-Transformation bei Pneumokokken. Erläuterungen im Text.
(Nach F. Kaudewitz)

Transformation

der Genotypus nicht bei allen Individuen innerhalb einer Tierart zu einem völlig gleichen Phänotypus, sondern der Genotypus bestimmt eine gewisse Reaktionsbreite, innerhalb derer das Erscheinungsbild infolge unterschiedlicher Umweltbedingungen etwas variieren kann. Die im Kern lokalisierten Erbanlagen müssen demzufolge die stoffliche und strukturelle Eigenschaft haben, sich selbst bei jeder Zellteilung identisch zu reproduzieren, um sich von Generation zu Generation „fortzupflanzen". Darüber hinaus müssen sie befähigt sein, während der Individualentwicklung jene Summe von biochemischen Reaktionen zu steuern, die zu den spezifischen Artmerkmalen führen. Es wurde schon kurz hervorgehoben, daß diese Eigenschaften nur den Nukleinsäuren zukommen, und auch gezeigt, wie dieser Mechanismus möglicherweise abläuft (S. 54). Hier soll noch an einigen Beispielen gezeigt werden, daß die DNS nach unseren gegenwärtigen Kenntnissen tatsächlich die stoffliche und strukturelle Basis der genetischen Information ist.

Die ersten Hinweise auf die Funktion der DNS wurden an Pneumokokken, den Erregern der Lungenentzündung, gewonnen. Diese Bakterien kommen als pathogener S- und nichtpathogener R-Stamm vor. Die Kokken des S-Stammes haben die erbgebundene Fähigkeit, eine Polysaccharidkapsel zu bilden, die dann jeweils zwei Bakterien (Diplokokke) umschließt. Der R-Stamm bildet keine Kapseln (Abb. 27). Aus den Kokken des S-Stammes wurde DNS extrahiert und anschließend mit dem R-Stamm zusammengetan. Nunmehr zeigte sich, daß etwa 1% der R-Kokken in der Folgegeneration zur Kapselbildung befähigt war (Abb. 27). Man darf hieraus schließen, daß infolge Einwirkung und Eindringens der „S-DNS" in die Bakterien des R-Stammes ein Teil die Fähigkeit der Kapselbildung erlangt hat (sog. Transformation). Eine ähnliche Transformation wurde auch bei penizillinresistenten und penizillinempfindlichen Bakterienstämmen gefunden. Desgleichen konnte festgestellt werden, daß die infektiöse Eigenschaft der pflanzen- und tierpathogenen Viren auf deren jeweilige Nukleinsäure zurückzuführen ist, da der Proteinanteil allein nicht infektiös ist. Es konnte auch ermittelt werden, daß der Transformationsfaktor alle Eigenschaften der DNS aufweist. Das transformierte Merkmal hat somit die Nukleinsäure als strukturelle Grundlage.

Für die Übertragung der genetischen Information durch die DNS sprechen auch herbeigeführte Strukturveränderungen an ihrem Molekül. Wird DNS z. B. mit salpetriger Säure behandelt, so werden einzelne Nukleotide der Polynukleotidkette desaminiert, d. h., ihre Aminogruppen werden zu Hydroxylgruppen oxydiert, so daß andere Basen und damit auch andere Nukleotide entstehen, wie dies z. B. die Überführung von Adenin in Hypoxanthin veranschaulicht:

$$\text{Adenin} \xrightarrow{HNO_2} \text{Hypoxanthin}$$

Die Umbildung von Adenin zu Hypoxanthin führt zu einer Umwandlung des Basenpaares Adenin-Thymin in Guanin-Cytosin, da sich das Hypoxanthin wie Guanin verhält. Solche Umwandlungen von Basen einzelner Nukleotide führen auch zu Abwandlungen einzelner Merkmale. Man bezeichnet solche Veränderungen der Erbanlagen als M u t a t i o n [1]. Es ist bemerkenswert, daß die strukturelle Veränderung eines einzelnen Nukleotids von mehreren Tausend einer Polynukleotidkette eine Mutation zur Folge haben kann. Die angeführten Beispiele zeigen, daß die DNS nicht nur der Träger der Erbanlagen und für deren Übertragung auf die Nachkommen verantwortlich ist, sondern daß die Sequenz der einzelnen Nukleotide auch entscheidend ist für die genetische Funktion der DNS und eine artspezifische Ausbildung des Phänotypus.

Mit der Kenntnis über die Bedeutung der DNS für die Vererbung hat auch unsere Vorstellung vom Gen eine Wandlung erfahren. So bezeichnen wir heute den DNS-Bereich, der funktionell als kleinste Informationseinheit einem „Gen" entspricht, als C i s t r o n. Entsprechend wird die kleinste strukturelle Mutationseinheit M u t o n und die kleinste Rekombinationseinheit R e c o n genannt. Allerdings wissen wir im einzelnen noch nicht, welche Struktureinheiten den einzelnen Genen zugrunde liegen. Möglicherweise sind es einzelne Mononukleotide. Sicherlich können die Gene nur im Zusammenhang mit anderen Genen wirksam sein bzw. sind an deren Funktion „gekoppelt".

So haben Untersuchungen an Mikroorganismen gezeigt, daß ein DNS-Bereich, dessen Nukleotidsequenz für die Bildung eines Proteins verantwortlich ist, von anderen Genen in seiner Funktion beeinflußt wird.

---

[1] mutation (lat.) = Abänderung (S. 143)

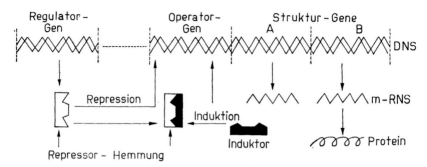

Abb. 28. Schematische Darstellung der Genwirkungen.

Man unterscheidet daher zwischen S t r u k t u r - Gen (Informator-Gen), O p e r a t o r - Gen und R e g u l a t o r - Gen. Diese entsprechen zusammen offenbar einem Cistron und stehen möglicherweise in folgender funktioneller Beziehung (Abb. 28). Das Struktur-Gen bildet m-RNS als kurzlebige Kopien, die in das Zytoplasma abgegeben werden und dort die Synthese bestimmter Proteine durchführen (Abb. 45). Vermutlich wird dieses Gen erst durch das Operator-Gen zu seiner Funktion aktiviert. Wieweit letzteres mehrere Strukturgene beeinflußt, ist ungeklärt, aber möglich. Das Funktionssystem dieser beiden Gene wird als O p e r o n bezeichnet. Schließlich wird die Wirkung des Operator-Gens offenbar von R e p r e s s o r e n gehemmt, wenn dies physiologisch erforderlich ist. Ein solcher Repressor wird vom Regulator-Gen gebildet und kann von vornherein aktiv sein und die Funktion des Operator-Gens hemmen. Er kann aber auch durch einen E f f e k t o r (Induktor) seinerseits gehemmt werden, so daß dann das Operator-Gen wirksam wird und die Bildung des Proteins auslöst (Induktion). Der Repressor kann auch ein Stoffwechselprodukt sein. Repression und Induktion sind bei Mikroorganismen beobachtet worden. Über die Struktur des Repressors ist nichts bekannt.

Der genetische Kode. Auf welche Weise werden nun die Merkmale und Eigenschaften eines Organismus verwirklicht, die von den einzelnen Genen bestimmt werden? Man hat sich dies früher so vorgestellt, daß sich der Genotypus aus zahlreichen selbständigen Genen zusammensetzt, die jeweils ein Merkmal verwirklichen und in ihrer Gesamtheit den Phänotypus gewissermaßen mosaikartig aufbauen. Heute wissen wir, daß die Entwicklung eines Organismus eine komplizierte Reihenfolge von Genwirkungen ist, die über Zwischenstufen zum Wirkungserfolg, dem Merkmal führt. Ein solcher Entwicklungsgang wird aber nicht von einem Gen bewirkt, sondern es wirken auf ihn in allen Fällen an den Zwischenstufen noch weitere Gene ein. Somit stellt ein Gen den Ausgangspunkt für die Ausbildung eines Merkmals dar, von dem nur ein bestimmter Weg in Form einer Reaktionsfolge über Zwischenstufen zum Endpunkt, dem phänotypischen Merkmal führt. Die Ausbildung der Erbmerkmale besteht zweifellos zu einem wesentlichen Teil in der Bildung von enzymatischen und anderen spezifischen Proteinen. Zwar wissen wir derzeit noch relativ wenig über die genetische Kontrolle der Biosynthese spezifischer Proteine bei höheren Organismen, doch sind einige bemerkenswerte Befunde bei Mikroorganismen gemacht worden, die möglicherweise ganz allgemein gültig sind.

Es soll hier kurz der Mechanismus erörtert werden, nach dem die Gene als strukturelle Funktionseinheiten der DNS ihrer Aufgabe gerecht werden. Diese besteht darin, den in der Nukleotidsequenz „verschlüsselten" Genotypus in die Merkmale des Phänotypus zu übersetzen. Dazu werden von der DNS exakte „Negativkopien" in Form von m-RNS gebildet. Diese gelangt in das Zytoplasma und bringt die genetische Information zum Syntheseort der Proteine, mit denen sie Funktionskomplexe bildet (S. 93). Alle Organismen unterscheiden sich genetisch im wesentlichen durch spezifische Nukleinsäuren und Proteine. Durch m-RNS werden die Syntheseorte gewissermaßen „informiert", w e l - c h e spezifischen Eiweißmoleküle aufgebaut werden sollen. Welche Rolle hierbei die r-RNS spielt, ist allerdings noch nicht geklärt. Unter Mitwirkung beider RNS-Formen wird die in der DNS genetisch festgelegte Aminosäurefrequenz innerhalb eines Eiweißmoleküls aufgebaut. Diesen Vorgang nennt man T r a n s l a t i o n.

Da die m-RNS ein Abklatsch der DNS ist, so muß die Primärstruktur der Proteine bereits in der DNS, d. h. in deren Basenfolge verschlüsselt sein. Die Anzahl der Basen in der DNS beträgt aber nur 4, während 20 Aminosäuren Verwendung finden. Es muß also ein Mechanismus existieren, der die „4-Buchstabenschrift" der DNS in die „20-Buchstabenschrift" der Proteine „umschreibt". Man bezeichnet dies als den g e n e t i s c h e n K o d e. Man kann ihn formal mit dem vergleichen, was beim Übertragen der Morseschrift mit ihren drei Zeichen in die 24 Buchstaben der Klarschrift erfolgt, wobei die vier Nukleotide den Morsezeichen und die 20 Aminosäuren den Buchstaben entsprechen.

Wie funktioniert nun der genetische Kode? Auf Grund von theoretischen Erwägungen konnte man annehmen, daß nicht ein Einzelnukleotid eine Aminosäure kodieren kann, auch nicht 2 Nukleotide, da dann nur 4 bzw. 16 (4^2) Säuren kodiert werden könnten. Aus diesen Überlegungen folgt, daß wenigstens eine Gruppe von 3 Nukleotiden zur Kodierung einer Säure notwendig ist, was offenbar tatsächlich auch der Fall ist. Man bezeichnet daher diese Kodierungseinheit als T r i p l e t t oder K o d o n, von denen dann auf Grund der vier Basen $4^3 = 64$ theoretisch vorliegen können.

Mit Hilfe dieses Triplettmechanismus bewirkt also die m-RNS, daß die „richtige" Aminosäure an der richtigen Stelle der Proteinkette eingebaut wird. Die jeweilige Aminosäure wird aber nur unter Mitwirkung der t-RNS „erkannt", die für das jeweilige Triplett der m-RNS ein diesem komplementäres Triplett (Antikodon) aufweisen muß. Dieses fungiert gewissermaßen als „Erkennungsregion". Abb. 45 zeigt diese Zusammenhänge schematisch.

In letzter Zeit ist es gelungen, den genetischen Kode für die 20 Aminosäuren vollständig zu entziffern. Zu ersten Resultaten führte eine synthetisch hergestellte Polyuridylsäure, also eine Verbindung, die als Base nur Urazil enthält und als m-RNS wirkt. Unter in-vitro-Bedingungen zeigte sich, daß diese Säure nur Phenylalanin einbaut und somit Polyphenylalanin bildet. Diese Aminosäure wird also durch das Triplett UUU kodiert. Bei der weiteren Entschlüsselung des genetischen Kodes stellte sich heraus, daß die meisten Aminosäuren vier Tripletts haben, einige sogar sechs. Man spricht daher von einem „degenerierten" Kode. In einigen Fällen unterscheiden sich die vier Tripletts nur im letzten Nukleotid. So können z. B. GUU, GUC, GUA und GUG alle Valin einbauen. Schematisch läßt sich die Übersetzung des genetischen Kodes wie folgt darstellen:

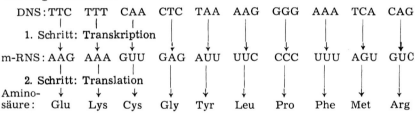

Zahlreiche Untersuchungen weisen darauf hin, daß jedes Triplett für sich eine Einheit darstellt und einzelne Nukleotide nicht zum nachfolgenden Triplett gehören. Somit ist der Kode nicht „überlappend". Schließlich lassen Untersuchungen an verschiedenen Organismen erkennen, daß der Kode „universell" ist.

3.4.3. Die Mitochondrien

3.4.3.1. Darstellung und Morphologie

Die Mitochondrien zählen neben dem Kern zu den konstantesten Zellstrukturen und kommen in allen tierischen Zellen vor sowie auch in den Thrombozyten[1] (Blutplättchen).

Eine Ausnahme bilden die reifen, roten Blutzellen der Säugetiere und des Menschen, die Muskelzellen einer Seegurke (Stachelhäuter) und die Gas-

---

[1] thrombós (gr.) = Gerinnsel

drüsenzellen der Blasenqualle. Auch bei Protozoen finden sich solche Ausnahmen. So kann man bei Gregarinen, die im Darm von „Mehlwürmern" (Larven des Mehlkäfers) leben, und bei parasitischen Entamöben keine Mitochondrien beobachten. In beiden Fällen handelt es sich um anaerob (sauerstofffrei) lebende Organismen. Auch die Seegurke hält sich im sauerstoffarmen Schlammboden auf. Dagegen lebt die Blasenqualle zwar an der Wasseroberfläche, doch bilden die Gasdrüsenzellen Kohlenmonoxid, das ein Atmungsgift ist[1].

Seit ihrer Entdeckung durch R. A l t m a n n (1886), der sie allerdings nicht als Mitochondrien bezeichnete, sind sie mit einer großen Anzahl verschiedener Namen belegt worden (Chondriokonten, Chondriosomen, Plastosomen u. a.). Die Summe aller Mitochondrien in einer Zelle wird C h o n d r i o m genannt. Beschrieben wurden sie erstmals von B e n d a (1898) in Mäusespermien, der auch die Bezeichnung „Mitochondrien" einführte, die auch heute allein zur Benennung dieser Strukturen verwendet wird. Dagegen werden sie in der Muskelzelle auch S a r k o s o - m e n [2] genannt.

Der lichtmikroskopische Nachweis der Mitochondrien kann am fixierten und auch am lebenden Objekt erfolgen. Da sie gegenüber sauren Fixiermitteln (z. B. Essigsäure) sehr empfindlich sind, gelingt ihre Sichtbarmachung am besten bei der Anwendung von neutralen oder schwach alkalischen Fixierlösungen (z. B. Formol-Bichromat-Gemischen). Für die nachfolgende Färbung ist Eisenhämatoxylin gut geeignet. Bei Anwendung dieser Fixier- und Färbemethode sind sie im Zytoplasma als schwarze, körnchenförmige oder mehr längliche Granula zu erkennen, wie sie etwa schematisch auf Abb. 1 dargestellt sind. Recht gut gelingt auch ihre Anfärbung mit Kristallviolett und Säurefuchsin. Beim lebenden Präparat lassen sie sich gut bei Dunkelfeldbeleuchtung ermitteln, da sie hier infolge ihrer etwas stärkeren Lichtbrechung aufleuchten. Aber auch bei Anwendung des Phasenkontrastmikroskopes sind sie deutlich von ihrer Umgebung abzugrenzen. Ihr Nachweis in der lebenden Zelle gelingt auch, wenn man einzelne Zellen oder auch Gewebestückchen mit einer stark verdünnten Lösung von Janusgrün B zusammenbringt und anschließend das Präparat luftdicht abschließt (Supravitalfärbung). Nach kurzer Dauer heben sich dann die Mitochondrien deutlich vom umgebenden Zytoplasma ab, da der Farbstoff in seiner oxydierten Form in ihnen angereichert wird und sie grünlich anfärbt, während er im übrigen Zellraum zu einer farblosen Form (Leukoform) reduziert wird. In lebenden Zellen lassen sich die Mitochondrien auch noch gut mit Triphenyltetrazoliumchlorid nachweisen, wenn man z. B. das in Wasser gelöste Salz in geringer Konzentration zu einer Zellsuspension gibt. Nach kurzer Zeit erscheinen dann die Mitochondrien als

---

[1] Kohlenmonoxid wird im sogenannten Pneumatophor gesammelt, der das Tier an der Oberfläche trägt.
[2] sarx (gr.) = Fleisch, sóma (gr.) = Körper

leuchtend rot gefärbte Granula. Dieser Effekt ist auf die Anwesenheit bestimmter Fermente (Dehydrogenasen) in den Mitochondrien zurückzuführen, welche die farblose Lösung durch Oxydation (hier Dehydrierung, S. 105) in einen roten Farbstoff (Triphenylformazon) überführen.

Die Lage der einzelnen Mitochondrien innerhalb der Zelle ist zum Teil recht unterschiedlich. So sind sie in manchen Zellen im gesamten Zytoplasma nahezu gleichmäßig verteilt, während sie z. B. in den zylinderförmigen Nierentubuluszellen hauptsächlich im basalen Bereich liegen (Abb. 15). Die Lagerung der Mitochondrien an bestimmten Stellen der Zellen hat offenbar eine funktionelle Bedeutung, denn wir wissen heute, daß diese Zellorganelle die Energietransformatoren der Zelle sind (S. 79). Sie werden deshalb überwiegend dort lokalisiert sein, wo sich die meisten energieverbrauchenden Prozesse abspielen.

Für die topographische Orientierung der einzelnen Mitochondrien sind zweifellos ihre aktive Bewegung und eine passive Fortbewegung durch Zytoplasmaströmungen bedeutsam, wie man es z. B. im Phasenkontrastmikroskop beobachten kann. Bei Anwendung verschiedener Pharmaka (Nikotinsäure, Arsenik, Trypaflavin) verkürzen sie sich und wandern in Kernnähe.

Die Anzahl der Mitochondrien ist bei den verschiedenen Zelltypen recht unterschiedlich und zweifellos durch die Stoffwechselintensität der Zelle bedingt. Dementsprechend sind sie z. B. in den Leberparenchymzellen, den Tubuluszellen der Niere und den sekretorisch tätigen Drüsenzellen sehr zahlreich, während sie z. B. in den Lymphozyten (Abb. 16) und den Granulozyten weniger zahlreich sind. In der Leberparenchymzelle befinden sich etwa 2500 Mitochondrien. Spärlich sind

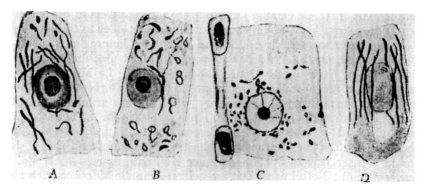

Abb. 29. Periodische Veränderungen der Mitochondrien einer Fischleberzelle (halbschematisch). A zur Zeit der Nahrungsaufnahme; B 9 Stunden später; C 24 Stunden und D 48 Stunden nach der Fütterung. (Nach de Robertis, aus Brachet u. Mirsky)

sie auch offenbar in parasitisch lebenden Mikroorganismen. Aber auch bei gleichen Zellformen ist ihre Anzahl augenscheinlich durch deren Lebensbedingungen bestimmt und gewöhnlich nach Hunger, Kälteeinwirkung und im Alter herabgesetzt.

Auch Form und Größe der Mitochondrien sind lichtmikroskopisch recht variabel und häufig von dem jeweiligen Funktionszustand der Zelle und der Zellart abhängig. So sind manche kugelförmig und haben nur einen Durchmesser von weniger als 0,2 μ ($= 0,0002$ mm). Dagegen haben die größten einen Durchmesser von etwa 2 μ und eine Länge bis zu 7 μ. Relativ große Mitochondrien findet man z. B. in Leberparenchymzellen, während sie bei den Leukozyten gewöhnlich klein sind. Allerdings werden auch Größe und Form von pathologischen Einwirkungen beeinflußt. So können z. B. Sauerstoffmangel (Hypoxie) und Röntgenstrahlen eine Quellung und damit eine relative Vergrößerung bewirken. In welchem Maße sich der physiologische Zustand eines Organismus auf die Mitochondrienform von Leberzellen auswirken kann, geht aus Abb. 29 hervor. Je nach dem Funktionszustand dieses Organs wechselt die Form dieser Organelle zwischen kleinen rundlichen Granula und mächtig lang ausgezogenen Fäden. Weitere Form- und Strukturveränderungen sind weiter unten dargestellt.

3.4.3.2. Feinbau und Entwicklung

Nachdem die Präparationstechnik für die Elektronenmikroskopie entscheidend verbessert werden konnte — vor allem die Dünnschnitttechnik — hat auch die Erforschung der submikroskopischen Zellstrukturen beachtliche Erfolge erzielt. Dies betrifft in erster Linie die Mitochondrien. Auf Abb. 30 sind Mitochondrien bei stärkerer elektronenoptischer Vergrößerung zu sehen, die in verschiedener Ebene angeschnitten worden sind. Dadurch sind teilweise ihre unterschiedliche Form und Größe bedingt. Der Binnenkörper ist deutlich von einer Doppelmembran umgeben. Von dieser reichen mehrere Doppelmembranstrukturen (Cristae mitochondriales) in das Innere der Mitochondrien. Dabei zeigt sich, daß diese Innenstrukturen von der inneren Lamelle der doppelten Umhüllungsmembran gebildet werden. Diese „Querleisten" ragen entweder von beiden Seiten der Längswände in das Lumen oder durchqueren es von einer Wandung zur anderen. Wenn man ein derartig strukturiertes Mitochondrium räumlich rekonstruiert, so bekommt man ein zylinderförmiges Gebilde, dessen Innenraum (Lumen) durch eine Anzahl Querwände (Septen) mehrfach unterteilt wird. In Abb. 31 ist dies schematisch dargestellt.

Im einzelnen besteht sowohl die Umhüllungsmembran als auch jede Quermembran aus zwei dunklen Lamellen, die eine transparente Schicht einschließen, so daß letzten Endes alle Membranstrukturen der Mitochondrien dreischichtig gebaut sind. Der Durchmesser der Außenmem-

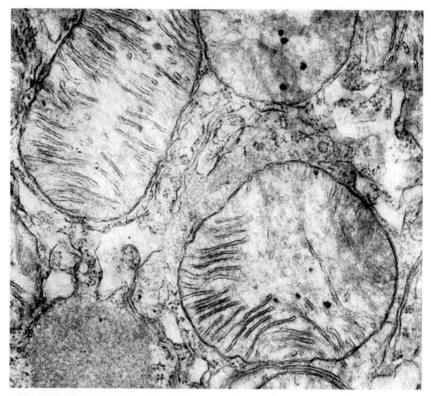

Abb. 30. Mitochondrien einer Leberparenchymzelle. Vergr.: 75 000 : 1.
(Aufnahme: H. D a v i d , Berlin).

bran beträgt etwa 150 bis 160 Å, während die Innenmembranen etwa 180 bis 190 Å dick sind. Die beiden dunklen Lamellen dieser Membranen sind etwa 45 bis 50 Å dick, während die Mittelschicht 60 bis 90Å mißt. Die Membranstrukturen liegen in einer elektronenoptisch strukturlosen

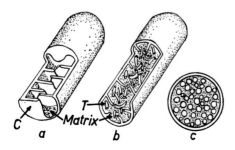

Abb. 31. Schematische Darstellung der wesentlichsten Mitochondrienformen. a Cristae-Typ, b Tubuli-Typ, c Honigwaben-Typ. (a und b nach W o h l f a h r t - B o t t e r m a n n , abgeänd.).

Grundmasse, der sogenannten M a t r i x , über deren molekularen Aufbau bislang nichts bekannt ist. Zwischen den Cristae liegen meistens noch elektronendichte Granula (intramitochondriale Körperchen), die einen Durchmesser von 200 bis 300 Å haben (Abb. 30). Sie scheinen in sich in der Entwicklung befindenden Mitochondrien zahlreicher zu sein. Über ihre chemische Zusammensetzung und ihre funktionelle Bedeutung weiß man noch nichts mit Sicherheit. Möglicherweise speichern sie energiereiche Phosphate. Ähnliche Granula können gelegentlich auch innerhalb der Cristae beobachtet werden (Corpus intra cristam), durch die mitunter die Cristae etwas auseinander getrieben werden.

Neuere Untersuchungen an ganzen Mitochondrienmembranen nach Negativfärbung haben weitere Einzelheiten der Ultrastruktur erbracht. Danach bestehen die elektronendichten Lamellen der Membranen aus sphärischen oder polyedrischen Gebilden, die wie kleine Knospen mittels eines Stiels in der Membran sitzen (Abb. 32a). Der polyedrische Kopf hat einen Durchmesser von etwa 80 bis 100 Å, während der Stiel eine Länge von etwa 50 Å und einen Durchmesser von 30 Å hat (Abb. 32b). Offenbar sind diese E l e m e n t a r p a r t i k e l n auf der Außenseite der Außenmembran ohne „Stiel" angebracht. Diese Strukturen bestehen vermutlich zu 30% aus Lipoiden, von denen mehr als die Hälfte Phospholipoide sind; sie enthalten ungefähr 30% des Gesamtproteins der Mitochondrien.

Der hier dargestellte Mitochondrientyp kommt bei fast allen Zellarten der Metazoen vor, wobei allerdings der Aufbau der Innenstruktur unvollständig sein kann. In welchem Umfang die Septen entwickelt sind, steht sicherlich mit der funktionellen Leistung der Mitochondrien zum Energiestoffwechsel der Zelle in Beziehung. Bei einigen Zellen verschiedener Organismen sind die Septen nicht senkrecht zur Längsachse, sondern parallel zu dieser angeordnet.

Außer diesem Mitochondrientyp ist noch bei zahlreichen Einzellern sowie in der Nebennierenrinde, dem Gelbkörper, der Plazenta und den L e y d i g - Zellen der Säugetiere (S. 161) eine andere Form gefunden worden. Diese Mitochondrien haben in ihrem Lumen keine Lamellenstruktur, sondern sind mit kleinsten, röhrenartigen Gebilden (Tubuli)

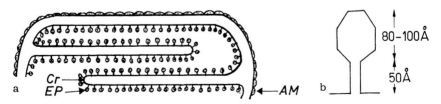

Abb. 32. Schematische Darstellung der Mitochondrienmembran mit Elementarpartikeln (EP). AM Außenmembran, Cr Cristae (nach J. B. F i n e a n 1966, abgeänd.).

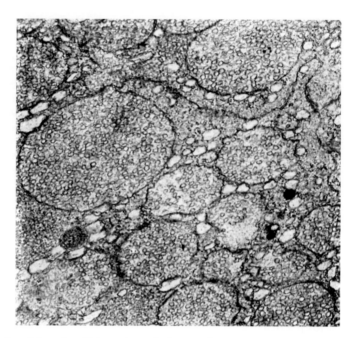

Abb. 33. Mitochondrien der Nebennierenrinde. Honigwabentyp (Z. fasciculata). Vergr.: 20 000 : 1.

angefüllt (Tubuli mitochondriales), wie dies in Abb. 31 dargestellt ist. Die einzelnen Röhrchen haben einen Durchmesser von etwa 290 Å und liegen ebenfalls in einer strukturlosen Matrix.

Auch diese Tubuli entspringen der inneren Lamelle der Außenmembran wie die Cristae. Es ist bemerkenswert, daß die Tubuli bei Säugetieren nur in Zellen vorkommen, die die Bildung von Steroidhormonen durchführen. Dementsprechend erscheinen in L e y d i g - Zellen der Hoden nach Hypophysektomie überwiegend Mitochondrien vom Cristae-Typ, da die Bildung von Androgenen in diesen Zellen von der Hypophyse stimuliert wird. Dies macht deutlich, daß die Mitochondrien einem funktionell bedingten Strukturwechsel unterliegen können.

Eine etwas abgeänderte Innenstruktur im Vergleich zum Tubuli-Typ haben teilweise die Mitochondrien der Nebennierenrinde vieler Säuger. Man kann diese als „Honigwabenform" bezeichnen (Abb. 33). Ein ähnliches Aussehen haben viele Mitochondrien der Nebennierenrinde des Igels, die in zwei Formen auftreten: als D i s k o c h o n d r i e n und S p h ä r o c h o n d r i e n. Die scheibenförmigen Diskochondrien sind von einer 60 Å dicken Hüllmembran umgeben. Mit dieser stehen mittels eines 300 Å dicken Stiels zahlreiche Bläschen (Sacculi) in Verbindung, die einen Durchmesser von ca. 900 Å haben. Die Sphärochondrien ähneln in ihrer Ultrastruktur weitgehend der des Honigwabentyps.

Die Nebennieren der Säuger lassen drei Schichten erkennen: Zona glomerulosa (außen), Z. fasciculata und Z. reticularis. Während erstere Mitochondrien vom Tubuli-Typ hat, finden sich in der Fasciculata nur der Honigwaben-Typ und in der Reticularis verschiedene Formen. Möglicherweise bilden alle drei Zonen je eine Gruppe von Steroidhormonen (Mineralkortikoide, Glukokortikoide, Androgene).

Eine eigenartige Umbildung erfahren die Mitochondrien der Samenzellen im Verlauf ihrer Reifung. Hier verschmelzen zahlreiche Mitochondrien während der Spermiogenese zunächst zu einem mitochondrialen „Nebenkern". Dieser wird später zu zwei langen Fäden ausgezogen, die eine schneckenartig verlaufende Scheide um das Axialfilament bilden. Während die Cristae anfangs unregelmäßig angeordnet sind, liegen sie in den „Nebenkern"-Windungen parallel zueinander. Bei der Weinbergschnecke haben die Mitochondrien der männlichen Geschlechtszellen anfangs längsgerichtete Cristae, die sich von der äußeren Membran lösen, sich konzentrisch anordnen und an den Enden verschmelzen. In dem zylinderförmigen Mittelstück der Spermien von Wirbeltieren bilden die Mitochondrien durch eigenartige Umbildungen den Spiralfaden dieser Zellen (S. 192).

Bemerkenswerte strukturelle Umwandlungen kann man bei der indirekten und direkten Flugmuskulatur der Wanderheuschrecke während des Dauerfluges beobachten. Hierbei kommt es zu einer beträchtlichen Schwellung der Mitochondrien, während sich die Cristae teilweise zu Tubuli transformieren.

Diese wenigen Beispiele sollen hier genügen, um zu zeigen, welche strukturellen Formveränderungen sich bereits unter physiologischen Bedingungen an diesen Zellorganellen vollziehen können.

Die Vermehrung und Entwicklung der Mitochondrien sind noch nicht restlos geklärt. Von älteren Zytologen ist vielfach ihre Vermehrung durch Teilung während der Mitose hervorgehoben worden, die sich jedoch lichtoptisch nicht einwandfrei ermitteln läßt. Ebenso kann eine Vermehrung durch Fragmentierung und „Knospung" nicht als gesichert gelten. Vielleicht spielen sich solche Vorgänge gelegentlich unter pathologischen Bedingungen ab. Im wesentlichen gibt es zwei Theorien: 1. Vermehrung der Mitochondrien durch Teilung, 2. Vermehrung durch Neubildung (de novo) aus Strukturen des Zytoplasmas oder des Kernes. Bei sich schnell teilenden Pantoffeltierchen und auch bei anderen Zellen sind Formen beobachtet worden, die auf eine Teilung von älteren Mitochondrien schließen lassen. Höchstwahrscheinlich erfolgt jedoch die Vermehrung der Mitochondrien bei den meisten Zellen durch eine Neubildung. Hierbei entstehen zunächst kleine, bläschenartige Gebilde (Vesikel), die sich zu größeren Strukturen entwickeln. Diese haben bereits eine etwas dichtere Matrix, die von einer Doppelmembran umgeben ist. Solche Entwicklungsstadien werden als P r o m i t o c h o n -

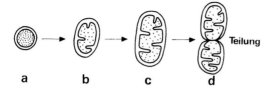

Abb. 34. Schema der Mitochondrienentwicklung.

d r i e n bezeichnet. Bei diesen bildet die innere Lamelle knospenartige Ausstülpungen, die sich zu den Cristae entwickeln. In Abb. 34 ist dieser Vorgang schematisch dargestellt.

Leider wissen wir bislang noch nichts Genaues über die Lebensdauer der einzelnen Mitochondrien. Hinzu kommt noch die Tatsache, daß man elektronenmikroskopisch nur statische Bilder hat, die nicht immer die Dynamik eines Vorganges erkennen lassen. Man weiß daher auch nicht mit Sicherheit, wieweit es sich bei den einzelnen unvollständigen Mitochondrien um Entwicklungs- oder Abbauformen handelt. Dies ist besonders bei solchen Zellen interessant, die sich nicht mehr teilen, wie z. B. Sehzellen.

3.4.3.3. Chemie und Funktion

Will man bei einem Zellorganell nähere Angaben über seine Funktion machen, so ist eine weitgehende Kenntnis seiner chemischen Zusammensetzung von großer Bedeutung. Allerdings ist dies bei derartig kleinen Gebilden, wie den verschiedenen Zellbestandteilen, mit großen technischen Schwierigkeiten verbunden. Freilich geben schon zytochemische Reaktionen und das Verhalten der in Frage stehenden Strukturen gegenüber bestimmten Fixiermitteln aufschlußreiche Hinweise, lassen aber keine sicheren Angaben über ihren stofflichen Aufbau zu. Hierzu bedarf es der Ergebnisse genauer mikrochemischer Analysen. So ist z. B. die Tatsache, daß die Mitochondrien bei Verwendung „lipoidfeindlicher" Fixierer (essigsäure- und pikrinsäurehaltige Gemische) zerstört werden, ein Hinweis dafür, daß sie relativ reich an Lipoiden sein müssen.

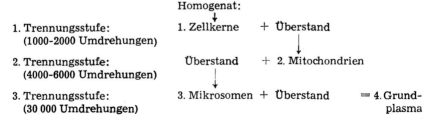

Ein weit besserer Einblick in den Chemismus der Mitochondrien war jedoch erst möglich, als es gelang, durch Zentrifugierung die Mitochondrien von den übrigen Zellbestandteilen zu trennen und auf diese Weise anzureichern.

Mit der Anwendung dieser Methode konnten auch bei der Verwendung verschiedener Gewebe beachtliche Übereinstimmungen in der chemischen Zusammensetzung der Mitochondrien erzielt werden. Danach lassen sich etwa folgende Angaben machen:

Eiweiß-(Protein-)Gehalt	etwa 70%
Lipoide (Phosphatide)	etwa 27%
Nukleinsäuren	etwa 3%

Der hohe Proteingehalt ist vor allem durch die zahlreichen E n z y m e (über 50) bedingt, die in diesen Organellen ein geordnetes Multienzymsystem darstellen. So finden sich hier vor allem Enzyme des Zitronensäurezyklus, der Atmungskette und oxydativen Phosphorylierung sowie mehrere Transaminasen. Als „Leitenzym" der Mitochondrien kann die Glutamat-Dehydrogenase angesehen werden, die reversibel die Bildung von Glutaminsäure aus α-Ketoglutarsäure katalysiert. Wahrscheinlich bilden die Mitochondrien einen Teil ihrer Enzyme selbst, so z. B. einige Zytochrome der Cristae, während andere von der Kern-DNS kodiert werden.

Die Lipoide sind auch hier ein wesentliches Bauelement der Membranen und offenbar für die Funktion notwendig. Werden sie nämlich extrahiert (mit Azeton), so verlieren die Mitochondrien ihre Elektronentransportfunktion.

An Nukleinsäuren kommen außer DNS auch mRNS und tRNS in den Mitochondrien vor. Die DNS bildet bei Metazoen im allgemeinen doppelsträngige, kreisförmige Moleküle. Lineare Moleküle kommen vor allem bei pflanzlichen Mitochondrien vor und haben eine Länge von etwa 5 nm. Insgesamt ist jedoch der DNS-Gehalt im Vergleich zum Kern gering (0,1—0,2%) und beträgt bei Leberzellen etwa $1 \cdot 10^{-13}$ mg pro Mitochondrium. Den höchsten Gehalt haben Tumormitochondrien, der z. B. bei Hepatomen den 10fachen Wert erreicht. Die Mi-DNS hat eine andere Basenzusammensetzung als die Kern-DNS, woraus hervorgeht, daß sie sich offenbar selbst redupliziert. Ähnliches gilt auch für die DNS der pflanzlichen Plastiden, in denen auch DNS-Polymerase nachgewiesen werden konnte.

Somit sind diese Organellen zu einer kernunabhängigen Proteinsynthese befähigt, zumal auch „kleine" Ribosomen (Mitoribosomen) in den Mitochondrien vorhanden sind, die eine Sedimentationskonstante von 55 S haben.

Die räumliche Anordnung und Verteilung der verschiedenen Fermente innerhalb der Mitochondrien ist wohl eines der schwierigsten Probleme der Zellstrukturforschung. Die ersten Untersuchungsergebnisse deuten jedoch darauf hin, daß die Fermente an den einzelnen Septen lokalisiert sind oder sogar an ihrem strukturellen Aufbau teilnehmen. Es zeigt sich nämlich, daß mit der physiologischen Leistung der Mitochondrien die Entwicklung der Septen parallel geht. Dementsprechend wird auch die oxydative Phosphorylierung (S. 121) als eine der wesentlichsten Funktionen der Mitochondrien aufgehoben, wenn die Cristae zerstört werden. Bemühungen in dieser Richtung haben bereits gezeigt, daß z. B. das Elektronen-Transport-System der Zelle, das aus einer Reihe von Oxydations- und Reduktionsfermenten besteht (S. 118), an morphologische Einheiten gebunden ist, die auf die einzelnen Septen verteilt sind.

Die einzelnen Enzyme sind im wesentlichen auf drei Bereiche verteilt: die Außenmembran, die Cristae und die Matrix. Auf diese Weise erfolgt eine funktionelle Aufteilung (Kompartmentierung) der Mitochondrien. An die Außenmembran sind offenbar in erster Linie Dehydrogenasen gelagert bzw. eingebaut (Abb. 32). Die einzelnen Cristae enthalten wahrscheinlich die Elektronen-Transport-Partikeln, während sich in der Matrix Coenzyme (NAD^+, $NADP^+$, Coenzym A) befinden. Freilich, eine vollständige und endgültige Klärung der mitochondrialen Enzymverhältnisse steht noch aus.

Offenbar stimmen die oben genannten Partikeln mit den elektronenmikroskopisch ermittelten Elementarpartikeln überein, die alle Enzyme der oxydativen Phosphorylierung enthalten und daher auch als O x y - s o m e n bezeichnet werden. Es ist zwar fraglich, ob diese Gebilde — sollten sie keine Artefakte sein — groß genug sind, um alle notwendigen Enzyme aufzunehmen.

Welche Funktion haben nun die Mitochondrien im Rahmen des Zellstoffwechsels zu erfüllen? Daß sie hierbei eine entscheidende Rolle spielen, geht schon allein aus der Tatsache hervor, daß sie in allen Zellen mit aerobem Stoffwechsel zugegen sind. Sie fehlen aber bei anaerob lebenden Zellen und Organismen (S. 68). Wie schon erwähnt, steht ihre Anzahl mit der Stoffwechselintensität der Zellart in direkter Beziehung (S. 70). Recht deutlich ist dies beim Herzmuskel, der einige hundertmal mehr Mitochondrien enthält als der mehr inaktive Lendenmuskel. Als ein Maß für die Höhe des Stoffwechsels kann man aerob lebenden Zellen den Sauerstoffverbrauch ansehen. Auch hierbei findet man elektronenmikroskopisch bei verschiedenen Organen und Geweben eine Korrelation zwischen der Anzahl der Mitochondrien und dem Atmungsquotienten. Daß sie für die Atmung wesentlich sind, war schon älteren Zellforschern bekannt, die sie als „Atmungsgranula" bezeichneten. Es war nämlich beobachtet worden, daß Fettlösungsmittel, z. B. Alkohol und Azeton, die Atmung herabsetzen und gleichzeitig zerstörend auf die Mitochondrien einwirken. Die ersten Enzyme, die hier entdeckt wurden, waren die Zytochromoxydase und die Bernsteinsäurehydrogenase.

Da nun aber nicht nur der gesamte Komplex der Atmungsfermente, sondern auch die Enzyme des Phosphatstoffwechsels in den Mitochondrien lokalisiert sind, ist es sehr wahrscheinlich, daß in ihnen auch das energiereiche Phosphat gespeichert wird (S. 121), das durch die Atmung gewonnen wird. Hier mag der Hinweis zunächst genügen, daß die durch den Atmungsprozeß aus den Nährstoffen gewonnene Energie nicht unmittelbar von der Zelle verwendet wird. Diese Energie wird zuerst für den Aufbau energiereicher Phosphate verwendet und dann bei Bedarf von der Zelle für verschiedene Leistungen benutzt. Somit sind die Mitochondrien nicht nur Energiespeicher, sondern auch Energietransformatoren.

Für die biologische Oxydation, d. h. die „Verbrennung" der Nahrungsstoffe in den Mitochondrien, werden die Substrate außerhalb der Mitochondrien in „vorbereitenden" Reaktionen bis zu einem bestimmten Stoffwechselprodukt ab- oder umgebaut, um dann intramitochondrial zu den Endprodukten Kohlendioxid und Wasser verbrannt zu werden. Diese letzte Phase wird auch als „Endoxydation" bezeichnet.

So werden die Kohlenhydrate außerhalb der Mitochondrien im Rahmen der Glykolyse bis zur Bernsteinsäure (Pyruvat) abgebaut (S. 111), das dann die Mitochondrienmembran passiert, um in den Mitochondrien zu dem Azetyl-Koenzym abgebaut zu werden. Zur Oxydation von Fettsäuren werden diese auf dem Blutweg an die Zellen herangeführt und extramitochondrial bis zum Azetyl-Koenzym A abgebaut. Dieses wird dann mit Hilfe von Karnitin (Betain der α-Amino-β-hydroxybuttersäure) in das permeable Azyl-Karnitin überführt, das dann die Mitochondrienmembran passiert.

Außer diesen Funktionen, also der Atmung (Oxydation von Nährstoffen) und der Energiespeicherung in Verbindung mit der Atmung (sog. oxydative Phosphorylierung, S. 121) sind sie auch am Ionentransport innerhalb des Zytoplasmas beteiligt. Diese Funktion steht vermutlich in enger Beziehung zu Schwellungs- und Schrumpfungserscheinungen dieser Organelle. Bemerkenswert ist, daß bei der Schwellung freie Fettsäuren auftreten, die nach Zugabe von Adenosintriphosphat wieder verschwinden (Einbau in die Membran?). Wahrscheinlich wird der Transport von Kationen (vor allem Ca^{++}) vom Medium in die Mitochondrien aktiv, d. h. unter Energieverbrauch durchgeführt. Bei der Aufnahme von Ca^{++} wird eine stöchiometrisch gleiche Menge von H^+ an das Medium abgegeben und ist daher mit dem Elektronentransport gekoppelt. Dagegen erfolgt offenbar der Transport von Anionen in Form einer Austauschdiffusion. CO_2 kann vermutlich ungehindert die Membran passieren. In welcher Weise das in den Mitochondrien gebildete energiereiche Phosphat ausgeschleust wird (mit Hilfe einer Translokase?), bleibt abzuwarten.

Die wesentlichsten energiereichen Phosphate sind das A d e n o s i n d i p h o s p h a t (ADP) und das A d e n o s i n t r i p h o s p h a t (ATP). Diese entstehen durch esterartige Anlagerung von ein bzw. zwei Molekülen anorganischen Phosphats an die Adenosinmonophosphorsäure, die bereits erwähnt worden ist (S. 54). Beim ADP und ATP sind die Bindungen sehr energiereich, was durch ein besonderes Symbol zum Ausdruck gebracht wird: Adenosin–P∼P∼P = ATP (P = Phosphat). In gleicher Weise sind Guanosindiphosphat (GDP) und -triphosphat (GTP) aufgebaut.

Diese kurzen Ausführungen lassen erkennen, daß die Mitochondrien in allen autonomen Zellen wohl in erster Linie als „Kraftwerke" wirken. Ob sie darüber hinaus auch noch in differenzierten Zellen „spezielle" Funktionen ausüben, ist durchaus möglich, jedoch mit Sicherheit gegenwärtig nicht zu sagen.

Gegenüber Milieuveränderungen sind die Mitochondrien recht empfindlich. Sie reagieren darauf mit Veränderungen der Form (Quellung), der Matrix und der Innenstruktur. Die Formveränderungen und Vergrößerungen erfolgen durch Vermehrung der Flüssigkeit in den Mitochondrien, die ihrerseits durch osmotische Veränderungen verursacht wird. Dies zeigt sich als sogenannte „trübe Schwellung". Die Ursachen können dabei verschiedener Art sein, wie z. B. Vergiftungen, Hypoxie und Eiweißmangel. Es kann aber auch unter anderen Bedingungen zur begrenzten Bildung von Vakuolen innerhalb der Mitochondrien kommen, wie z. B. bei Tumorzellen oder Herzinfarkt. Hierbei werden die Septen teilweise an die Außenmembran gedrängt. In anderen Fällen kann eine blasenartige Erweiterung der freien Septenenden beobachtet werden.

3.4.4. Das Zentralkörperchen

Das Zentralkörperchen oder Zentriol (Zentrosom) ist lichtmikroskopisch gewöhnlich ein winzig kleines, jedoch stark färbbares Körperchen und liegt gewöhnlich in der Nähe des Kernes im Zytoplasma (Abb. 1). Es kommt in den meisten Zellen der Metazoen vor. So ist es z. B. auch in so hoch spezialisierten Zellen wie den Sehzellen der Wirbeltiere zu finden. Mit Sicherheit kommt es jedoch nicht in den reifen roten Blutzellen, den Muskelzellen und den Nervenzellen vor. Zentriole fehlen auch den Pflanzenzellen.

Bei Zellen, die sich nicht in Teilung befinden, liegen zwei Zentriole meistens dicht nebeneinander und bilden somit ein „Doppelkorn", das Diplosom (Abb. 68c), das häufig vom Golgi-Apparat umgeben wird (Abb. 48).

Nach unseren derzeitigen Kenntnissen sind auch die sogenannten Basalkörner (Kinetosomen) mit den Zentrosomen identisch. Diese Körperchen liegen an der Basis von Zilien und Geißeln vieler Einzeller. So sind sie z. B. bei dem Flagellat *Lophomonas blattarum*, das im Dickdarm der orientalischen Schabe lebt, in größerer Anzahl ringartig am offenen Pol der Calyx angeordnet, von wo aus die Geißeln ihren Ursprung nehmen. Sie finden sich aber auch in entsprechender Lage in Wimperzellen bei Metazoen und beteiligen sich hier an der Wimpernbildung.

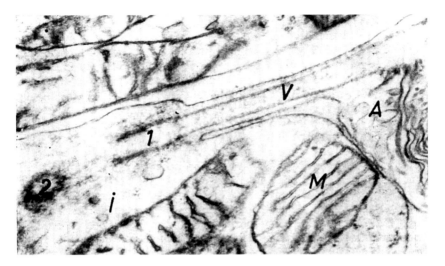

Abb. 35. Zentriole einer Sehzelle (Stäbchen) der menschlichen Netzhaut. 1 Längsschnitt, 2 Querschnitt. V Verbindungsstück zwischen Innenglied (I) und Außenglied (A). M Mitochondrien. Vergr.: 40 000 : 1.

Mit dem Elektronenmikroskop konnte auch die Ultrastruktur des Zentriols weitgehend geklärt werden (Abb. 35). Danach zeigt sich dieses Zellorganell als eine hochdifferenzierte Zellstruktur, die bei verschiedenen Zelltypen und den Zellen verschiedener Tierspezies (Molch, Huhn, Maus) den gleichen Bau hat. In allen Fällen ist das Zentriol ein zylinderförmiges Gebilde, dessen Wandung von neun kleinen, parallel verlaufenden Röhrchen formiert wird (Abb. 36a). Die Länge des Zentriols

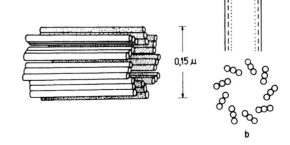

Abb. 36. a: Schema eines Zentriols (räumlich), b: Längs- und Querschnitt von Zentriolen (Diplosom).

beträgt etwa 0,3 bis 0,5 μ, sein Durchmesser etwa 0,15 μ. Die einzelnen Röhrchenstrukturen haben nur einen Durchmesser von etwa 200 Å. Wird das Zentralkörperchen beim Schneiden quer getroffen, so lassen sich bei starker Vergrößerung neun zu einem „Ring" angeordnete Drillingsstrukturen erkennen, die untereinander durch bestimmte Gebilde in ihrer Lage gehalten werden (Abb. 37b). Gelegentlich (z. B. bei Granulozyten) lassen sich zwei Systeme von kugelartigen Gebilden beobachten, die ringartig das Zentriol umgeben, wobei die einzelnen „Kugeln" den Röhrchen außen aufsitzen. Ihre Bedeutung ist unbekannt.

Innerhalb der Zentriole lassen sich bei manchen Zellen nach guter Fixierung 9 speichenartige Strukturen beobachten, die von einem Zentrum ausgehen und jeweils zu den einzelnen Triplettröhrchen ziehen. Ob diese Strukturen allen Zentriolen eigen sind, ist noch ungeklärt. Es ist aber auch möglich, daß sie sich nur bei den spezialisierten Basalkörperchen (Kinetosomen) finden, jedoch nicht bei mitotischen Zentriolen.

Sonderbildungen sind der bei Trypanosomen vorkommende B l e p h a r o p l a s t (Kinetoplast) und der bei anderen Flagellaten erscheinende P a r a b a s a l a p p a r a t. Der Blepharoplast, ein lichtmikroskopisch rundliches Gebilde mit positiver Nuklealreaktion, liegt dicht neben dem Basalkorn und ist das wichtigste Kennzeichen der Trypanosomen. Diese Zellstruktur enthält DNS, die z. B. bei Leishmania teilweise ein elektronendichtes Band bildet. Bei vielen Flagellaten liegt an Stelle des Blepharoplasten der Parabasalapparat, ein vielgestaltiges Organell. Mög-

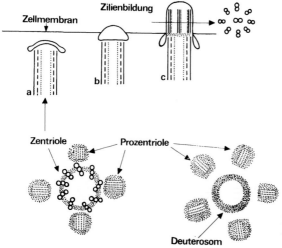

Abb. 37. Schematische Darstellung der Zentriolenbildung und Zilienbildung.

licherweise sind beide homologe Zellstrukturen und für die Bildung der Zentriole verantwortlich.

Die B i l d u n g der Zentriole bzw. Basalkörper erfolgt auf zweierlei Weise: 1. Durch direkte Bildung von P r o z e n t r i o l e n durch das Diplosom, 2. durch indirekte Bildung von Prozentriolen aus aggregierten fibrillären und granulären Strukturen unter Mitwirkung eines D e u - t e r o s o m s. In beiden Fällen variiert die Anzahl der gebildeten Prozentriolen zwischen 1–10. Bei der direkten Bildung findet sich in unmittelbarer Nähe eines Zentriols oder beider zunächst eine Anhäufung von fibrogranulärer Substanz (40–75 Å im Durchmesser), die wahrscheinlich dem Diplosom entstammt und offensichtlich Ribonukleoproteide darstellt. Diese wird vermehrt und bildet größere Struktureinheiten. Dabei bildet sich allmählich eine Längsachse, die senkrecht auf dem „elterlichen" Zentriol steht (Abb. 37). Während dieser Vorgänge zeigen sich zunächst 9 einfache, dann 9 doppelte und schließlich ein Triplettröhrensystem.

Bei der indirekten Bildung von Prozentriolen erscheinen im apikalen Bereich von undifferenzierten Flimmerzellen (die also noch keine Zilien tragen) sog. Deuterosomen. Dies sind sphärische, sehr elektronendichte Gebilde, die bei Schnittpräparaten ringförmige Strukturen mit einem Durchmesser von 100–150 nm darstellen und ein elektronenoptisch „leeres" Zentrum haben (Abb. 37). Um ein solches Deuterosom aggregiert sich fibro-granuläre Substanz, die zunächst in unterschiedlicher Anzahl ungeformte Anhäufungen bildet. Diese differenzieren sich zu Prozentriolen, wobei sich zuerst einfache, dann doppelte und schließlich Drillingsröhrchen bilden. Das Deuterosom wirkt hier gewissermaßen wie ein Organisationszentrum.

Die Prozentriolen haben entsprechend dem jeweiligen Stadium eine unterschiedliche Länge und erreichen allmählich ihre endgültige Größe. Wahrscheinlich werden z. B. bei Säugetieren und dem Menschen bei den Flimmerepithelzellen der Luftröhrenschleimhaut und des Eileiters die meisten Prozentriolen auf indirekte Weise gebildet.

Die F u n k t i o n der Zentriolen zeigt sich einmal bei mitotisch aktiven Zellen und zum anderen bei der Bildung von Wimpern und Geißeln. Bei der Mitose wandert in der Prophase ein Zentriol des Diplosoms zum entgegengesetzten Zellpol. In der Metaphase ziehen dann von beiden Zentriolen die Polstrahlen zu den Chromosomen (S. 130). Eine weitere Funktion der Basalkörper ist die B i l d u n g von Z i l i e n und G e i ß e l n bei Wimpertierchen (Ziliaten) und Geißeltierchen (Flagellaten) sowie bei Wimper- und Flimmerzellen von Wirbellosen und Wirbeltieren. Dies gilt auch für die Zentriolen der unreifen Samenzellen, die an der Bildung der Geißeln beteiligt sind (S. 191), wobei sie bei allen Geißeln ein Zentriol als Basalkörper an der Basis der Geißel liegt.

Bei der Zilienbildung wird zunächst an einem Zilienende eine kappenartige Struktur gebildet (Abb. 37a), deren Lumen sich allmählich zu einem Bläschen erweitert und dann gewöhnlich bis an die Zellmembran heranreicht (Abb. 37b). Das Bläschen drückt die Zellmembran zapfenartig nach außen, wobei sich eine ringförmige Eindellung um den „Zilienzapfen" bildet (Abb. 37c). Danach entwickelt sich der Zapfen zu einer (je nach Zellart) unterschiedlich langen Zilie oder Geißel, die außen von einer Membran begrenzt und innen von einem Schaft gestützt wird. Dieser besteht analog des Zentriols aus 9 ringförmig angeordneten Doppelröhrchen, die ein zentrales Doppelröhrchen umgeben (Abb. 37c). Die Röhrchenfilamenten bestehen aus Proteinen, die außer der Stützfunktion auch noch für die Bewegung der Zilien oder Geißeln bedeutsam sind.

Eine noch spezialisiertere Funktion haben die Basalkörper der Sehzellen von Wirbeltieren. Beide Zentriolen liegen am distalen Ende des Innengliedes (S. 228), wo eins als Basalkörper eine Zilie bildet, die hier das Verbindungsstück zwischen Innen- und Außenglied der Sehzellen darstellt (Abb. 35).

3.4.5. Der Golgi-Apparat

Mit der Einführung der Elektronenmikroskopie in die Zellforschung konnte der Feinbau weiterer Zellstrukturen ermittelt werden, deren Existenz bis dahin recht umstritten war. So wurde von dem Neurohistologen Golgi im Jahre 1398 in den Purkinjeschen Ganglienzellen einer Eule *(Strix flammea)* nach bestimmter Vorbehandlung eine Zellstruktur beschrieben, die später zu Ehren seines Entdeckers den Namen Golgi-Apparat erhielt. Er läßt sich nach Behandlung mit solchen Metallverbindungen darstellen, die leicht zum elementaren Metall reduziert werden können, wie Osmiumtetroxidlösung (OsO_4) und Silbernitratlösung ($AgNO_3$).

Nach Verwendung derartiger Substanzen zeigt sich dieses Zellgebilde als ein Komplex netzartiger Strukturen, gewöhnlich in unmittelbarer Nähe des Zellkernes (Abb. 38). Golgi bezeichnete diesen Komplex, den er auch in anderen Ganglienzellarten fand, als „apparato reticolare interno", was soviel wie netzartiger Binnenapparat bedeutet. Im Laufe der Zeit sind zahlreiche Bezeichnungen für diese und ähnliche Strukturen in den verschiedenen Zellen angeführt worden, wie Golgi-Substanz, osmiophile Körper u. a. Obwohl der Golgi-Apparat in zahlreichen Zellen in seiner typischen netzartigen Anordnung durch Imprägnierung, d. h. durch Ablagerung und Anreicherung von Metallen dargestellt werden kann, wurde indessen seine Existenz in der lebenden und unpräparierten Zelle immer wieder bezweifelt. In der lebenden Zelle konnte dieser Netzapparat bisher auch nicht beobachtet werden, wenngleich auch gewisse Vitalfarbstoffe in dem Bereich der Golgizone angereichert werden.

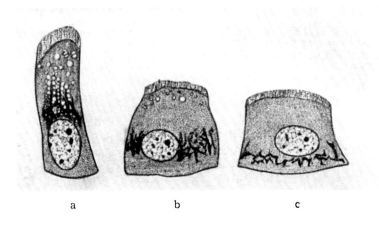

a   b   c

Abb. 38. Golgi-Apparat in den Nierenzellen (Hauptstückzellen) eines Molches. Seine Lage variiert je nach der Funktion der Zellen. (Nach Ries-Gersch)

In zahlreichen elektronenmikroskopischen Untersuchungen an verschiedenen Zellarten konnte aber in letzter Zeit einwandfrei festgestellt werden, daß die nach entsprechenden Fixier- und Imprägnierungsmethoden erhaltenen netzartigen Strukturen in der Tat nichts weiter als Kunstprodukte (Artefakte) sind, die in dieser Form in der lebenden Zelle nicht existieren. Somit stellen sie nichts anderes als eine Anhäufung von Metallniederschlägen infolge von Reduktionsvorgängen dar und demonstrieren gewissermaßen nur die reduktiven Eigenschaften dieses Zellbereiches. Dessen ungeachtet sind im elektronenmikroskopischen Bild vieler Zellen Strukturen zu finden, die mehr oder weniger regelmäßig in unmittelbarer Nähe des Kernes liegen und gegenüber Osmiumsäure reduzierende Eigenschaften aufweisen. Es besteht heute kein Zweifel mehr darüber, daß diese Strukturen den vermeintlichen Golgi-Apparat darstellen, der sich auf Grund der chemischen Eigenschaften seiner Substanzen lichtmikroskopisch bei Anwendung bestimmter Fixier- und Färbetechniken in Form netzartiger Gebilde äußert.

Die elektronenmikroskopischen Untersuchungen dieses Organells haben nun gezeigt, daß es eine komplexe Struktur darstellt und gewöhnlich aus einer Membran- und Bläschenkomponente (Golgi-Vakuolen) besteht (Abb. 39). Die Membranstrukturen werden auch hier wie bei den Mitochondrien von zwei osmiophilen Lamellen gebildet, die eine osmiophobe Schicht (Raum) einschließen, so daß auch hier gegewissermaßen Doppelmembranstrukturen mit einer Dicke von 150 bis 200 Å vorliegen. Von diesen Doppelmembranen sind gewöhnlich 3 bis 8 blattfederartig zueinander geordnet, so daß der ganze Membrankomplex eine Länge von 0,4 bis 1 μ und einen Durchmesser von 0,15 bis 0,3 μ

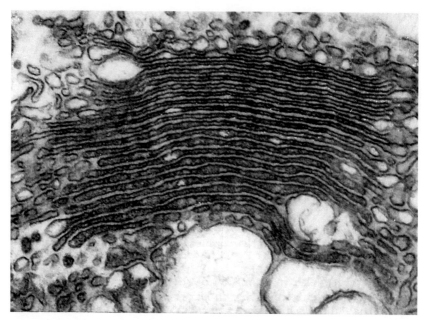

Abb. 39. Golgi-Apparat (Dictyosom) von epithelialen Riesenzellen des Vas deferens einer Assel. Vergr.: 42 000 : 1. (Aufnahme: D. J. Newstead, Washington).

hat. Diese Größe bewegt sich an der Grenze der lichtmikroskopischen Sichtbarkeit.

An den Enden ist die Mittelschicht in unterschiedlichem Umfang erweitert, so daß Bläschenstrukturen entstehen, die sich schließlich von den Membranen vollständig lösen und vakuolenartige Formen bilden (Golgi-Vakuolen). Häufig kann man auf den Bildern nur die Bläschenstrukturen erkennen, was teilweise durch die Schnittebene bedingt ist. Die vakuolenartigen Strukturen variieren hinsichtlich ihrer Größe und Form.

In Pankreasdrüsenzellen existieren wahrscheinlich zwei Formen von Bläschenstrukturen im Zytoplasma, die eine unterschiedliche Herkunft haben. Einmal handelt es sich um X-Körper mit einem Durchmesser von 160 bis 1300 Å. Diese werden vermutlich vom endoplasmatischen Retikulum gebildet und zum Golgi-Feld transportiert. Außer diesen werden vom Golgi-Apparat noch Vakuolen gebildet, die über Intermediärkörper zu Zymogengranula werden. Wahrscheinlich sind die Intermediärkörper mit den Prozymogengranula identisch.

Der Umfang des Golgi-Komplexes ist bei den einzelnen Zellformen recht unterschiedlich. So ist er z. B. in sezernierenden Drüsenzellen beträchtlich entwickelt, während er beispielsweise in den Lymphozyten stark reduziert ist. Es wurde bereits erwähnt, daß er in unmittelbarer Nähe des Kernes liegt und bei manchen Zellen das Zentriol einschließt. Die Bildung des Golgi-Apparates ist noch nicht geklärt. Während manche Zytologen annehmen, daß er durch Teilung gebildet werde, behaupten andere, daß er de novo entstehe, und zwar entweder aus dem endoplasmatischen Retikulum oder aus der Zellmembran über Pinozytosebläschen. Ein dem Golgi-Apparat homologes Gebilde ist das bei Wirbellosen vorkommende D i c t y o s o m. Der Golgi-Apparat besteht in erster Linie aus Proteinen und Phospholipoiden, enthält aber keine RNS. Bemerkenswert ist der hohe Gehalt an saurer Phosphatase.

Den als „Golgi-Apparat" lichtmikroskopisch beschriebenen Bildungen sind im Laufe der Zeit zahlreiche Funktionen zugeschrieben worden. So sollten sie z. B. als „Zelldrüse" bestimmte Stoffe aus dem Zytoplasma entfernen und speichern. Da gewöhnlich Struktur und Funktion eines Organs und Organells in enger Beziehung stehen, darf angenommen werden, daß er beim Sekretionsmechanismus der Zelle eine wichtige Rolle spielt, wie z. B. bei der Bildung der Zymogengranula der Pankreasdrüsenzellen. Mit Hilfe elektronenmikroskopischer und autoradiographischer Untersuchungen konnte wahrscheinlich gemacht werden, daß im Bereich des Golgi-Feldes zunächst Prozymogengranula gebildet werden. Um diese entsteht dann eine Membran, und sie gelangen als reife Granula in das Zytoplasma. Offenbar ist der Golgi-Apparat auch an der Bildung von Neurosekreten sowie am Aufbau von Dotter und des Akrosoms beteiligt (S. 191).

3.4.6. Das endoplasmatische Retikulum und das Ergastoplasma

3.4.6.1. Membranstrukturen

Schon lange ist bekannt, daß sich alle Zellen mit stärkerer Eiweißbildung, ganz besonders die verschiedenen Drüsenzellen, nach geeigneter Fixierung mit basischen Farbstoffen intensiv anfärben. Die b a s o - p h i l e n, stark angefärbten basalen Anteile des Zytoplasmas solcher Zellen erscheinen dann häufig lichtmikroskopisch zum Teil mehr oder weniger deutlich in fadenartigen Strukturen angeordnet. In solcher Form wurden sie bereits von H e i d e n h a i n (1880) im Zytoplasma von Pankreas-, Ei- und Speicheldrüsenzellen beobachtet und als B a - s a l l a m e l l e n bezeichnet. Etwas später wurde für diese Zellstrukturen der Begriff E r g a s t o p l a s m a eingeführt (G a r n i e r 1899). Auf Grund seiner etwas körnigen Beschaffenheit wurde dann noch von H e r t w i g (1907) für dieses stark anfärbbare Zytoplasma die Bezeichnung „Chromidien" eingeführt. In der Folgezeit ist die weitere Erforschung dieses Zellbestandteils stark vernachlässigt worden. Er ist gewissermaßen erst wieder mit dem Elektronenmikroskop neu entdeckt worden. Seitdem sind unsere Kenntnisse hinsichtlich des Vorkommens und der Feinstruktur des Ergastoplasmas wesentlich bereichert worden. Dabei zeigte sich, daß auch solche Zellen Membranstrukturen aufweisen, deren Zytoplasma nach entsprechender Fixierung und Färbung im Lichtmikroskop nicht die vorhin genannten basophilen Eigenschaften erkennen läßt. Dies betrifft vor allem die Epithelzellen des Darmes und der Nierentubuli sowie die Leberzellen. Aber auch in anderen Zellen von Wirbeltieren und Wirbellosen lassen sich elektronenmikroskopisch Membranstrukturen in unterschiedlicher Ausbildung beobachten.

Die Elektronenmikroskopie hat jedoch gezeigt, daß die im Schnittbild erscheinenden Lamellenstrukturen nicht gleich beschaffen sind. So kann man bei manchen erkennen, daß ihnen kleine Granula (P a l a d e - Granula) angelagert sind, während andere frei davon sind. Zweifellos kann die eine Form aus der anderen durch Anlagern solcher Granula bzw. Verlust derselben gebildet werden, so daß beide sicherlich nur unterschiedliche Funktionsformen darstellen. Sie sollen daher hier nicht gleichzeitig, sondern nacheinander besprochen werden. Dementsprechend werden hier die granulafreien (agranulären, smooth-surfaced)

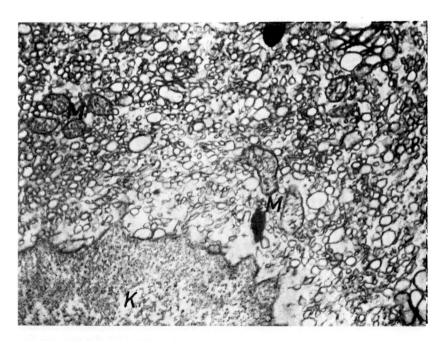

Abb. 40. Vesikuläre und tubuläre Strukturen des endoplasmatischen Retikulums einer Pigmentepithelzelle der Netzhaut (Axolotl). K Kern, M Mitochondrien. Vergr.: 12 000 : 1.

Strukturen als endoplasmatisches Retikulum und die granulären (rough-surfaced) als Ergastoplasma[1] bezeichnet, um damit den funktionellen und morphologischen Unterschieden gerecht zu werden. Obwohl das Ergastoplasma bereits lichtmikroskopisch ermittelt worden ist, sollen hier trotzdem zunächst die agranulären Strukturen etwas näher betrachtet werden, da sie zweifellos entwicklungsgeschichtlich die primitivere Form darstellen.

Das endoplasmatische Retikulum ist erst elektronenmikroskopisch entdeckt worden, wobei zunächst an ganzen Zellen der Gewebekultur netzartige Verdichtungen im Zytoplasma beobachtet und daher als „Netzwerk" (endoplasmic reticulum)[2] bezeichnet wurden. Mit der Einführung der Ultradünnschnittechnik wurde dann diese Bezeichnung für bläschenartige (vesikuläre), tubuläre und lamelläre Strukturen des Zytoplasmas verwendet. Als Vesikel werden bläschenartige Einschlüsse bezeichnet, die einen Durchmesser bis zu 1000 Å haben. Alle größeren Gebilde gelten als Vakuolen, was freilich eine willkürliche Festlegung ist. Vesikel und Lamellen kommen in unterschiedlichem Umfang in allen Zellen vor (Abb. 40). Diese Differenzierungen des Zytoplasmas liegen in der lebenden Zelle in Form von Bläschen oder Kanälen vor, so daß auf den Schnittbildern die angeführten Strukturen zustande kommen. Sicherlich bilden aber auch nicht alle Kanälchen ein zusammenhängendes „Netzwerk". Vielmehr dürften zahlreiche „blind" im Zytoplasma enden und nur kurze Schläuche darstellen, während bei manchen Zellen einzelne offenbar auf der Zelloberfläche münden (Abb. 48). Eine besondere Ausbildung haben diese Strukturen in der Muskulatur erfahren, wo sie ein umfangreiches, kommunizierendes Kanalsystem darstellen, das netzartig die Myofibrillen umgibt (Abb. 88).

Die Wandungen der Kanälchen haben eine Dicke von etwa 60 Å, lassen aber keinerlei Poren erkennen. Wahrscheinlich erfolgt ihr Aufbau aus ringartigen Elementarstrukturen, die dann auch in solcher Form bei der Zellzertrümmerung im Homogenisator anfallen und beim Zentrifugieren in die „Mikrosomenfraktion" gelangen (S. 76). Für einen derartigen Schichtenaufbau spricht auch die Bildung dieser Kanälchen, die wenigstens teilweise durch Fusion oder Anlagerung von kleinen Einheiten erfolgt, die primär Bläschenstrukturen darstellen. Es ist aber auch ihre Bildung von der Zellperipherie aus beobachtet worden.

Ähnliches gilt auch für die Kernhülle, deren äußere Membran gelegentlich tiefe Einstülpungen in das Zytoplasma aufweist. Es ist aber fraglich, ob dies der allgemeine Modus ist.

In manchen Zellen sind Lamellen des endoplasmatischen Retikulums zwiebelschalenartig zu konzentrischen Gebilden angeordnet. Diese umschließen bisweilen noch unterschiedlich große vesikuläre oder granuläre Elemente, die in solcher Form den von der Lichtmikroskopie her

---

[1] ergasia (gr.) = herstellen
[2] reticulum (lat.) = kl. Netz

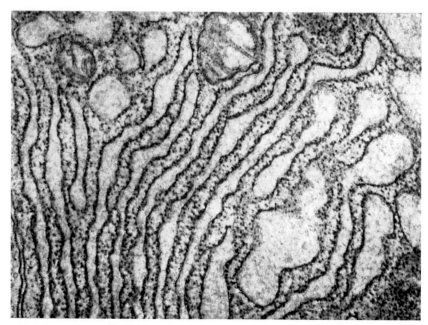

Abb. 41. Ergastoplasma einer Plasmazelle (Milz). Vergr.: 50 000 : 1.

bekannten „Nebenkernen" entsprechen. Sie kommen vor allem in Hypophysenzellen vor.

Wenn wir auch heute noch keine genauen Vorstellungen von der funktionellen Bedeutung dieses Kanalsystems haben, so kann aber mit einiger Sicherheit seine Beteiligung im intrazellulären Transport von Wasser, anorganischen Anionen und Kationen, vor allem aber von Proteinen angenommen werden. Somit würde es für den Stoffaustausch zwischen dem extra- und intrazellulären Raum bedeutsam sein. Außerdem ist auch seine funktionelle Beteiligung an der Reizleitung innerhalb der Muskulatur wahrscheinlich (S. 203).

Anschließend soll das Ergastoplasma etwas näher betrachtet werden. Es ist besonders umfangreich in exokrinen Eiweißdrüsenzellen von Wirbeltieren (z. B. Pankreasdrüsenzellen) und auch bei Wirbellosen entwickelt (Abb. 41). Hier kann man auch im Polarisationsmikroskop eine fibrilläre Anordnung erkennen. Das elektronenmikroskopische Bild zeigt ein System von Doppelmembranstrukturen, die wieder eine helle Schicht (Raum) einschließen und in verschiedener Richtung das Zytoplasma unter zahlreichen Verzweigungen durchziehen. Auch hier handelt es sich wie bei dem endoplasmatischen Retikulum um ein umfangreiches Kanalsystem mit gleicher Dicke der Wandung. Jedoch kann das Volumen beträchtlich variieren (S. 185). Zum Teil kann dieses

Kanalsystem mit dem perinuklearen Raum (S. 43) in Verbindung stehen (Abb. 48).

Wie schon einleitend zu diesem Abschnitt angeführt, haben diese Strukturen außerdem noch elektronenmikroskopisch sichtbare Partikeln (P a l a d e - Granula) „außen" angelagert (Abb. 41). Diese elektronendichten Granula haben einen Durchmesser von 150 Å und sind in unterschiedlicher Anzahl den Membranen aufgelagert. Wir wissen heute, daß diese Partikeln reich an Ribonukleinsäure sind. Sie bedingt die starke Basophilie des Zytoplasmas bei ergastoplasmareichen Zellen. In den Granula bildet sie mit Proteinen die Ribonukleoproteide, so daß man auch von RNPr-Granula spricht.

Das Zytoplasma ist im wesentlichen für die Eiweißbildung der Zelle verantwortlich. Demzufolge sind eiweißbildende Drüsenzellen bei Wirbellosen und Wirbeltieren besonders reich an Ergastoplasma. Man kann dies mit basischen Farbstoffen, die bei einem bestimmten pH-Wert nur die Ribonukleinsäure anfärben, leicht feststellen, wie z. B. mit Methylenblau bei pH 4,9. Daher gilt ganz allgemein: Je basophiler das Zytoplasma einer Zelle ist, desto reicher ist es an dieser Säure und um so größer ist seine Eiweißproduktion. Entsprechend zeigt sich auch bei hungernden Tieren, daß das Ergastoplasma in Leberparenchymzellen allmählich geringer wird, um bei Wiederfütterung zu regenerieren.

3.4.6.2. Die Ribosomen

Elektronenmikroskopische Untersuchungen haben weiter gezeigt, daß Partikeln von gleicher Größe und Beschaffenheit wie die RNPr-Granula auch im Grundplasma verstreut vorliegen. In manchen Zellen, wie z. B. den Lymphoblasten und den Saumzellen des Darmepithels, sind sie sogar sehr zahlreich und häufig rosettenartig angeordnet (Abb. 42). Bei der fraktionierten Aufteilung des Zellhomogenats werden sie in der „Mikrosomenfraktion" angereichert. Aus biochemischen Untersuchungen geht hervor, daß sie von Eiweiß und Ribonukleinsäure (etwa 1 : 1) aufgebaut werden und mit den RNPr-Granula übereinstimmen.

Man bezeichnet daher diese „freien" Partikeln sowie die an die Membranstrukturen angelagerten als R i b o s o m e n. Somit sind sie genau genommen ein Teil des Ergastoplasmas. Im Elektronenmikroskop haben sie nach Osmiumsäurefixierung einen Durchmesser von etwa 150 Å. Beim Sedimentieren in der Ultrazentrifuge verhalten sie sich unterschiedlich, so daß man sie je nach ihrem Sedimentationskoeffizienten in 80S-, 50S- und 30S-Partikeln unterteilen kann. Die letzten beiden Fraktionen entstehen durch Zerfall der komplexen 80S-Partikeln nach Entzug von Mg-Ionen. Die normalen 80S-Ribosomen (bei Bakterien 70S) bestehen also aus Untereinheiten. Bei höherer Mg^{++}-Konzentration aggregieren jeweils zwei und sedimentieren als 100S-Partikeln (Abb. 43).

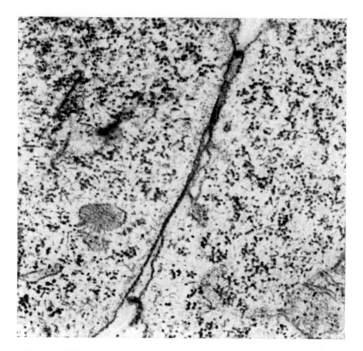

Abb. 42. Ribosomen im Grundplasma verteilt (Lymphoblasten). Vergr.: 50 000 : 1.

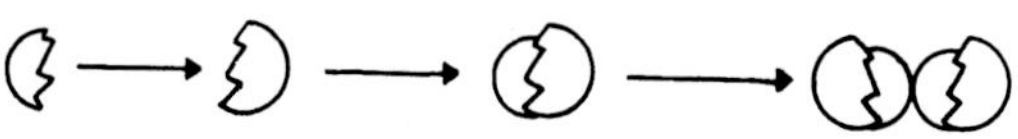

$$2(30S) + 2(50S) \underset{-Mg^{++}}{\overset{+Mg^{++}}{\rightleftarrows}} 2\begin{pmatrix}70S\\80S\end{pmatrix} \longrightarrow 100S$$

Abb. 43. Schema der Ribosomenaggregation.

Röntgenstrukturanalysen an isolierten Ribosomen (50S, 80S, 100S) von *Escherichia coli*[1], Rattenleber und Retikulozyten zeigen, daß alle die gleiche Struktur haben. Die Bildung der Ribosomen erfolgt offenbar schrittweise aus kleineren Einheiten (Eosomen und Neosomen).

Nach Abtrennung des Proteins läßt sich aus den 30(40)S-Ribosomen eine 16S-RNS-Komponente und aus den 50(60)S-Ribosomen eine 23S-Komponente gewinnen. Insgesamt enthalten die Ribosomen etwa 80 bis 90%. der RNS einer Zelle. Die Substruktur dieser Granula ist noch

---

[1] Es sind harmlose Stäbchenbakterien, die im Darm des Menschen leben.

Abb. 44. Schema eines Polysoms.

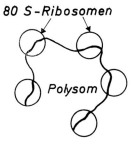

nicht ermittelt. Möglicherweise werden mehrere Doppelhelixstränge der RNS von den Proteinen in einem bestimmten Abstand (30 Å?) gehalten.

Elektronenmikroskopisch kann man beobachten, daß nicht alle Ribosomen im Zytoplasma verstreut liegen, sondern häufig perlschnurartig angeordnet sind. So liegen z. B. in Retikulozyten (S. 179) gewöhnlich 4 bis 6 Ribosomen beisammen, die offenbar durch eine fibrilläre Struktur verbunden sind (Abb. 44). Der verbindende „Faden" hat eine Dicke von etwa 12 Å und ist wahrscheinlich m-RNS, während es sich bei den Ribosomen vermutlich um 80S-Formen handelt, die einen Durchmesser von etwa 130 Å haben. Die m-RNS heftet sich hierbei vielleicht an die „Nahtstelle" der 50S- und 30S-Ribosomen. Werden für jede Aminosäure 3 Nukleotide gebraucht und nimmt jedes Nukleotid auf der Helixachse eine Länge von 3,4 Å ein, so müßte z. B. die m-RNS für die Synthese des Hb-Proteins mit seinen 141 Aminosäuren etwa 1440 Å lang sein. Auf diese Weise werden Funktionseinheiten gebildet, die als P o l y - s o m e n (Ergosomen) bezeichnet werden. Hemmt man nämlich die m-RNS-Synthese, z. B. mit Actinomycin (S. 58), so zerfallen diese Komplexe, da die m-RNS nur eine kurze Lebensdauer hat. Die Eiweißsynthese hört auch auf, wenn man die Ribosomen isoliert, und sie setzt wieder ein, wenn man m-RNS hinzufügt. Die Anzahl der Ribosomen, die ein Polysom aufbauen, ist bei den einzelnen Zellformen verschieden und sicherlich von der Länge der zu bildenden Proteinkette abhängig. Da die Retikulozyten nur relativ kleine Eiweißmoleküle für das Hb aufbauen, genügt hier offenbar diese Anzahl. Sehr große Polysomen wurden in H e L a - Zellen nach Infektion mit Polyoviren gefunden, die 40 bis 60 Ribosomen enthalten.

Die HeLa-Zellen sind explantierte menschliche Zervixkarzinomzellen, die bereits seit 1952 in der Gewebekultur gezüchtet werden. Sie haben seitdem ihre Karzinommerkmale beibehalten und reagieren auch heute noch gegenüber Östradiol empfindlicher als andere Epithelien. Sie weisen eine Stammlinie auf, deren Genom zwischen 80 und 90 Chromosomen schwankt (S. 135). Zervixkarzinome sind bösartige Tumoren des Gebärmutterhalses.

Über den Bildungsort der Ribosomen herrscht noch nicht völlige Klarheit. Mit einiger Sicherheit kann man jedoch sagen, daß sie — wenigstens teilweise — im Zellkern gebildet werden, und zwar im Nukleolus

(S. 50). Hierfür sprechen nicht nur biochemische, sondern auch elektronenmikroskopische Untersuchungen. So ist der Nukleolus von Zellen mit starker Eiweißbildung nicht nur besonders groß, sondern läßt auch Struktureinheiten erkennen, die morphologisch denen der Ribosomen im Zytoplasma gleich sind (S. 50). Bei Eukaryonten werden die Ribosomenuntereinheiten offenbar unabhängig im Nukleolus gebildet, wobei zunächst aus der von der DNS gebildeten 45S-RNS eine 32S-RNS gebildet wird, aus der eine 18S-RNS hervorgeht. Diese baut dann unter Aufnahme von Proteinen die kleine (40S) Untereinheit auf. Außerdem geht aus der 45S-RNS auch die 28S-RNS hervor, die nach Proteinaufnahme und unter Mitwirkung von 5S-RNS die große (60S) Untereinheit bildet:

$$45\text{S-RNS} \begin{array}{l} \rightarrow 32\text{S-RNS} \rightarrow 18\text{S-RNS} + \text{Protein} \rightarrow 40\text{S-U.E.} \\ \rightarrow 28\text{S-RNS} + \text{Protein} + 5\text{S-RNS} \rightarrow 60\text{S-U.E.} \end{array}$$

Im Unterschied zu den Eukaryonten enthält die kleine (30S) Ribosomenuntereinheit der Prokaryonten 16S-RNS und die große (50S) Untereinheit 23S-RNS. Letztere enthält außerdem noch bei allen Organismen eine 5S-RNS sowie eine Peptidyltransferase als Strukturprotein. Bei Escherichia coli besteht die 5S-RNS aus 120 Nukleotiden; ihre Funktion bei der Eiweißsynthese ist unbekannt.

3.4.7. Die Mikrotubuli

Eine weitere, bei verschiedenen Zellen vorkommende submikroskopische Struktur sind schlauchförmige Gebilde mit einem Durchmesser von etwa 200 Å, die jedoch eine unterschiedliche Länge aufweisen; sie werden als Mikrotubuli bezeichnet. Bei den kernhaltigen Erythrozyten der Wirbeltiere bilden sie unter der Zellmembran in Form von Bündeln ein sogenanntes „Randband", während sie sich als Neurotubuli in größerer Anzahl in den Axonen der Nervenzellen befinden (Abb. 92). Bei zahlreichen Zellen von HeLa-Zellkulturen finden sie sich vorwiegend im kernnahen Zytoplasma (perinuklear), wobei sie teilweise dicht an die äußere Kernmembran heranragen. So weisen z. B. auch die sog. Axonemen der Heliozoen eine sehr enge Beziehung (Befestigung?) zur Kernmembran auf.

Diese Mikrotubuli werden aus hohlzylinderförmigen Untereinheiten aufgebaut, die durch Disulfidbrücken zusammengehalten werden. Durch pH-Änderungen kann der Aufbau der Mikrotubuli gefördert oder gehemmt werden. Solche Mikrotubuli des Zytoplasmas intermitotischer Zellen entsprechen strukturell die „Spindelfasern" mitotisch aktiver Zellen, die von den Zentriolen (Polen) ausgehen und offenbar direkten Kontakt mit dem Kinetochor der Chromosomen haben (S. 133). In der Metaphase lassen sich zwei Gruppen von Mikrotubuli (Spindeltubuli) unterscheiden, von denen die eine vom Kinetochor der Chromosomen zu den Polen zieht (Chromosomentubuli), während die andere an einem Pol beginnt, durch die Metaphasenplatte zieht und am anderen Pol endet (Interpolartubuli, Polstrahlen, S. 130). Offenbar durchziehen sie dabei die elektronendichten „Stemmkörper", die bei der Durchschnürung der Zelle in der Anaphase zum Zwischenkörper verschmelzen.

Die Funktion der Mikrotubuli bei Interphasezellen ist ungeklärt. Möglicherweise spielen sie beim interzellulären Wasser- und Ionentransport eine Rolle sowie zur Stabilisierung mancher Zellen. Bei den Melanophoren der Kaltblüter sind sie vermutlich für den Transport der Melanosomen vom Perikaryon in die Zytoplasmaausläufer und umgekehrt bedeutsam. Vermutlich sind die Mikrotubuli als „Zugfasern" für die Bewegung der Chromatiden während der Mitose bedeutsam (S. 131).

3.4.8. Lysosomen und Peroxysomen

Wird das Homogenat von Zellen zentrifugiert, so kann man nach Abtrennung der Kerne und Mitochondrien durch hochtouriges Zentrifugieren eine weitere Fraktion vom Grundplasma abtrennen, die man als „Mikrosomen"[1] bezeichnet (S. 76). Sie ist besonders bei Verwendung von ergastoplasmareichen Zellen groß (z. B. Leber, Pankreas). Hierbei handelt es sich nicht um morphologisch einheitliche Zellstrukturen, sondern um unterschiedlich große Teile des zerkleinerten Ergastoplasmas

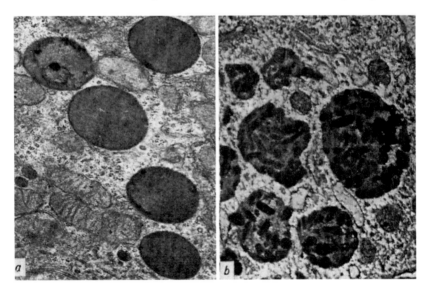

Abb. 45. Elektronenoptische Darstellung von Lysosomen. a primäre Lysosomen eines Histiozyten; b Phagolysosomen eines Melanophagen. Vergr. 20 000:1.

[1] mikró (gr.) = klein, sóma (gr.) = Körper

bzw. des endoplasmatischen Retikulums, einschließlich der Ribosomen. Mit Hilfe des Zentrifugierens gelingt es zudem, eine Zellfraktion zu isolieren, die zwischen Mitochondrien und „Mikrosomen" sedimentiert; ihre Teilchen werden als L y s o s o m e n bezeichnet. Diese Zellorganellen kommen in unterschiedlicher Anzahl in vielen Zellen der Wirbeltiere vor; sie finden sich aber auch bei Wirbellosen.

Morphologisch handelt es sich gewöhnlich um rundliche Granula mit einem Durchmesser von 0,5—1 μm; sie erreichen aber auch die Größe von einigen μm. Submikroskopisch erscheinen die Lysosomen recht polymorph, so daß sie elektronenmikroskopisch nicht immer eindeutig identifiziert werden können (Abb. 45). Die Granula sind von einer „einfachen" (jedoch dreischichtigen) Phospholipoproteinmembran umgeben, durch die der Inhalt vom übrigen Zytoplasma abgegrenzt wird. Bestimmte Substanzen, wie z. B. Vitamin A und einzelne Steroidhormone (Progesteron, Testosteron), besonders aber freie Radikale, wie sie bei Anwendung energiereicher Strahlen entstehen, sowie Adjuvantien erleichtern oder bewirken eine Auflösung der Lysosomenmembran. Durch andere Steroidhormone, wie z. B. Kortison und Kortisol, aber auch durch Cholesterin, wird die Membran stabilisiert.

Der Lysosomeninhalt besteht hauptsächlich aus Enzymen, so daß sie als „Enzymspeicher" angesehen werden können. Hierbei handelt es sich vorwiegend um Hydrolasen (S. 104), die praktisch alle Zellsubstanzen abbauen können, z. B.:

> Desoxyribonukleasen und Ribonukleasen spalten Nukleotide, Kathepsine, Proteasen und Kollagenasen spalten Proteine, Phospholipasen spalten Lipoide,
> α-Glukosidase und β-Galaktosidase spalten Kohlenhydrate, Hyaluronidase und Glukoronidase spalten Mukopolysaccharide.

Charakteristisch für die Lysosomen ist das Vorkommen von saurer Phosphatase, die als „Leitenzym" angesehen werden kann; ihr zytochemischer Nachweis dient zu ihrer Identifizierung.

Strukturell kann man wenigstens zwei Formen von Lysosomen unterscheiden: die p r i m ä r e n oder P r o t o l y s o s o m e n und die s e k u n d ä r e n oder P h a g o l y s o s o m e n (Abb. 45). Den Prototyp der ersteren stellen die Granula der Neutrophilen und der Histiozyten dar. Ihre Bildung erfolgt offenbar gemeinsam durch den Golgi-Apparat und das Ergastoplasma, wobei die begrenzende Membranstruktur vom Golgi-Apparat und der Enzyminhalt vom Ergastoplasma bzw. von Polysomen gebildet wird (Abb. 46). Durch die Außenmembran werden die Enzyme in ihrer Funktion und somit eine „Selbstverdauung" der Zelle verhindert. Die sekundären Lysosomen entstehen durch Vereinigung von phagozytierten Partikeln („Phagosomen") und primären Lysosomen. Da die Natur der Phagosomen sehr verschieden ist, erscheinen die Phagolysosomen entsprechend strukturell recht unterschiedlich.

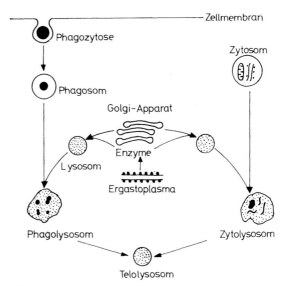

Abb. 46. Schematische Darstellung der Lysosomenbildung.

Innerhalb des Tierreiches können wohl schon die Verdauungsvakuolen der Protozoen als lysosomale Strukturen betrachtet werden. Den höchsten Gehalt an Lysosomen haben die Phagozyten der Wirbellosen und Wirbeltiere. Dazu gehören z. B. die Chloragozyten und Amöbozyten der Ringelwürmer und Mollusken sowie die als Makrophagen (S. 183) wirkenden Histiozyten und Monozyten bzw. die Granulozyten (S. 181) der Wirbeltiere. Die Makrophagen finden sich in den meisten Organen (Leber, Lunge, Milz, Haut). Hierbei handelt es sich nicht nur um Histiozyten bzw. um Blutmonozyten (S. 177), sondern zeitweise können offenbar auch die „Uferzellen" der Sinusoide und die Sternzellen der Leber (S. 176) sowie in geringem Maße auch die Fibroblasten bzw. Fibrozyten des Bindegewebes phagozytieren. Massenhaft finden sich z. B. Phagolysosomen in den Histiozyten bei malignen Melanomen, die hier speziell als M e l a n o p h a g e n bezeichnet werden. Diese Zellen haben in großer Anzahl die melaninhaltigen Melanosomen (S. 101) phagozytiert, die hier intrazellulär über Telolysosomen bis Restkörpern abgebaut werden (Abb. 46).

Funktionell können die Lysosomen auf dreierlei Weise wirksam werden: 1. Durch intrazellulären Abbau von phagozytierten Substanzen (Bakterien, Zellreste) innerhalb der Phagolysosomen, 2. durch Intrazellulären Abbau von zelleigenen Substanzen innerhalb des Zytoplasmas, 3. durch extrazelluläre Verdauung, wenn primäre Lysosomen in den extrazellulären Raum ausgeschleust werden (Sekretion, Exozytose). Der

Abbau von zelleigenen — meist geschädigten oder funktionslos gewordenen — Zytoplasmabestandteilen erfolgt innerhalb von Zytolysosomen (Autophagosom), die sich offenbar aus einem Zytosom und lysosomalen Enzymen bilden; sie werden besonders stark nach Strahleneinwirkung geschädigt. Ein vollständiger Abbau von nekrobiotischen Zellen durch Zytolysosomen ist vermutlich nicht möglich, da solchen Zellen die erforderliche Energie fehlen dürfte. Solche Zellen werden schließlich von Makrophagen (Heterophagie) vollständig abgebaut.

Da die Makrophagen relativ viel Lysosomen enthalten, haben diese zweifellos Bedeutung für die Immunreaktionen der Organismen, obwohl die Funktion der Makrophagen hierbei bislang nicht geklärt ist. So ist es z. B. möglich, daß die Makrophagen ein durch Phagozytose oder Pinozytose aufgenommenes Antigen teilweise abbauen und dadurch Antigendeterminanten freilegen bzw. in ein antigenisch wirksames „Immunogen" umwandeln. Wahrscheinlich werden jedoch die Antigene von Makrophagen in Phagosomen ohne Vereinigung mit Lysosomen gespeichert, um auf diese Weise immunkompetente Zellen (Lymphozyten) für die zelluläre Immunreaktion zu sensibilisieren. Somit wären die Makrophagen für die zelluläre Spätreaktion bedeutsam; sie sind es aber für die humorale Antikörperbildung nicht.

In letzter Zeit ist über Zytoplasmaeinschlüsse (Mikrobodies) berichtet worden, die von einfacher Membran umgeben werden. Hierbei han-

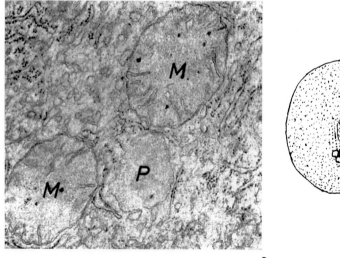
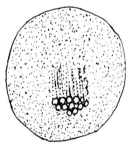

b

a

Abb. 47. Peroxysomen. a: Im Zytoplasma einer Leberparenchymzelle, Vergr.: 30 000 : 1; b: schematisch. P Peroxysom, M Mitochondrium.

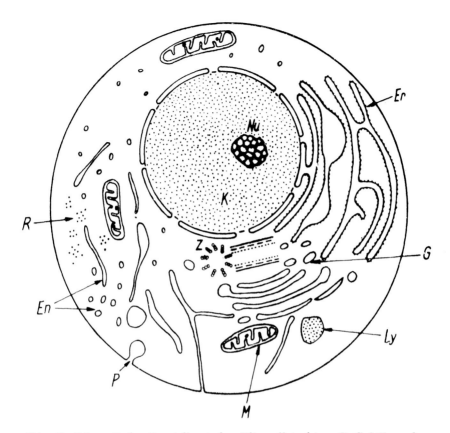

Abb. 48. Schematische Darstellung der Ultrazellstruktur. G Golgikomplex; En endopl. Retikulum; Er Ergastoplasma; K Kern; Ly Lysosomen; M Mitochondrien; Nu Nukleolus; P Pinozytosebläschen; R Ribosomen; Z Zentriol (Original)

delt es sich um ovale Gebilde, die einen Durchmesser von etwa 0,5 μ haben und möglicherweise für Leberzellen spezifisch sind (Abb. 47).

In der sonst strukturlosen Matrix sind kristalline Strukturen angedeutet. Elektronenmikroskopische und biochemische Untersuchungen machen es wahrscheinlich, daß diese Strukturen Enzyme enthalten, und zwar Urikase und Katalase. Daher werden sie neuerdings als P e r - o x y s o m e bezeichnet. Es zeigt sich nämlich, daß Leberzellen von Organismen, die Urikase enthalten, auch typische Peroxysomen haben. Dies sind demnach alle Tiere, die Allantoin als Purinstoffwechselprodukt ausscheiden, während alle anderen, die keine Urikase haben (Reptilien, Vögel, Affen, Mensch), Harnsäure ausscheiden.

In Abb. 48 ist nochmals die Ultrastruktur der tierischen Zelle mit ihren wesentlichsten Organellen schematisch dargestellt.

3.4.8. Vakuolen

Im Zytoplasma zahlreicher Zellen lassen sich vielfach bläschenartige Gebilde unterschiedlicher Größe wahrnehmen, die unter dem Namen Vakuolen zusammengefaßt werden. Besonders häufig sind sie bei den Einzellern anzutreffen. Hier lassen sich entsprechend ihrer Funktion zwei Typen unterscheiden: Die Nahrungsvakuole ist an der Aufnahme und Verdauung der Nahrung beteiligt, während die pulsierende (kontraktile) Vakuole osmotische Funktionen zu erfüllen hat (Abb. 2). Ihre Bedeutung in den Zellen der höheren Organismen ist nicht geklärt. Wahrscheinlich üben manche eine Speicherfunktion aus. Die Wandung der Nahrungsvakuole wird beispielsweise bei den parasitisch lebenden Malariaerregern von einer Doppelmembran gebildet.

3.4.9. Das Grundplasma

Werden alle Organelle aus der Zelle entfernt (Kern, Mitochondrien, Golgi-Apparat, Ergastoplasma), so bleibt eine strukturlose Masse zurück, die man als Grundplasma bezeichnet.

Das Grundplasma stellt gewissermaßen die Muttersubstanz oder Matrix für sämtliche Zellorganelle dar, in der diese eingebettet liegen. Gleichsam bietet es diesen auch ein geeignetes Milieu für die Durchführung ihrer Funktionen. Es befindet sich gewöhnlich in einem mehr oder weniger flüssigen, leicht viskosen Aggregatzustand. Diese Eigenschaft läßt sich gut bei einigen Einzellern, z. B. den nackten Amöben, beobachten. Diese Organismen bewegen sich auf ihrer Unterlage wie ein lebender „Tropfen" fort, indem zunächst ein Teil ihres Plasmas bruchsackartig an einem Pol vorangetrieben wird (Pseudopodienbildung), während dies am anderen Pol unterbleibt. Hierbei kann auch deutlich eine Plasmaströmung im Innern der Zelle beobachtet werden. Infolgedessen kommt es zu einer gerichteten Bewegung dieser Organismen. Für diese Erscheinung sind bestimmte Eigenschaften des Grundplasmas verantwortlich, wobei die Zellorganelle passiv mitgetragen werden (Abb. 2).

Das Grundplasma ist im wesentlichen als ein Kolloidsystem aufzufassen, in dem die differenzierten Zellorganelle gelagert sind, auch wenn es nicht alle Eigenschaften einer organischen Kolloidlösung aufweist. In mancher Hinsicht verhält sich jedoch das Grundplasma wie eine einfache Eiweißlösung. Dies zeigt sich z. B. darin, daß es von Schwermetallen, wie Quecksilber, Osmium oder Chrom, ausgefällt (koaguliert) wird. Aber auch Alkohol und Säuren wirken koagulierend, worauf ja die Fixierung der Zellen und Gewebe beruht. Es ist sicher, daß der (S. 15) erwähnte Wechselprozeß zwischen Sol- und Gelzustand des Plasmas nicht nur eine notwendige Voraussetzung für die Kriechbewegung der Amöbe, sondern ganz allgemein von großer biologischer Bedeutung für die Zellen ist.

Elektronenmikroskopische Untersuchungen an Amoeben haben gezeigt, daß das Grundplasma nicht völlig homogen, sondern in sich strukturiert ist. So kann es globuläre Partikeln mit einem Durchmesser von 50 bis 100 Å enthalten, bei denen es sich wahrscheinlich um Sphäroproteine handelt. Außerdem zeigen sich fibrilläre Strukturen.

3.4.10. Paraplasmastrukturen

Die bisher beschriebenen Differenzierungen des Zytoplasmas und des Kernes sind als Elementarstrukturen mehr oder weniger in allen tierischen und menschlichen Zellen zugegen. Sie sind für den gesamten Stoffwechsel und die Vermehrung der Zelle verantwortlich. Außer diesen finden sich im Zytoplasma zahlreicher Zellen von Wirbellosen und Wirbeltieren noch mannigfaltige Einschlüsse, die im Rahmen einer speziellen Funktionsleistung dieser Zellen gebildet werden. Man bezeichnet sie insgesamt als Paraplasma. Da diese Strukturen in differenzierten Zellen sehr häufig vorkommen, sollen hier einige Beispiele kurz angeführt werden.

Die paraplasmatischen Gebilde werden gewöhnlich im Zytoplasma (endoplasmatisch) aufgebaut und bei manchen Zellen vorübergehend gespeichert. Dies gilt z. B. für Glykogen (S. 25) und teilweise auch für Sekrete, während andere ständig in der Zelle bleiben, wie z. B. die Pigmentgranula der Chromatophoren. Letztere kommen sowohl bei Wirbeltieren als auch bei zahlreichen Wirbellosen vor (Anneliden, Cephalopoden, Krebsen). Sie haben eine Schutzfunktion, indem sie durch Ausbreiten ihrer Pigmentgranula in die Zellausläufer (Verdunkelung) oder durch deren Zusammenballung im Zelleib (Aufhellung) einen raschen Farbwechsel herbeiführen.

Eine besondere Bedeutung haben die Melanozyten[1], die bei vielen Organismen in großer Anzahl vorkommen (S. 169). In ihrem Zytoplasma enthalten sie zahlreiche, sehr elektronendichte Granula, die als Melanosomen bezeichnet werden (Abb. 49). Diese bilden sich aus lamellierten Vorstufen, in die der schwarze Farbstoff Melanin eingelagert wird.

Die Bildung des Melanins geht beim Menschen vom Tyrosin aus, das durch das Ferment Tyrosinase in Hydroxyphenylalanin (Dopa) überführt wird. Dies wird durch die Dopaoxydase zu Dopachinon oxydiert, aus dem über weitere Reaktionen das 5,6-Dihydroxyindol gebildet wird. Dies ist die Muttersubstanz des Melanins. Die biologische Bedeutung des Melanins liegt im Abschirmen der Lichteinstrahlung.

---

[1] mélas (gr.) = schwarz. Bei den Kaltblütern heißen sie Melanophoren

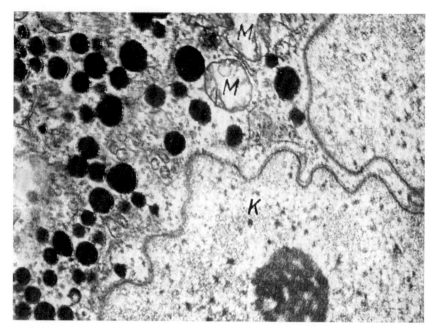

Abb. 49. Teil eines Melanozyten aus der menschlichen Haut mit zahlreichen Melanosomen. K Kern mit Nukleolus, M Mitochondrien. Vergr.: 20 000 : 1.

Die Regulation der Chromatophoren erfolgt entweder neuronal (Cephalopoden), neurosekretorisch (Krebse) oder hormonal (Wirbeltiere). Die hormonale Regulation geschieht durch das Melanophorenhormon, ein Produkt des Hypophysenzwischenlappens. Die melanotrope Wirkung dieses Hormons bezieht sich nicht nur auf die Haut, sondern beeinflußt bei Amphibien auch die Pigmente in der Netzhaut. Außerdem läßt sich aus Pinealdrüsen ein sogenanntes M e l a t o n i n isolieren, das eine Konzentration der Melanosomen in den Melanozyten von Amphibien verursacht.

Die Sekrete werden entweder an die Oberfläche des Körpers bzw. in das Darmlumen und die Mundhöhle abgegeben oder direkt in die Blutbahn überführt. Man spricht in solchen Fällen entweder von e x o k r i n e r oder e n d o k r i n e r Sekretion. Das Paraplasma besteht hier gewöhnlich je nach dem Funktionszustand der Zelle aus einer unterschiedlichen Anzahl von Sekretgranula, die im Zytoplasma verstreut liegen. Ihre Form ist meistens kugelig, teilweise oval. Manche Granula sind von einer elektronenoptisch sichtbaren Membran umgeben, wie z. B. die Zymogengranula der exokrinen Zellen der Bauchspeicheldrüse (Pankreas). Diese enthalten höchstwahrscheinlich die von diesem Organ gebildeten Fermente. Es sind dies Trypsin und Chymotrypsin zur Eiweißverdauung, Lipase und Cholinesterase zur Fettverdauung sowie α-Amylase zum Abbau der Stärke (Amylum). Trypsin und Chymotrypsin liegen in den Zymogengranula als inaktive Formen vor (Trypsinogen und Chymotrypsinogen), die erst im Duodenum durch das Ferment E n t e r o k i n a s e [1] aktiviert werden.

Weitere bemerkenswerte Beispiele für Paraplasma sind die Granula der Leukozyten (Abb. 75) und der Mastzellen (S. 188).

3.5. Allgemeine Zellfunktionen

3.5.1. Allgemeines

In der Einleitung wurde der Stoffwechsel (Metabolismus) als ein wesentliches Kennzeichen der Zelle angeführt. Hierunter verstehen wir sämtliche Vorgänge, durch welche die Zelle bzw. der Organismus die Energie bzw. die Bausteine gewinnt. Der Stoffwechsel zeigt sich darin, daß von außen zugeführte oder körpereigene, energiereiche Stoffe unter Energiegewinnung abgebaut und als energiearme Produkte ausgeschieden (Energiestoffwechsel) bzw. daß körperfremde Substanzen nach Abbau in körpereigene umgewandelt werden (Baustoffwechsel) [2]. Jede Zelle bzw. jeder Organismus befindet sich also in einem steten Stoff- und Energieaustausch mit der Umgebung. Somit sind Zelle und Organismus ein „offenes" System, das sich durch ein „Fließgleichgewicht" (engl. steady state) auszeichnet. Unter diesem Begriff versteht man einen Gleichgewichtszustand, bei dem ständig Stoffe einströmen und Stoffwechselprodukte ausgeschleust werden. Da deren Menge konstant ist, spricht man auch von einem „stationären" Stoff- bzw. Energieumsatz. Es finden also ständig Reaktionen auf das Gleichgewicht hin statt, aus denen die Energie gewonnen wird.

Auffällig ist die Geschwindigkeit, mit der die Zelle den Stoffwechsel durchführt, d. h. hochpolymere Proteine und Kohlenhydrate abbaut. Es muß also eine Einrichtung bestehen, die diese Reaktionen unter physiologischen Bedingungen ermöglicht. Heute wissen wir, daß dies Enzyme oder Fermente besorgen. Es soll daher hier das Wesentliche dieser Substanzen angeführt werden.

3.5.2. Enzyme (Fermente)

Beide Begriffe werden heute gleichbedeutend für Stoffe verwendet, die für den normalen Ablauf aller Zellfunktionen notwendig sind. Da sie eine analoge Wirkung wie chemische Katalysatoren haben, werden

---
[1] énteron (gr.) = Darm; kínēsis (gr.) = Bewegung
[2] Beim Baustoffwechsel kann man unterscheiden: 1. A n a b o l i s m u s = Aufnahme von Stoffen und deren Umbau in körpereigene. 2. K a t a b o l i s m u s = Abbau körpereigener Stoffe und deren Ausscheidung.

sie häufig als „Biokatalysatoren" bezeichnet. Dies ist nicht ganz zutreffend, da nach der ursprünglichen Definition dies Stoffe sind, „welche die Geschwindigkeit einer bestimmten chemischen Reaktion ändern" (O s t w a l d 1895). Die meisten Zellreaktionen finden jedoch nicht ohne Mitwirkung von Enzymen statt.

Alle bisher ermittelten Fermente sind Proteine oder Proteide. Es ist sogar gelungen, die Primärstruktur der Ribonuklease (S. 21) vollständig aufzuklären. Bei zahlreichen Enzym-Proteiden konnte der Nichteiweißteil abgespalten und seine chemische Natur ermittelt werden. Er wird als „prosthetische Gruppe"[1] oder Co-Enzym (—Ferment) bezeichnet, während die Eiweißkomponente das Apo-Enzym (—Ferment) ist. Beide zusammen bilden das H o l o - Enzym (—Ferment) als wirksame Funktionsstruktur:

$$\text{Apoenzym} + \text{Coenzym} = \text{Holoenzym}.$$

Funktionell bedingt das Apoenzym die Substratspezifität und bewirkt somit die „Auswahl" der Substanz, während das Coenzym mehr als Wirkgruppe die eigentliche Reaktion besorgt. Sie kann daher bei verschiedenen Fermenten gleich sein.

Die Funktion der Enzyme besteht offenbar darin, die Aktivierungsenergie der Substrate herabzusetzen und damit unter physiologischen Bedingungen Reaktionen zu ermöglichen. Allerdings wissen wir noch wenig über den eigentlichen Mechanismus. Es ist aber sehr wahrscheinlich, daß sich hierbei ein Enzym-Substrat-Komplex bildet, wobei das Protein ein aktives Zentrum darstellt. Alle Fermente haben ein bestimmtes pH-Optimum (z. B. Pepsin 1,5 bis 2,5), während manche noch Ionen für ihre Aktivität benötigen (z. B. Hexokinase Mg^{++}).

Die Benennung der Enzyme erfolgt auf Grund ihrer Wirkung unter Anhängen der Endsilbe -ase. So spalten z. B. D e h y d r o g e n a s e n Wasserstoff ab, H y d r o l a s e n hydrolysieren Verbindungen und T r a n s f e r a s e n übertragen Molekülgruppen. Einige haben noch Trivialnamen, z. B. P e p s i n und T r y p s i n. Gemäß ihrer Funktion sind die wichtigsten Hauptgruppen folgende:

1. Hydrolasen, Reaktionsweise: $R_1 - R_2 + H_2O = R_1OH + R_2H$; z. B. Lipasen, Phosphatasen, Desoxyribonukleasen, Peptidasen.
2. Transferasen, Reaktionsweise: $R_1 - A + R_2 - B = R_1B + R_2A$; z. B. Transaminasen, Transphosphatasen (Hexokinase).
3. Oxydoreduktasen, Reaktionsweise: $R_1 - H + R_2 = R_1 + R_2 - H$; z. B. Hydrogenasen, Peroxydasen.
4. Lyasen, Reaktionsweise: $R - CH_2 - CH_2 - R = R - CH_2 + R - CH_2 -$; z. B. Karboxylasen, $R - COOH = R - H + CO_2$; z. B. Dekarboxylasen.
5. Isomerasen, Reaktionsweise: $R_1 \rightleftarrows R_2$; z. B. Glukose-6-Phosphatisomerase.

---

[1] prostetos (gr.) = davor gesetzt

3.5.3. Der Energiestoffwechsel

3.5.3.1. Allgemeines

Jede tierische Zelle gewinnt die erforderliche Energie innerhalb ihres Zellraumes selbst und unabhängig von den Nachbarzellen. Wie bereits erwähnt, geschieht dies zum wesentlichen Teil in den Mitochondrien. Die Gewinnung dieser Energie erfolgt aus energiereichen Substraten in Form von Kohlenhydraten, Fetten und Eiweißen, deren Grundbausteine durch die Verdauung freigemacht und dann von der Zelle aufgenommen werden. Jede tierische Zelle mit eigenem Energiestoffwechsel kann ihre Energie auf zweierlei Weise gewinnen: einmal durch den Mechanismus der Zuckerspaltung oder G l y k o l y s e [1] und zum anderen durch die b i o l o g i s c h e O x y d a t i o n. Bei dieser werden die Kohlenhydrate, aber auch Fett- und Aminosäuren, zu Kohlendioxid und Wasser verbrannt. Beide Vorgänge sind jedoch insofern eng miteinander verbunden, als der Oxydation von Kohlenhydraten eine Glykolyse vorausgeht.

Unter einer Oxydation verstehen wir aber nicht nur die Aufnahme von Sauerstoff, sondern auch die Entfernung von Wasserstoff aus einer Verbindung. Umgekehrt wird seine Aufnahme als R e d u k t i o n bezeichnet. In diesem Sinne wird die Milchsäure[2] durch Abgabe von Wasserstoff zu Brenztraubensäure o x y d i e r t, wenn das H-Atom seiner α-ständigen Hydroxylgruppe entfernt wird, so daß die neue Verbindung (Brenztraubensäure) an dieser Stelle eine Ketogruppe (—C—) aufweist.
$$\underset{O}{\parallel}$$

Umgekehrt wird die Brenztraubensäure durch die Aufnahme von Wasserstoff zu Milchsäure r e d u z i e r t :

$$CH_3-\underset{\underset{OH}{|}}{CH}-COOH^1 \underset{\underset{Reduktion}{+H_2}}{\overset{\overset{Oxydation}{-H_2}}{\rightleftarrows}} CH_3-\underset{\underset{O}{\parallel}}{C}-COOH$$

Milchsäure   Brenztraubensäure

Diese beiden Reaktionen spielen überhaupt in der tierischen Zelle eine überragende Rolle, worüber später ausführlicher berichtet wird. Lagern organische Substanzen Wasserstoff an, so spricht man auch noch von einer H y d r i e r u n g, im umgekehrten Fall von einer D e h y d r i e r u n g.

Da in der Zelle hinsichtlich Druck und Temperatur verständlicherweise nur normale Bedingungen herrschen können, so müssen auch hier

---

[1] glykýs (gr.) = süß, lýein (gr.) = lösen, spalten
[2] Milchsäure = α-Hydroxylpropan(-propion-)säure; Brenztraubensäure = α-Ketopropansäure

die Anlagerung und die Abspaltung von Wasserstoff katalytisch erfolgen. Die Stoffe, die dies bewirken, sind die bereits erwähnten Hydro- und Dehydrogenasen. Bei der biologischen Oxydation funktionieren einige dieser Fermente in der Weise, indem sie den Wasserstoff von einer Substanz übernehmen und ihn wieder an eine andere abgeben. Sie wirken also gewissermaßen als Wasserstoffüberträger und heißen daher auch w a s s e r s t o f f ü b e r t r a g e n d e Fermente. Aus dem folgenden Schema geht ihre Vermittlerrolle deutlich hervor:

A — Substrat — H + Ferment ⟶ A — Substrat + Ferment — H
Ferment — H + B — Substrat ⟶ B — Substrat — H + Ferment

3.5.3.2. Die Energiegewinnung

Die tierische Zelle gewinnt ihre Energie vorwiegend aus Kohlenhydraten und Fetten. Diese Tatsache ist erstmals von dem Franzosen L a v o i s i e r erkannt worden. Er hat auch die folgende Atmungsgleichung zuerst aufgestellt, bei der die Glukose den Ausgangsstoff darstellt:

$$C_6H_{12}O_6 + 6O_2 \longrightarrow 6CO_2 + 6H_2O + 675 \text{ Kcal}$$

Bei der Energiegewinnung spielt die Glukose noch insofern eine besondere Rolle, als die tierische Zelle aus ihr auch unter Sauerstoffausschluß (anaerob) allein durch die Glykolyse Energie gewinnen kann, wenn auch bedeutend weniger. Hierbei entstehen aus einem Molekül Glukose zwei Moleküle Milchsäure, weshalb diese Reaktion auch als M i l c h s ä u r e g ä r u n g bezeichnet wird.

$$C_6H_{12}O_6 \longrightarrow 2C_3H_6O_3 + \text{Energie}$$
Glukose   Milchsäure

Auf diese Weise gewinnen vor allem die anaerob lebenden Schmarotzer ihre Lebensenergie. Sie spielt aber auch in der Muskelzelle der höheren Organismen eine beachtliche Rolle. Außerdem ist eine vermehrte Milchsäurebildung für die Tumorzelle charakteristisch.

Bei der Gewinnung der Zellenergie aus Glukose durch die Verbrennung zu Kohlendioxid und Wasser vollziehen sich zwei Prozesse: der Abbau des Kohlenstoffgerüstes und die Oxydation der im Molekül vorhandenen Wasserstoffatome zu Wasser. Der Abbau der Glukosemoleküle erfolgt zunächst in zwei zeitlich nacheinander verlaufenden Reaktionsmechanismen: der Glykolyse und dem Z i t r o n e n s ä u r e z y k l u s. Während der Glykolyse wird das aus 6 C-Atomen bestehende Glukosemolekül zunächst in zwei Moleküle mit jeweils 3 C-Atomen (Triosen) zerlegt, aus denen schließlich die B r e n z t r a u b e n s ä u r e (CH_3 — CO — COOH) entsteht. Bis zu dieser Verbindung sind die chemischen Vorgänge der Energiegewinnung in anaerob und aerob lebenden Zellen völlig gleich, so daß die Brenztraubensäure eine zentrale Stellung im Energiestoffwechsel aller Zellen einnimmt. Nach Ablauf der Glykolyse bis zur Brenztraubensäure wird dann unter anaeroben

Bedingungen diese durch Anlagerung von Wasserstoff an die Ketogruppe zu Milchsäure reduziert, während sie bei atmenden Zellen durch den Zitronensäurezyklus weiter zu CO₂ und Wasserstoff abgebaut wird. Der Wasserstoff wird schließlich durch den Luftsauerstoff zu Wasser oxydiert. Dies erfolgt durch die sogenannte A t m u n g s k e t t e. Somit erscheinen als Endprodukte bei Sauerstoffausschluß die Milchsäure und bei der Atmung Kohlendioxid und Wasser. Nachfolgende Übersicht soll dies noch einmal veranschaulichen:

G l y k o l y s e :

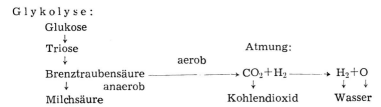

Im folgenden sollen diese drei Prozesse etwas ausführlicher erläutert werden.

Die Glykolyse. Der wesentlichste Betriebsstoff der tierischen Zelle ist die Glukose. Sie entsteht durch Abbau von Disacchariden (Rohrzucker, Milchzucker) und Polysacchariden (Stärke, Zellulose) im Verdauungstrakt der Organismen und gelangt auf dem Blutwege direkt in die einzelnen Zellen. Bei den Wirbeltieren wird jedoch zunächst ein Teil in Form von Glykogen in der Leber und Muskulatur gespeichert und bei Bedarf wieder als Glukose zur „Verbrennung" in die einzelnen Zellen befördert. Stammt die Glukose vom Glykogen, so spricht man auch von einer G l y k o g e n o l y s e.

Hierbei wird das Glykogen in Form von Glukose-1-phosphat (Cori-Ester) abgebaut. Diese Reaktion wird durch die Phosphorylase a katalysiert, wozu dieses Enzym aus einer schwach aktiven Form (Phosphorylase b) gebildet werden muß. Die Überführung wird von Adenosin-3'-5'-monophosphat[1] bewirkt, wobei ein Serinrest der b-Form phosphoryliert wird. Als Phosphatspender dient ATP. Das erforderliche AMP wird im Muskel unter dem Einfluß von Adrenalin und in der Leber unter dem Einfluß von Glukagon aus ATP gebildet, so daß sich folgendes Reaktionsschema ergibt:

$$ATP \xrightarrow{\text{Glukagon} \atop \text{Adrenalin}} \text{Adenosin-3'-5'-monophosphat} + \text{Pyrophosphat}$$

$$ATP + \text{Phosphorylase b} \xrightarrow{\text{A-3'-5'-MP}} \text{Phosphorylase a} + ADP$$

$$\text{Glykogen} \xrightarrow{\text{Phosphorylase a}} \text{Glukose-1-phosphat}$$

[1] Bei dieser Verbindung geht das Phosphatmolekül gleichzeitig mit den OH-Gruppen am 3. und 5. C-Atom der Ribose eine Bindung ein.

Die Phosphorylase baut allerdings nur die C_1-C_4-Bindungen der Haupt- und Seitenketten ab, nicht aber die C_1-C_6-Bindungen. Diese werden durch Amylo-1,6-glukosidase gelöst. Der Glykogenabbau ist also keine Hydrolyse, sondern eine Phosphorylyse.

Bei der Glykolyse spielt sich eine größere Anzahl von Reaktionen ab, bevor das Glukosemolekül nach dem Eintritt in die Zelle bis zur Brenztraubensäure abgebaut worden ist. Diese Reaktionen konnten in ihren Einzelheiten weitgehend geklärt werden, so daß wir heute über die Glykolyse von allen biochemischen Vorgängen am besten unterrichtet sind. Ihre wichtigsten sollen hier angeführt werden. Da sich diese Reaktionen in der Zelle in fast neutralem Milieu und ohne erhöhte Temperatur und Druck vollziehen, müssen in der Zelle besondere Vorrichtungen bestehen, um das relativ reaktionsträge Glukosemolekül reaktionsfähiger zu machen. So wurde auch schon vor längerer Zeit von H a r d e n und Y o u n g (1905) die wichtige Entdeckung gemacht, daß die Phosphorsäure (H_3PO_4) hierbei eine entscheidende Rolle spielt. Ihre Bedeutung besteht darin, daß sie im ersten Reaktionsschritt die Glukosemoleküle p h o s p h o r y l i e r t , indem sie sich mit diesen unter Wasseraustritt zu einem Ester verbindet. Die Reaktion der Säure erfolgt hier mit der endständigen primären Alkoholgruppe (C-Atom 6):

$$R - CH_2OH \longrightarrow \text{Glukose-6-phosphat} + H_2O$$

Diese Anlagerung vollzieht sich aber nicht ohne weiteres, da hierfür Energie notwendig ist. Vielmehr wird die Säure von ATP auf das Zuckermolekül übertragen, das zugleich auch die erforderliche Energie liefert. Diese Phosphatverbindungen werden damit zu den entscheidendsten Reaktionsträgern bei der Glykolyse und der biologischen Oxydation, in deren Verlauf sie immer wieder neu aufgebaut werden. Sie sind damit zugleich diejenigen Verbindungen, in denen die Zelle die gewonnene Energie vorübergehend zu speichern vermag, um sie dann zur Durchführung zahlreicher energieverbrauchender Reaktionen, wie die angeführte Phosphorylierung u. a., bereit zu haben.

Bei der Phosphorylierung überträgt dieses ATP das endständige Phosphorsäuremolekül auf die Glukose und wird dabei selbst in das um eine Phosphatgruppe ärmere ADP überführt. An dieser Reaktion sind jedoch noch maßgeblich das Ferment H e x o k i n a s e [1] und Mg-Ionen beteiligt, so daß man den ersten Reaktionsschritt in der Zelle folgendermaßen formulieren kann:

$$\text{Glukose} + \text{ATP} \xrightarrow[Mg^{++}]{\text{Hexokinase}} \text{Glukose} - 6 - \text{phosphat} + \text{ADP}$$

Beim nächsten Reaktionsschritt erfolgt innerhalb des Glukose-6-phosphatmoleküls unter der Wirkung eines Fermentes (Isomerase) eine Um-

---

[1] Als Kinasen werden ganz allgemein Enzyme bezeichnet, die eine Phosphatgruppe von ATP auf andere Stoffe übertragen.

lagerung zum Fruktose-6-phosphat. Diese Reaktion ist umkehrbar, wie die meisten der folgenden Vorgänge.

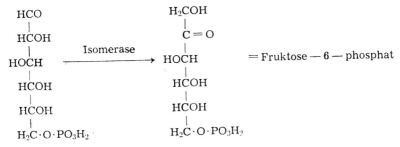

Auf diese Weise wird am 1. C-Atom aus der Aldehydgruppe eine weitere primäre Alkoholgruppe gebildet, die mit einem zweiten Molekül Phosphorsäure verestert wird:

Fruktose—6—phosphat + ATP ⟶ Fruktose—1,6—diphosphat + ADP.

Nunmehr wird dieses Molekül in zwei Verbindungen mit je drei C-Atomen gespalten. Dies erfolgt unter der Einwirkung des Fermentes A l d o l a s e, wobei je ein Molekül P h o s p h o d i o x y a z e t o n und P h o s p h o g l y z e r i n a l d e h y d entstehen:

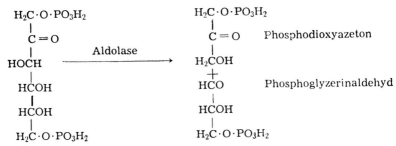

Fruktose — 1,6 — diphosphat

Bei diesen beiden Spaltprodukten kann durch ein Ferment (Trioseisomerase) die eine Verbindung in die andere überführt werden. In der Zelle wird nur das Phosphoglyzerinaldehyd weiter abgebaut, so daß die andere Verbindung laufend in diese umgewandelt wird.

Der nächste Reaktionsschritt bei der Glykolyse ist insofern von Bedeutung, als hierbei anorganische Phosphorsäure in das Phosphoglyzerinaldehydmolekül eingeführt wird. Hierbei wird die endständige Aldehydgruppe gleichzeitig unter Mitwirkung einer Dehydrogenase zu einer Karboxylgruppe oxydiert, so daß aus dem Aldehyd Glyzerinsäure entsteht. Die dabei freiwerdende Energie dient zur Aufnahme des anorganischen Phosphats durch die gebildete Karboxylgruppe. Dieser Reaktionsmechanismus ist noch nicht im einzelnen geklärt, doch benötigt die Dehydrogenase hier als Coferment das **Nikotinamid-Adenin-Dinukleotid** = NAD (auch: Cozymase I). Nukleotide sind ganz allgemein Verbindungen zwischen einer organischen Base, Kohlenhydrat (gewöhnlich Ribose) und Phosphorsäure; sie bauen also nicht nur die Nukleinsäuren auf. Das hier angeführte Ferment besteht aus zwei (Di-)Nukleotiden, die durch ihre Phosphorsäuren miteinander verbunden sind. Das eine Nukleotid hat als Base Adenin (S. 53), das andere Nikotinamid, das Amid der Nikotinsäure. Letztere ist ein Derivat des **Pyridins** (Pyridin-3-karbonsäure), deren OH-Gruppe beim Amid durch eine NH_2-Gruppe ersetzt ist. Das Enzym hat dann folgenden Aufbau:

```
        CH                          O
       /  \\                        ||
    HC      C—COOH        /=\—C—NH₂
    ||      |            |   |
    HC      CH            \=/
       \  //
         N                 N⁺—Ribose—P—P—Ribose—Adenin=NAD⁺
   Nikotinsäure
```

Es sei hier gleich hinzugefügt, daß noch ein ähnliches Coferment für den Stoffwechsel der Zelle bedeutsam ist. Es unterscheidet sich vom NAD durch einen dritten Phosphatrest, der am C-Atom 2 der Ribose des Adenosins angelagert ist. Es wird daher als Nikotinamid-Adenin-Dinukleotidphosphat = NADP bezeichnet (auch: Cozymase II). Bisher: Triphosphopyridinnukleotid (TPN).

Beide Cofermente tragen an ihrem N-Atom des Pyridins eine positive Ladung (s. Formel), so daß sie in oxydiertem Zustand genauer mit NAD^+ (DPN^+) und $NADP^+$ (TNP^+) zu schreiben sind. Die Funktion beider Coenzyme besteht darin, daß sie auf Grund des Pyridinsystems reversibel Wasserstoff aufnehmen können: $NAD^+ + H_2 \rightarrow NADH + H^+$. Hierbei wird aus dem aromatischen Ring (3 Doppelbindungen) des Nikotinamids ein chinoider (2 Doppelbindungen) gebildet. Bei dieser Reaktion ändert sich auch gleichzeitig die Lichtabsorption des Pyridinsystems, deren Veränderung pro Zeiteinheit ein Maß für die Reaktionsgeschwindigkeit darstellt. Es sei noch erwähnt, daß beide Dinukleotide für zahlreiche Dehydrogenasen die Cofermente darstellen.

Der Vorgang, bei dem somit Diphosphoglyzerinsäure entsteht, läßt sich folgendermaßen formulieren:

```
                                          O
                                          ||
    HCO                          1.    C—O PO₃H₂
    |                                     |
    HCOH      +H₃PO₄+NAD⁺ ———→  2.    HCOH        +NADH+H⁺
    |                                     |
    H₂C—O·PO₃H₂                  3.    H₂C—O·PO₃H₂
    Phosphoglyzerinaldehyd             Diphosphoglyzerinsäure
```

Diese Phosphatgruppe wird aber anschließend wieder fermentativ abgespalten und auf ein ADP-Molekül übertragen. Hier zeigt sich also ein Vorgang, bei dem das oben entstandene ADP wieder zu ATP regeneriert wird:

$$\begin{array}{c} O \\ \parallel \\ C-O\cdot PO_3H_2 \\ | \\ HCOH \\ | \\ H_2C-O\cdot PO_3H_2 \end{array} \quad +ADP \longrightarrow \quad \begin{array}{c} COOH \\ | \\ HCOH \\ | \\ H_2C-O\cdot PO_3H_2 \end{array} \quad +ATP$$

Phosphoglyzerinsäure

Man bezeichnet diesen Vorgang der Phosphatübertragung auch als T r a n s p h o s p h o r y l i e r u n g. Durch Einwirkung eines weiteren Fermentes erleidet die Phosphoglyzerinsäure eine intramolekulare Umlagerung, so daß die Phosphatgruppe am 2. C-Atom gebunden ist (Phosphoglyzerinsäure-2). Aus dieser Verbindung wird durch das Ferment E n o l a s e Wasser abgespalten. Von der daraus entstandenen Phosphoenolbrenztraubensäure wird schließlich auch das zweite Molekül Phosphorsäure abgespalten, so daß Brenztraubensäure entsteht. Die Phosphorsäure wird wieder von ADP aufgenommen:

$$\begin{array}{c} COOH \\ | \\ C-O\cdot PO_3H_2 \\ \parallel \\ CH_2 \end{array} +ADP \longrightarrow \begin{array}{c} COOH \\ | \\ C=O \\ | \\ CH_3 \end{array} \quad +ATP$$

Phosphoenolbrenztraubensäure   Brenztraubensäure

Es werden also im Verlauf der Glykose zwei Moleküle energiereiches ATP gewonnen. Auf die zentrale Stellung der nunmehr gebildeten Brenztraubensäure wurde bereits hingewiesen. Unter anaeroben Bedingungen wird sie durch die vorhin hydrierte Cozymase (NADH) ausschließlich zu Milchsäure reduziert, während sie unter aeroben Verhältnissen in den Zitronensäurezyklus eingeschleust wird. Infolgedessen werden dann nur unwesentliche Mengen Milchsäure gebildet, die letzten Endes unter solchen Bindungen auch zu Kohlendioxid und Wasser verbrannt werden. Die zentrale Stellung der Brenztraubensäure besteht also darin, daß sie gewissermaßen das Bindeglied zwischen Glykolyse und biologischer Oxydation (Atmung) ist. Der Umfang der Glykolyse wird verständlicherweise durch die Geschwindigkeit der einzelnen Teilreaktionen bestimmt, die ihrerseits wieder von den jeweiligen Fermenten abhängig sind. Diese wiederum funktionieren nur unter bestimmten Voraussetzungen und können in ihrer Wirkung auf verschiedene Weise

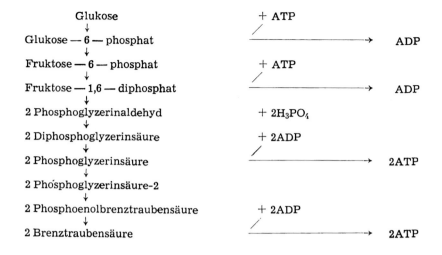

gehemmt werden, wodurch der ganze Glykolyseablauf blockiert wird. So hemmt z. B. Monojodessigsäure (CH_2J-COOH) die Oxydation des Phosphoglyzerinaldehyds zu Phosphoglyzerinsäure. Wieweit einzelne Hormone direkt an der Steuerung des Energiestoffwechsels beteiligt sind, ist noch nicht restlos geklärt. Die Hexokinasefunktion wird jedoch nicht von dem Insulin reguliert, wie bisher allgemein angenommen wurde.

Vorstehend sind nochmals die wichtigsten Reaktionen der Glykolyse zusammengefaßt.

Bei der Spaltung von 1 Mol Glukose werden also 2 Mol Brenztraubensäure gebildet und dabei gleichzeitig 2 Mol H_3PO_4 aufgenommen, so daß 2 Mol ATP gewonnen werden[1].

Eine gewisse Sonderstellung hinsichtlich der Energiegewinnung nehmen die männlichen Geschlechtszellen — zumindest die der Säugetiere und des Menschen — ein, da sie nicht aus Glukose, sondern ausschließlich aus Fruktose ihre Energie gewinnen (Fruktolyse). Der Fruktosegehalt der Samenflüssigkeit ist entscheidend für die Vitalität und damit auch für die Befruchtungsfähigkeit der Samenzellen.

Der Zitronensäurezyklus. Wird eine tierische Zelle, die normalerweise einen aeroben Energiestoffwechsel hat, genügend mit Sauerstoff versorgt, dann wird die bei der Glykolyse hydrierte Cozymase (NADH) immer wieder durch die Atmungsfermente oxydiert, so daß sie keine wesentlichen Mengen Brenztraubensäure zu Milchsäure hydrieren kann.

---

[1] Weitere 6 Mol ATP werden unter Einschluß der Atmungskette durch Oxydation der 2 Mol $NADH_2$ gewonnen (S. 121).

Bei den meisten tierischen Zellen scheinen somit zwischen Milchsäurebildung und oxydativem Endabbau abhängige Beziehungen zu bestehen, indem bei Sauerstoffmangel die Milchsäuregärung wesentlich vermehrt wird. Bei Sauerstoffzufuhr wird sie sofort wieder vermindert. Demnach muß man die Milchsäurebildung in der aerob lebenden Zelle als einen Hilfsmechanismus oder „Nebenweg" betrachten, der nur dann beschritten wird, wenn Sauerstoff als physiologischer Wasserstoffakzeptor nicht genügend zur Verfügung steht. Bei der Anwesenheit von Sauerstoff wird die Brenztraubensäure in eine zyklisch verlaufende Reaktionsfolge „eingeschleust", die heute allgemein unter dem Namen Z i t r o n e n - s ä u r e z y k l u s (auch K r e b s zyklus) bekannt ist.

Die Einschleusung der Brenztraubensäure in den Zitronensäurezyklus wird wieder von einem Reaktionsträger besorgt, der heute unter dem Namen C o e n z y m A bekannt ist. Diese Verbindung nimmt eine Schlüsselstellung im Rahmen des gesamten Zellstoffwechsels ein, da sie nicht nur Vermittler zwischen den energieliefernden Reaktionen (Glykolyse und Atmung) ist, sondern auch zwischen energieliefernden und energieverbrauchenden. Sie ist recht kompliziert gebaut und besteht formal aus dem Adenosinphosphat, das am 3. C-Atom eine weitere Phosphatgruppe gebunden hat, und dem P a n t e t h e i n. Letzteres besteht seinerseits aus der biologisch bedeutsamen P a n t o t h e n s ä u r e und dem C y s t e a m i n , das eine reaktive HS-Gruppe hat.

Die Pantothensäure gehört zur Vitamin-B-Gruppe und wird nur von Pflanzen aus Pantoinsäure (α, γ-Dihydroxy-β, β-dimethylbuttersäure) und β-Alanin aufgebaut (Peptidbindung). Dem tierischen Organismus muß sie zugeführt werden. Von Cysteamin ist bemerkenswert, daß es eine gewisse Schutzwirkung gegenüber ionisierender Strahlung ausübt, wenn es vorher dem Organismus verabreicht wird.

Der chemische Aufbau des Coenzym A sieht somit folgendermaßen aus:

Adenosin

$$P-P-O-CH_2-\underset{\underset{CH_3}{|}}{\overset{\overset{CH_3}{|}}{C}}-\underset{\underset{OH}{|}}{CH}-CO-NH-CH_2-CH_2-CO-NH-CH_2-CH_2-SH$$

Pantoinsäure + β-Alanin

P = Phosphorsäure   Pantothensäure + Cysteamin = Pantethein

Die biologische Wirksamkeit des Coenzym A beruht offenbar auf der Anwesenheit des endständigen Cysteamins und dessen freier Sulfhydrylgruppe (-SH). Diese Gruppe lagert die zu übertragenden Substanzen unter Bildung einer thioesterartigen Bindung vorübergehend an. Die

Einschleusung der Brenztraubensäure in den Zitronensäurezyklus, an der außer Coenzym A noch weitere Fermente beteiligt sind, läßt sich etwa folgendermaßen darstellen:

Zu Beginn dieser ganzen Reaktionsfolge wird von Brenztraubensäure zunächst mit Hilfe einer Dekarboxylase CO_2 abgespalten, so daß Azetaldehyd entsteht. Dieser wird in einer energiereichen Bindung ($\sim$) an das Coenzym der Dekarboxylase, das Thiaminpyrophosphat (TPP), gebunden (I) und anschließend auf ein zweites Coenzym, die Liponsäure, übertragen (II). Diese enthält eine Disulfidbindung, die von dem Azetaldehyd reduziert wird, wobei sich ein H-Atom an das eine S-Atom und der Aldehydrest an das andere lagert. Anschließend wird der Aldehydrest auf das Coenzym A übertragen, während die Liponsäure weiter reduziert wird (III). Coenzym A und Aldehyd bilden nun das Azetyl-Coenzym A:

I. $CH_3 - \underset{\underset{O}{\|}}{C} - COOH + TPP \longrightarrow (CH_3 - \underset{\underset{O}{\|}}{C} - H) - TPP + CO_2$

II. $(CH_3 - \underset{\underset{O}{\|}}{C} - H) - TPP + \underset{\underset{S-(CH_2)_2}{|}}{\overset{\text{Liponsäure}}{S - CH}} - (CH_2)_4 - COOH \longrightarrow CH_3 - \underset{\underset{O}{\|}}{C} - S - \underset{\underset{HS}{|}}{\text{Lipons.}} + TPP$

III. $CH_3 - \underset{\underset{O}{\|}}{C} - \underset{\underset{HS}{|}}{S} - L + CoA \longrightarrow CH_3 - \underset{\underset{O}{\|}}{C} - S - CoA + HS - \underset{\underset{HS}{|}}{L}$

Die Liponsäure wird dann vom NAD^+ oxydiert:

$HS - \underset{\underset{HS}{|}}{L} + NAD^+ \longrightarrow S - \underset{\underset{S}{|}}{L} + NADH + H^+$

Auf diese Weise wird aus der Brenztraubensäure (C_3) eine um ein C-Atom ärmere Verbindung in Form von Essigsäure (C_2) gebildet, die als Azetylrest von dem energiereichen Coenzym A gebunden wird. Dadurch ist die gewöhnlich reaktionsträge Essigsäure wesentlich reaktionsfähiger, so daß sie nun leichter mit anderen organischen Substanzen reagiert. Man bezeichnet sie daher in Verbindung mit Coenzym A als „aktivierte Essigsäure" (Azetyl-CoA). In dieser Form wird die Essigsäure in einen Reaktionszyklus eingeschleust, in dessen Verlauf sie schrittweise zu Kohlendioxid und Wasserstoff abgebaut wird. Das CO_2 ist das erste Ausscheidungsprodukt des Kohlenhydratstoffwechsels, dessen Sauerstoff teilweise aus der Glukose, teilweise aus dem in den Zyklus eingeführten Wasser stammt. Der Wasserstoff wird durch Dehydrogenasen abgespalten und von deren Cofermenten aufgenommen.

Diese überführen ihn in die Atmungskette, wo er mit dem Atmungssauerstoff zu Wasser, dem zweiten Endprodukt, „verbrannt" wird (S. 121).

Im einzelnen verläuft der Zyklus so, indem das Azetyl-CoA mit einem C_4-Körper in der Zelle reagiert, der Oxalessigsäure. Dabei entsteht eine C_6-Verbindung, die Zitronensäure, eine Trikarbonsäure:

$$CH_3 - \underset{\underset{O}{\|}}{C} - S - CoA + \underset{\underset{\underset{COOH}{|}}{CH_2}}{\overset{\overset{COOH}{|}}{C}} = O \xrightarrow{+H_2O} HO - \underset{\underset{H_2C - COOH}{|}}{\overset{\overset{H_2C - COOH}{|}}{C}} - COOH + CoA - SH$$

„aktivierte" Essigsäure + Oxalessigsäure ⟶ Zitronensäure

Bei der Zitronensäure erfolgt enzymatisch (durch Akonitase) eine intramolekulare Umbildung (Isomerisierung), wobei Isozitronensäure entsteht. Diese Reaktion verläuft über die ungesättigte Akonitsäure, die durch Wasserabspaltung (Dehydratisierung) entsteht. Bei der folgenden Reaktion wird zunächst enzymatisch Wasserstoff abgespalten, der von NAD^+ oder $NADP^+$ aufgenommen wird, so daß Oxalbernsteinsäure entsteht. Aus dieser wird durch Abspaltung von CO_2 die α-Ketoglutarsäure gebildet. Aus letzterer entsteht durch gleichzeitige Abspaltung von Wasserstoff und Kohlendioxid (sog. oxydative Dekarboxylierung) ein C_4-Körper, die Bernsteinsäure. Dieser Reaktionsmechanismus ist kompliziert. An ihm beteiligen sich CoA, Thioctansäure und Thiaminpyrophosphat [1]. Gleichzeitig wird der Wasserstoff von NAD^+ und der Bernsteinsäurerest von CoA (Succinyl-CoA) aufgenommen. Die Bernsteinsäure (richtiger: ihre Salze, die Succinate) wird daraufhin durch die Succinodehydrogenase (Flavin-adenindinukleotid: FAD) zu Fumarsäure dehydriert, aus der durch Wasseranlagerung die Äpfelsäure gebildet wird. Von dieser wird enzymatisch die sekundäre Alkoholgruppe dehydriert (H-Akzeptor ist NAD^+), so daß eine Ketogruppe entsteht ($-CHOH-COOH \rightarrow -CO-COOH+H_2$), was wieder zur Bildung von Oxalessigsäure führt. Damit ist der Kreislauf geschlossen, den Abb. 50 nochmals zusammengefaßt zeigt. Bis auf die Bildung der Bernsteinsäure sind alle Reaktionen umkehrbar (reversibel; Doppelpfeile im Schema).

Ermittelt man die Anzahl der CO_2-Moleküle und die der H-Atome, die seit der CO_2- und Wasserstoffabspaltung von der Brenztraubensäure im Verlauf des Zitronensäurezyklus gebildet worden sind, so erhält man 2 CO_2-Moleküle und 8 H-Atome. Während des Kreislaufs ist nur ein Reaktionsmechanismus mit der Bildung von energiereichem Phosphat

---

[1] Dies ist ein Coenzym und enthält das Thiamin (Vitamin B_1, Aneurin); es wirkt gleichzeitig als Kodekarboxylase.

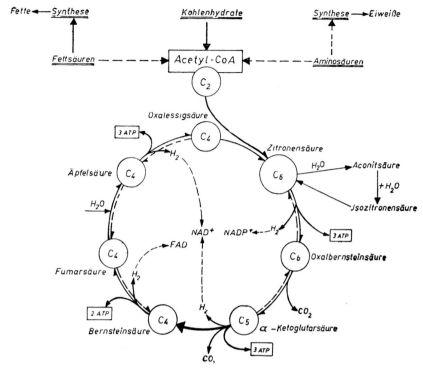

Abb. 50. Schema des Zitronensäurezyklus. (In Anlehnung an Prof. Erdmann, unveröffentlicht.) Die ATP-Mengen werden durch Oxydation des hier abgespaltenen Wasserstoffs in der Atmungskette gewonnen.

verknüpft, und zwar die Oxydation der α-Ketoglutarsäure zu Bernsteinsäure (1 ATP) [1]. Allerdings wird hier primär GTP gebildet, das aber sekundär mit ADP-ATP-System im Gleichgewicht steht. Somit werden im Zitratzyklus (bei Verwendung der Atmungskette) beim Abbau eines Azetylrestes 12 ATP und beim Abbau von 1 Mol Glukose 24 ATP gebildet.

Es hat sich aber gezeigt, daß nicht nur die Kohlenhydrate über die Brenztraubensäure mit Hilfe von Coenzym A in den Zitronensäurezyklus eingeschleust und dort zu CO_2 und H_2 abgebaut werden. Auch die Fettsäuren und teilweise die Aminosäuren werden unter Mitwirkung von Coenzym A und anderen Fermenten in den Zitronensäurezyklus eingeschleust und abgebaut.

Die Fettsäuren werden im Darm durch Einwirkung von Lipasen (S. 103) aus den Fettmolekülen freigemacht, in denen sie mit Glyzerin verestert

[1] Genauer: Bei der Übertragung der energiereichen Bindung.

sind. In der Zelle erfolgt ihr weiterer Abbau, wobei ihre langen Kohlenstoffketten (z. B. Palmitinsäure: $C_{15}H_{31}COOH$) unter Mitwirkung von Coenzym A und ATP nacheinander jeweils um 2 C-Atome abgebaut werden. Dies geschieht in der Weise, indem zunächst die Fettsäure durch die Verbindung mit Coenzym A reaktionsfähiger gemacht wird (Reaktionsschritt I im Schema). Dann wird zwischen dem 1. und 2. C-Atom nach der Karboxylgruppe (α- u. β-Stellung) durch enzymatische H_2-Abspaltung eine Doppelbindung gebildet (II). An die nun ungesättigte Fettsäure wird enzymatisch (Crotonase) Wasser angelagert, wodurch eine β-Hydroxyfettsäure mit einer sekundären Alkoholgruppe entsteht (III). Letztere wird anschließend durch Dehydrierung in eine Ketogruppe überführt, so daß eine β-Ketofettsäure vorliegt (IV). Nunmehr werden die beiden letzten C-Atome abgespalten (vor der Ketogruppe) und in Verbindung mit Coenzym A als aktivierte Essigsäure in den Zitronensäurezyklus eingeschleust (V), wie es die folgenden Reaktionen zeigen:

$$\text{I.} \quad R - \underset{\beta}{CH_2} - \underset{\alpha}{CH_2} - COOH + HS - CoA \xrightarrow{-H_2O} R - CH_2 - CH_2 - CO - S - CoA$$

$$\text{II.} \quad R - CH_2 - CH_2 - CO - S - CoA \xrightarrow{-H_2} R - CH = CH - CO - S - CoA$$

$$\text{III.} \quad R - CH = CH - CO - S - CoA \xrightarrow{+H_2O} R - \underset{\underset{OH}{|}}{CH} - CH_2 - CO - S - CoA$$

$$\text{IV.} \quad R - \underset{\underset{OH}{|}}{CH} - CH_2 - CO - S - CoA \xrightarrow{-H_2} R - \underset{\underset{O}{\|}}{C} - CH_2 - CO - S - CoA$$

$$\text{V.} \quad R - \underset{\underset{O}{\|}}{C} - CH_2 - CO - S - CoA \longrightarrow R - \underset{\underset{O}{\|}}{C} - + - CH_2 - CO - S - CoA$$

R = Fettsäurerest

Das restliche Fettsäuremolekül (R—CO—) reagiert wieder mit CoA, und die Reaktionen wiederholen sich, bis das Molekül abgebaut ist. Da hierbei das β-ständige C-Atom oxydiert (aus —CH_2— wird —CO—) wird, bezeichnet man den gesamten Reaktionsablauf als β - O x y d a t i o n.

Die Aminosäuren werden zum Teil zum Aufbau körpereigener Eiweiße verwendet, zum Teil aber auch mit Hilfe verschiedener Reaktionsmechanismen umgewandelt und im Zitratzyklus abgebaut. Dazu werden sie zunächst aus den Proteinen durch Proteasen freigemacht, welche die Peptidbindung spalten (hydrolysieren). Ihre Aufnahme durch die Zelle erfolgt mit Hilfe eines aktiven Transportmechanismus. Intrazellulär können sie auf drei Wegen dann abgebaut werden:

1. Desaminierung: $R-\underset{NH_2}{CH}-COOH + H_2O \longrightarrow R-\underset{O}{\overset{\|}{C}}-COOH + NH_3$

2. Dekarboxylierung: $R-\underset{NH_2}{CH}-COOH \longrightarrow R-\underset{NH_2}{CH_2} + CO_2$

3. Transaminierung: Bei dieser Reaktion wird nur die Aminogruppe auf eine Ketosäure übertragen, die dadurch zur Aminosäure wird. Die Reaktion wird durch Transaminasen katalysiert. Die größte Aktivität weisen die Glutamat-Oxalazetat-Transaminase (GOT) und die Glutamat-Pyruvat-Transaminase (GPT) auf. Ihre Erhöhung im Blut hat diagnostischen Wert (Hepatitis, Herzinfarkt).

Die Atmungskette. Der im Zitronensäurezyklus mit Hilfe von Fermenten abgespaltene Wasserstoff wird von den Cofermenten aufgenommen und an die Atmungskette herangetragen. Der aufgenommene Wasserstoff wird aber nicht unmittelbar durch den Luftsauerstoff oxydiert, da weder der Wasserstoff noch der molekulare Sauerstoff in dieser Form unter den gegebenen Bedingungen miteinander reagieren. Beide müssen erst reaktionsfähiger gemacht werden. Dies geschieht durch die Atmungskette. Diese ist ein recht kompliziertes Reaktionssystem, an dem mehrere Fermente teilhaben. Die beteiligten Enzyme sind gewissermaßen funktionell hintereinander geschaltet, so daß im ersten Teil der Atmungskette der Wasserstoff und anschließend sein Elektron von einem Ferment auf das nächste übertragen werden. Das auf diese Weise transportierte Elektron wird letztlich vom Atmungssauerstoff aufgenommen, wodurch dieser negativ geladen wird. Erst dann können sich zwei nunmehr positiv geladene Wasserstoffionen mit zweifach negativ geladenem Sauerstoff zu Wasser vereinigen: $2H^+ + O^{--} \longrightarrow H_2O$.

Diese Wasserstoff- bzw. Elektronenwanderung beginnt mit der Übernahme des Substratwasserstoffs von den hydrierten Coenzymen durch die sogenannten g e l b e n F e r m e n t e (Flavinenzyme).

Alle Flavine enthalten in ihrer Wirkgruppe das R i b o f l a v i n (Vitamin B_2), das aus Isoalloxazin und einem fünfwertigen Alkohol (Ribit) besteht; es liegt hier also kein N-Glykosid der Ribose vor. Das Coenzym des „alten gelben Fermentes" ist die Riboflavin-5'-phosphorsäure, die gewöhnlich als Flavinmononukleotid (FMN) bezeichnet wird, obwohl es sich genaugenommen nicht um ein Nukleotid handelt. Die meisten Flavinenzyme enthalten jedoch nicht das Mononukleotid, sondern das Flavin-adenin-dinukleotid (FAD), d. h., dieses Coenzym besteht aus dem Riboflavin und Adenosin, die durch zwei Phosphatgruppen (Pyrophosphat) miteinander verbunden sind.

Manche Flavinenzyme wirken direkt auf das dehydrierende Substrat ein, d. h., sie übernehmen den Wasserstoff ohne Mitwirkung (Zwischenschaltung) von NAD^+ und $NADP^+$ und übertragen ihn auf andere Systeme. Dies gilt z. B. für die Bernsteinsäurehydrogenase, die den Wasserstoff von der Bernsteinsäure aufnimmt, welche als Zwischensubstanz im Zitronensäurezyklus gebildet wird. Somit besteht eine unmittelbare Beziehung zwischen dem Substratzyklus und der Atmungskette.

Es ist außerdem sehr wahrscheinlich, daß ein Chinon-Hydrochinon-System als weiterer H_2-Überträger in die Atmungskette eingeschaltet ist, das den Wasserstoff von den hydrierten Pyridinnukleotiden übernimmt. Seine genaue chemische Beschaffenheit ist allerdings noch unbekannt. In Betracht kommen P h y l l o c h i n o n (Vitamin K$_2$), T o k o - c h i n o n (Vitamin E) und U b i c h i n o n (Coenzym Q). Es ist bemerkenswert, daß Ubichinon in größerer Menge in den Mitochondrien vorkommt, wo es möglicherweise am Aufbau der Membranstrukturen beteiligt ist. Phyllochinon und Ubichinon sind offenbar an Lipoproteide gebunden. Somit gibt es wahrscheinlich drei Wege, auf denen der Wasserstoff von den Substraten zu dem Z y t o c h r o m s y s t e m transportiert wird, und zwar: 1. von NAD^+ über die Flavinenzyme, 2. von NAD^+ über Phyllochinon und 3. ein direkter Weg vom Substrat Bernsteinsäure zu den Zytochromen (Abb. 51). Es ist nicht ausgeschlossen, daß hier noch Ubichinon zwischengeschaltet ist, denn die Bernsteinsäuredehydrogenase vermag Ubichinon zu reduzieren. Dies bedeutet, daß sie den Wasserstoff von der Bernsteinsäure auf Ubichinon übertragen kann. Ungeklärt ist ferner die Frage, auf welche Weise das Zytochrom b an der Succinatoxydation beteiligt ist. Vermutlich ist es jedoch nicht in den „Hauptweg" eingeschaltet, wie bislang angenommen worden ist.

Der auf einem der genannten Wege an die Zytochrome herangeführte Wasserstoff wird nun von diesen oxydiert, d. h., sie übernehmen sein Elektron, so daß er als positiv geladenes Ion vorliegt. Diese Eigenschaft der Zytochrome beruht auf ihrem zentral im Molekül gelegenen und komplex gebundenen Eisen-Ion. Wie schon lange bekannt, können Fe-Ionen durch Aufnahme und Abgabe von Elektronen ihre Wertigkeit ändern. Entsprechend werden hier die H-Atome durch die dreiwertigen Fe-Ionen (Fe^{3+}) oxydiert, wobei diese selbst zum zweiwertigen Ion (Fe^{2+}) reduziert werden:

$$H_2 + 2Fe^{3+} \longrightarrow 2Fe^{2+} + 2H^+ \text{ bzw:}$$

$$\text{Enzym-H} + \text{Zytochrom-}Fe^{3+} \longrightarrow \text{Zytochrom-}Fe^{2+} + H^+ + \text{Enzym}$$

Die hier angeführte Oxydation des Wasserstoffes und die Aufnahme der entsprechenden Elektronen erfolgt nach unserem gegenwärtigen Wissen durch das Zytochrom c. [1]

Anschließend werden die Elektronen vermutlich nicht erst auf ein Zytochrom a und a^3 [2] übertragen, sondern sogleich von der Z y t o -

---
[1] Die Atmungsfermente (Zytochrome) sind Hämoproteine und somit wie Hämoglobin gebaut (S. 22).
[2] Bei diesen handelt es sich offenbar um mesomere Zustandsformen der Zytochromoxydase.

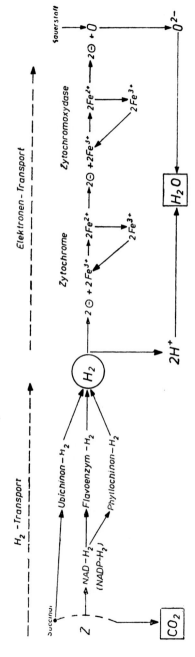

Abb. 51. Schema der Atmungskette. Z Zitronensäurezyklus. (Original)

chromoxydase (Warburgsches Atmungsferment) aufgenommen, das somit die Zytochrome oxydiert, ihr Eisen also wieder in die dreiwertige Form bringt.

Auch hier ist wieder ein zentral gebundenes Fe-Atom beteiligt, das durch Wertigkeitswechsel in die Atmungskette eingreift. Der bedeutsamste Unterschied dieses Enzyms gegenüber den Zytochromen besteht darin, daß es auch unter physiologischen Bedingungen autoxydabel ist, d. h. von Sauerstoff oxydiert wird. Die Zytochrome können also nur durch dieses Atmungsferment oxydiert werden. Demzufolge überträgt dieses Ferment seine Elektronen auf den Atmungssauerstoff, der dadurch negativ geladen wird. Nun erst kann sich der positiv geladene Wasserstoff mit dem negativ geladenen Sauerstoff zu Wasser vereinigen: $2H^+ + O^{--} \rightarrow H_2O$. Zytochrome und Zytochromoxydase werden auch als Warburg-Keilin-System bezeichnet. In Abb. 51 sind diese Vorgänge nochmals zusammenhängend dargestellt.

Der biologische Sinn dieser recht komplizierten Reaktionsfolge besteht offenbar darin, die bei der Oxydation des Substratwasserstoffs freiwerdende Energie stufenweise zu gewinnen, damit sie von der Zelle besser genutzt werden kann. Auch bei der Atmungskette ist als wichtige zellphysiologische Tatsache zu vermerken, daß die gewonnene Oxydationsenergie zum Aufbau energiereicher Adenosinphosphate verwendet wird. Man bezeichnet daher diese Vorgänge als oxydative Phosphorylierung. Nach zahlreichen Befunden werden auf diese Weise 36 Moleküle ATP gebildet, also 18mal soviel wie bei der Glykolyse.

Stellen wir in Betracht, daß bei der Oxydation von 1 Mol $NADH_2$ mit $0.5\ O_2$ drei Mol ATP gebildet werden (eine etwa 40%ige Energieausbeute), so ergibt sich beim Abbau von 1 Mol Glukose (2 Mol Triose) bei Verwendung der Atmungskette folgende Energiebilanz:

Glykolyse (Substratphosphorylierung)	= 2 ATP
Oxydation der bis zum Azetyl-CoA gebildeten 4 Mol $NADH_2$	= 12 ATP
Zitronensäurezyklus	= 24 ATP
	38 ATP

3.5.3.3. Die Regulierung des Energiestoffwechsels

Da die anaerob verlaufende Glykolyse zumindest einen großen Teil der Substrate für die biologische Oxydation liefert, ist ohne weiteres der enge Zusammenhang zwischen beiden Vorgängen ersichtlich. Demzufolge bilden wohl auch alle aeroben Zellen unter anaeroben Bedingungen Milchsäure. Diese Reaktion wird jedoch nach Sauerstoffzutritt wieder vollständig zurückgedrängt. Eine Ausnahme machen in dieser Hinsicht die Tumorzellen, die Leukozyten und die Zellen der Netzhaut, die auch bei Sauerstoffzutritt Milchsäure bilden (aerobe Glykolyse). Diese

Hemmung der anaeroben Milchsäuregärung durch Sauerstoffzutritt wird allgemein als P a s t e u r - Reaktion bezeichnet.

Der Mechanismus dieser Reaktion ist noch nicht restlos geklärt, doch konnte W a r b u r g zeigen, daß der Sauerstoff nicht wirksam ist. Wird nämlich die Atmung durch Blausäure oder Kohlenmonoxid gehemmt, so tritt kein P a s t e u r - Effekt ein, d. h., die Zelle bildet weiterhin Milchsäure, obwohl der Sauerstoff zur Zelle Zutritt hat. Demzufolge muß es ein mit der Atmung verbundener Vorgang sein, der diese Hemmwirkung auf die Glykolyse ausübt. Verschiedene Untersuchungen haben wahrscheinlich gemacht, daß das Verhältnis von Milchsäurebildung und Atmung von der Menge des anorganischen Phosphats bestimmt wird, das der Zelle zur Verfügung steht.

Bekanntlich benötigt der Atmungsablauf bedeutend mehr anorganisches Phosphat als die Glykolyse, da bei ersterer mehr energiereiches ATP gebildet wird. Aber auch die Glykolyse braucht anorganisches Phosphat und für mehrere Reaktionen auch ADP als Phosphatakzeptor. Da die Atmung aber mit einer intensiven Phosphorylierung verbunden ist, also anorganisches Phosphat und ADP verbraucht, kommt es zu einer Verminderung dieser Substanzen in der Zelle und damit auch zur Hemmung der Milchsäurebildung. Bei Sauerstoffmangel erfolgt dagegen keine oxydative Phosphorylierung, so daß durch Spaltung von ATP genügend Phosphat und ADP zur Verfügung stehen.

Im Experiment kann die oxydative Phosphorylierung z. B. durch Dinitrophenol „entkoppelt" werden, so daß trotz fortgesetzter Atmung keine Phosphorylierung erfolgt, wie dies normalerweise der Fall ist. Die Atmung hat keinen Einfluß auf die Glykolyse, so daß sie trotz Sauerstoffzutritts weiter anhält („aerobe Gärung"). Möglicherweise kommen hier aber noch andere Vorgänge und Faktoren in Betracht. So weiß man, daß auch noch Hormone auf die Atmung regulierend einwirken. Im Versuch läßt sich zeigen, daß die Schilddrüsenhormone, die ja normalerweise einen entscheidenden Einfluß auf die Intensität des Stoffwechsels haben — und zwar in erster Linie auf den Kohlenhydratstoffwechsel —, in größeren Mengen die oxydative Phosphorylierung entkoppeln. In ähnlicher Weise wirken auch die Ca-Ionen, die vermutlich die Durchlässigkeit (Permeabilität) der Mitochondrienmembranen beeinflussen. Insofern dürfte auch die Wirkung des Insulins auf den gesamten Energiestoffwechsel bedeutsam sein, da es gewissermaßen den „Nachschub" der Glukose in die Zelle reguliert, indem es wahrscheinlich den Durchtritt dieses Substrates durch die Zellmembran steuert.

3.5.4. Der Stoffaustausch

3.5.4.1. Passiver und aktiver Stofftransport

Im ersten Kapitel ist die Zelle als morphologische Einheit dargestellt worden. In dieser Form befindet sie sich als Einzelzelle (Protozoen, Blutzellen) oder auch gemeinsam mit weiteren Zellen eines Gewebes in einem bestimmten Milieu, dessen Hauptbestandteil das Wasser ist. In diesem Wasser, ganz gleich, ob es sich um Meerwasser, Süßwasser oder Körperflüssigkeiten handelt, sind zahlreiche Substanzen gelöst, die für die Zelle lebensnotwendig sind. In erster Linie handelt es sich hierbei um verschiedene anorganische Salze. Da die gelösten Salze E l e k t r o - l y t e sind, liegen sie gewöhnlich nicht in ihrer Molekülform vor, sondern sind in ihren Basen- und Säureanteil gespalten (dissoziiert) und erscheinen somit als positiv geladene Kationen bzw. als negativ geladene Anionen. Auf diese Weise dissoziiert z. B. Natriumchlorid (Kochsalz) in Natrium-Ionen und Chlor-Ionen: $NaCl \rightarrow Na^+ + Cl^-$. Außer Na^+ und Cl^- sind auch noch Kalium-Ionen (K^+), zweiwertige Kalzium-Ionen (Ca^{++}) und Magnesium-Ionen (Mg^{++}) sowie als Anionen noch Sulfat-Ionen (SO_4^{--}), Bikarbonat-Ionen (HCO_3^-) und Phosphat-Ionen (PO_4^{---}) vorhanden. Zu den genannten Ionen kommen noch einige Elemente in Spuren vor sowie im Blut auch noch Glukose, Aminosäuren und gelöste Proteine sowie Fette und Fettsäuren. Da es sich bei Fetten und Fettsäuren um Verbindungen handelt, die im Wasser nur sehr wenig oder gar nicht löslich sind, sind diese an Eiweißkörper des Blutplasmas gebunden (α- und β-Globuline). Unter pathologischen Bedingungen (z. B. bei Leberstörung, Alkoholismus) ist der Überschuß der Fette als Emulsion vorhanden, die dem Blut ein milchiges Aussehen verleiht (Lipämie).

Die chemische Zusammensetzung des Zellmilieus ist aber auch hinsichtlich der Elektrolyte nicht einheitlich. Das Meerwasser ist bedeutend salzreicher als das Süßwasser, was sich bei den Protozoen darin äußert, daß die Arten des Süßwassers mit pulsierenden Vakuolen versehen sind, während sie den marinen fehlen (S. 100). Wird z. B. das Sonnentierchen *(Actinophrys sol)* vom Süßwasser in Meereswasser gebracht, das die gleiche Salzkonzentration wie das Zellinnere aufweist, so unterbleibt die Vakuolenbildung.

In den Begriff „Zellmilieu" kann man außer dem umgebenden Medium auch noch das Zellinnere einbeziehen und so ein „äußeres" und „inneres" Zellmilieu unterscheiden. Auch bei letzterem ist das Wasser der Hauptbestandteil und als Reaktionsmilieu unentbehrlich. Ein Anteil ist allerdings nicht frei, sondern als sogenanntes H y d r a t i o n s - w a s s e r an bestimmte Makromoleküle der Zellstrukturen angelagert, wodurch sich deren optische Homogenität im lebenden Zustand erklärt. Dieses Wasser steht nicht zur Lösung von Substanzen zur Verfügung. Man kann also demzufolge einen die Zelle umgebenden oder e x t r a - z e l l u l ä r e n Flüssigkeitsraum von einem in den Zellen befindlichen oder i n t r a z e l l u l ä r e n unterscheiden.

Das Wasser hat aber nicht nur eine große Bedeutung als Reaktionsmilieu für die verschiedenen biochemischen Vorgänge, sondern ist auch wegen seiner Transportfunktion (Vehikelfunktion) unentbehrlich. In diesem Sinne besorgt es den Antransport der Substrate für den Energiestoffwechsel zu den einzelnen Zellen und den Abtransport der Endprodukte, die zum Teil als schädliche „Schlacken" wieder aus dem Zellraum und dem Organismus entfernt werden müssen. Somit zeichnet sich eine Wasserbewegung in beiden Flüssigkeitsräumen ab. Ein solches „Fließen" des Wassers ist für die Zelle lebensnotwendig. Da alle Zellen als morphologische Einheit von einer Zellmembran begrenzt werden, taucht hier natürlich die Frage auf, wie diese „Barriere" von dem Wasser und den darin gelösten Substanzen überwunden wird.

Grundsätzlich gibt es für das Eindringen (Penetration) von Wasser und die darin gelösten Stoffe zwei Möglichkeiten: eine passive Diffusion durch morphologisch vorgebildete Poren und zum anderen eine aktive „Durchschleusung" durch die „porenlose" Membran unter Beteiligung bestimmter Substanzen und Membranstrukturen. Wie bereits auf S. 31 angeführt, sind an der Zellmembran auch elektronenoptisch keine Poren zu erkennen. Mit physikalischen Methoden lassen sich zwar Anhaltspunkte für eine Porenstruktur ermitteln, doch ist damit weder ihre Existenz noch ihre Weite erwiesen.

Allgemein bezeichnet man die Durchlässigkeit von Membranen für Wasser und die darin gelösten Stoffe als P e r m e a b i l i t ä t. Ist eine Membran nur für Wasser, nicht aber für die darin gelösten Stoffe passierbar, so ist sie h a l b d u r c h l ä s s i g (semipermeabel). Der Durchtritt von Wasser durch eine Membran läßt sich besonders dann deutlich beobachten, wenn sich vor einer Membran reines Wasser befindet und hinter der Membran eine Salzlösung. Ist bei solchem Versuch der Flüssigkeitsspiegel vor und hinter der Membran gleich hoch, so ist nach einer gewissen Zeitspanne das Volumen der Salzlösung vermehrt worden, d. h., es sind also Wassermoleküle aus dem reinen Wasser durch die Membran in die Salzlösung gedrungen. Diese Erscheinung heißt allgemein O s m o s e [1]. Der Wasserdurchtritt kann verhindert werden, wenn der Druck über der Salzlösung erhöht wird. Dadurch wird gewissermaßen die „Saugkraft" der Salzlösung gegenüber dem reinen Wasser aufgehoben bzw. vermindert. Diese Saugkraft einer Lösung bezeichnet man als ihren o s m o t i s c h e n Wert. Er ist um so höher, je konzentrierter eine Lösung ist und umgekehrt. Bei dem Durchtritt von Wasser durch Membranen spielen also offensichtlich die Elektrolyte eine wesentliche Rolle. Sind zwei Lösungen von unterschiedlicher Konzentration durch eine semipermeable Membran voneinander getrennt, so erfolgt dementsprechend so lange eine Wasserwanderung von der verdünnteren in die konzentrietere Lösung, bis beide den gleichen osmotischen Wert haben, oder mit anderen Worten: von der h y p o t o n i s c h e n in die h y p e r t o n i s c h e Lösung, bis beide i s o t o n i s c h sind [2]. Daraufhin spielen die Elektrolyte für die Was-

---

[1] osmós (gr.) = Antrieb, Stoß
[2] hypó (gr.) = unter; tónos (gr.) = Druck, Spannung; hypér (gr.) = über; ísos (gr.) = gleich

serbewegung keine Rolle mehr. Bei isotonischen Verhältnissen beruht die Wasserbewegung nur noch auf einer thermodynamischen Diffusion, wobei die Anzahl der diffundierten Wassermoleküle in beide Richtungen gleich groß ist.

Hinsichtlich der osmotischen Verhältnisse einer Zelle kommt den Elektrolyten zweifellos die größte Bedeutung zu. Sie haben damit eine wichtige Funktion zu erfüllen. Bemerkenswert ist, daß die Zellen und Körpersäfte der Süßwasserorganismen gegenüber ihrem äußeren Milieu ständig hypertonisch sind. Da aber demzufolge ein steter Wasserstrom in die Organismen bzw. deren Zellen eindringt, müssen diese Organismen für eine ununterbrochene Wasserausscheidung Sorge tragen. Zweifellos hat die schon erwähnte pulsierende Vakuole der Protozoen in diesem Sinne eine osmoregulatorische Funktion zu erfüllen.

Viele Süßwassertiere allerdings, bei denen wenig oder kein Wasser passiv durch die Körperoberfläche dringt, halten daher die osmotischen Verhältnisse dadurch aufrecht, indem sie mit Hilfe von Transporteinrichtungen Salze „aktiv" aus dem hypotonischen Milieu aufnehmen. Bei Krebsen und Fischen spielen hierbei die Kiemen und bei Lurchen die Haut eine Rolle. Umgekehrt finden sich bei Meerestieren, die mit ihrer Nahrung fortlaufend große Salzmengen aufnehmen, Vorrichtungen, mit denen sie den Salzüberschuß wieder entfernen. Solche Einrichtungen sind z. B. die Buccaldrüsen der Wale und die Salzdrüsen der Meeresvögel. Die Tubulusepithelzellen der Salzdrüsen, die mit ihrem basalen Teil an eine Blutkapillare grenzen, können z. B. NaCl in 5%iger Konzentration ausscheiden.

Zu der Feststellung, daß die im Süßwasser lebenden Zellen gegenüber der Umgebung hypertonisch sind, kommt noch die interessante Tatsache, daß die intrazelluläre Flüssigkeit in der Zusammensetzung ihrer Elektrolyte von der der extrazellulären zum Teil beträchtlich abweicht. So sind die allermeisten Zellen reich an K^+, jedoch arm an Na^+ und Cl^-. Dagegen haben das Blutplasma und die Gewebeflüssigkeit einen relativ hohen Gehalt an Na^+ und Cl^-, sind aber arm an K^+. Eigenartigerweise ist der Gehalt an K^+ und Na^+ der Erythrozyten bei verschiedenen Organismen recht unterschiedlich.

Auf Grund dieser Kenntnisse herrschte lange die Meinung, daß die Zellmembran für Ionen unpassierbar (impermeabel) sei. Inzwischen konnte aber anhand zahlreicher Versuche bewiesen werden, daß auch die Ionen die Zellmembran passieren können. Recht eindrucksvoll konnte dies mit Hilfe radioaktiver Elemente bewiesen werden. So ist beispielsweise ermittelt worden, daß die roten Blutkörperchen von Katzen innerhalb von einer Stunde 45% ihres Gehaltes an K^+ austauschen. Wenn trotzdem hinsichtlich des Gehaltes der Zelle an Na^+ und K^+ eindeutige Unterschiede bestehen, dann muß diese Fähigkeit zur Auswahl von Kationen (Selektion) eine allgemeine Eigenschaft der Zelle sein.

Diese Konzentrationsunterschiede von Ionen zwischen intra- und extrazellulären Räumen sowie die Exkretion konzentrierter Salzlösungen bzw. die Aufnahme von Salzen gegen ein Konzentrationsgefälle setzt bestimmte zelleigene Mechanismen voraus, deren Summe als „aktiver Transport" bezeichnet wird. Physiologisch lassen sich hier drei Transportmechanismen unterscheiden: 1. der Transport in die Zelle (z. B. Aufnahme von K^+), 2. der Transport aus der Zelle (z. B. Ausscheidung von Na^+) und 3. der Transport von Stoffen durch die Zelle (transzellulär). Die Konzentrationsunterschiede von K^+ und Na^+ innerhalb und außerhalb der Zelle werden zweifellos unter Energieaufwand aufrechterhalten, wobei ständig K^+ in die Zelle hinein- und Na^+ aus der Zelle herausgepumpt werden (sog. Natrium-Kalium-Austauschpumpe). Dieser Prozeß spielt offenbar bei der Erregung der Nervenfaser eine entscheidende Rolle (S. 218). Daß diese Vorgänge Energie erfordern, zeigt sich z. B. daran, daß nach Blockierung der „Natriumpumpe" mit Cyanid bei der Nervenfaser der Na^+-Transport wieder in Gang kommt, wenn ATP in die Zelle injiziert wird. Es ist also sehr wahrscheinlich, daß ATP ganz allgemein die Energiequelle für die Natriumpumpe ist und durch eine ATPase hydrolisiert wird. Dieses Ferment hat seinen Sitz vermutlich auf der Innenseite der Zellmembran. Untersuchungen an roten Blutzellen und Nervenzellen sprechen dafür, daß pro gespaltenem ATP-Molekül etwa vier Na^+ aus der Zelle gepumpt werden.

In diesem Sinne können auch die Untersuchungen an den Strukturen von Muskelzellen gedeutet werden, die Kalzium speichern. Danach ist die Ca-Aufnahme mit der Spaltung einer äquivalenten Menge ATP verbunden. Die Bedeutung des ATP für den Ionentransport wird auch durch das Vorkommen von Enzymen in der Zellmembran gestützt, die das ATP spalten (ATPase). Ungeklärt ist allerdings noch, auf welche Weise der Transport der Ionen durch die Zellmembran erfolgt. Zahlreiche Ermittlungen deuten auf einen Trägermechanismus hin, wobei zunächst K-Ionen in die Zelle hinein- und anschließend Na-Ionen aus der Zelle heraustransportiert werden. Hierbei muß allerdings das Trägermolekül seine Affinität zu K^+ und Na^+ ständig wechseln, d. h., es muß extrazellulär K^+ binden und sie in der Zelle wieder freigeben und entsprechend umgekehrt bei Na^+ verfahren. Noch weniger wissen wir über die chemische Beschaffenheit der Trägersubstanz. Ob es sich dabei um Phosphatidsäure handelt, die an der Innenseite der Membran durch Reaktion mit ATP entsteht und an der Außenseite durch Phosphatase wieder gespalten wird, ist ungewiß. Alles in allem muß man die unterschiedliche Verteilung der einzelnen Ionen als eine Leistung der Zelle betrachten, die sie in Verbindung mit ihrer Membranstruktur und ihrem Stoffwechsel vollbringt. Eine unterschiedliche Permeabilität für Anionen und Kationen ist sicherlich bedingt durch entsprechende Ladungsverhältnisse der Membranstrukturen. Demzufolge werden positiv geladene Membranporen den Durchtritt von Kationen verhindern, während negative keine Anionen passieren lassen.

Für die Energiegewinnung und den Aufbau von Strukturen benötigt die Zelle darüber hinaus aber auch noch Zucker, Fettsäuren, Aminosäuren und organische Basen. Dies bedeutet, daß diese organischen Moleküle die Zellmembran passieren müssen, wobei es sich zum Teil um Nichtelektrolyte handelt. Für das Eindringen organischer Moleküle in die Zelle gelten teilweise gewisse Regeln, für die ihre Löslichkeit verantwortlich ist. So können wasserlösliche (hydrophile) Moleküle unabhängig von ihrer chemischen Natur nur dann eindringen, wenn ihr Molvolumen, also ihre Molekülgröße, einen bestimmten Grenzwert nicht überschreitet. Diese Tatsache spricht für eine Porenstruktur der Zellmembran von begrenztem Durchmesser, die gewissermaßen als Ultrafilter wirkt. Dagegen gibt es zahlreiche verschiedene organische Substanzen, die nicht hydrophil, sondern lipophil sind, d. h., sie lösen sich relativ leicht in Lipoiden. Bei diesen ist die Molekülgröße offensichtlich kein so scharf begrenzender Faktor, so daß auch noch größere Moleküle penetrieren können. Bei einem Teil von organischen Molekülen ist also das Molvolumen, bei einem anderen ihre Lipoidlöslichkeit der entscheidende Permeabilitätsfaktor. Auf Grund dieser Beobachtungen hat man daher auch häufig versucht, das unterschiedliche Verhalten der Stoffe mit Hilfe der Lipoid-Poren-Theorie zu erklären, wonach einmal die Lipoidlöslichkeit und zum anderen die Molekülgröße wesentlich ist.

Es ist nun aber wahrscheinlich, daß für manche organischen Substanzen noch andere Faktoren für ihr Eindringen in Betracht kommen. Dies dürfte vor allem für die „physiologischen" Zucker gelten, deren Permeabilität offenbar nicht auf einer Diffusion, sondern auf besonderen Transportmechanismen beruht. So deuten einige Befunde darauf hin, daß hierbei das Zuckermolekül vorübergehend mit einem Bestandteil der Zellmembran einen Komplex bildet. Bemerkenswert ist hier, daß von der D- und L-Glukose nur die D-Form in die Zelle eindringt.

3.5.4.2. Pinozytose und Phagozytose

Außer dieser „passiven" bzw. „aktiven" Aufnahme von anorganischen Ionen bzw. organischen Molekülen gibt es bei tierischen Zellen noch zwei andere Formen von Stoffaufnahme, und zwar die Pinozytose und die Phagozytose[1]. Unter Pinozytose versteht man die Aufnahme von Tröpfchen („Trinken") durch die Zelle. Sie wurde von Lewis (1937) bei Amöben und Zellen der Gewebekultur entdeckt und besteht darin, daß sich die Zellmembran an bestimmten Stellen eindellt und schließlich schlauch- und bläschenförmige Einstülpungen

---

[1] pino (gr.) = ich trinke; phágo (gr.) = ich esse

erkennen läßt (Abb. 48 S. 99). Aber auch Pseudopodien können Tröpfchen umgeben, die dadurch in das Zytoplasma gelangen. Wenn die Substanzaufnahme nicht durch Pseudopodienbildung, sondern durch Abschnürung von submikroskopisch kleinen Vesikeln erfolgt, spricht man von M i k r o p i n o z y t o s e (Abb. 83). Das Wesentliche der Pinozytose besteht jedoch nicht darin, bestimmte Flüssigkeitsmengen, sondern die darin gelöste Substanz aufzunehmen. Häufig transportieren die Pinozytosebläschen Substanz durch die Zelle. Einen solchen transzellulären Passagemechanismus bezeichnet man als Z y t o p e m p s i s [1]. Dieser Vorgang spielt wahrscheinlich bei Endothelzellen eine bedeutsame Rolle (S. 175) [2]. Als eine Sonderform der Pinozytose kann man die R h o p h e o - z y t o s e (schlürfen) ansehen, bei der vor allem Makromoleküle durch Einfaltung der Zellmembran vom Zytoplasma aufgenommen werden, wie z. B. das Ferritin von Erythroblasten (S. 129). Im Innern der Zelle bleiben die Tröpfchen von einer Membran umgeben (Pinozytosebläschen), deren Wandung hinsichtlich Aufbau und Dicke offenbar der Zellmembran entspricht.

Auf dem Weg der Pinozytose gelangen nicht nur Wasser, sondern auch darin gelöste Ionen, Proteine und Glukose in die Zellen. Allerdings wird Glukose hierbei nur dann aufgenommen, wenn Proteine zugegen sind. Die Pinozytose ist bei Amöben und auch bei anderen Protozoen weit verbreitet. Bei Metazoen ist sie, außer bei Leukozyten, auch noch bei zahlreichen anderen Zellen beobachtet worden. Gleichwohl wissen wir über die eigentliche biologische Bedeutung dieser Erscheinung kaum etwas und müssen weitere Untersuchungen abwarten.

Bei der Phagozytose handelt es sich um einen Vorgang, bei dem von der Zelle größere Teilchen in Form von kolloiden Metallen, Metalloxiden, Farbstoffpartikeln und Fetttröpfchen aufgenommen werden. Biologisch und medizinisch bedeutsam ist die Phagozytose von Mikroorganismen (Bakterien) durch Granulozyten und von Zellresten und ganzen Zellen durch die Zellen des retikulo-endothelialen Systems (RES). Seine Bauelemente sind die Retikulumzellen und die Sinusendothelzellen der lymphatischen Organe (Milz, Thymus, Lymphknoten), des Knochenmarks und der Leber (S. 176).

Ihre typische Phagozytose- und Speicherfunktion zeigen diese Zellen unter bestimmten pathologischen Bedingungen besonders deutlich, wie z. B. bei der Lipoidspeicherkrankheit (Morbus G a u c h e r), wo sie zu großen, schaumartigen Elementen werden (G a u c h e r - Zellen). Eine Phagozytosetätigkeit üben auch die H i s t i o z y t e n aus, die formalgenetisch zum retikulumzellulären System gerechnet werden. Dies gilt auch für die Fettzellen, die eine besondere Funktionsform der Retikulumzelle darstellen und große Mengen Fetttröpfchen aufnehmen und speichern (S. 177).

[1] pempein (gr.) = zusenden
[2] Phagozytose und Pinozytose kann man auch als Endozytose zusammenfassen.

Die Retikulumzellen phagozytieren in erster Linie Erythrozyten, Lymphozyten und Teile von letzteren. Die Aufnahme von Lymphozyten und deren Fragmente kann man z. B. in beträchtlichem Umfang in den lymphatischen Organen nach Röntgenbestrahlung mit subletalen Dosen beobachten. Dabei wird ein Teil (je nach Dosishöhe) der Lymphozyten so stark geschädigt, daß sie nach wenigen Stunden zugrunde gehen. Das auffälligste Kennzeichen solcher Zellen ist die P y k n o s e [1] ihres Kernes, die sich elektronenoptisch in einer starken Verdichtung des Chromatins äußert. Bald darauf setzt eine lebhafte Phagozytosetätigkeit der Retikulumzellen ein, so daß nach wenigen Tagen sämtliche geschädigten Lymphozyten aus den genannten Organen verschwunden sind.

Der Mechanismus dieser Aufnahme von Zellfragmenten und ganzen Zellen ist noch nicht geklärt. Dies gilt auch für den Abbau der phagozytierten Zelle innerhalb der Retikulumzelle, obwohl man verschiedene Abbaustadien beobachten kann. Die angeführte lymphozytäre Phagozytose findet jedoch auch in geringem Maße unter normalen Bedingungen statt. Dies betrifft ebenfalls die roten Blutkörperchen, von denen etwa $1^0/_0$ täglich durch diese Zellen aufgenommen und abgebaut werden. Dabei wird das Hämoglobin nach Abspaltung des Globins (Eiweiß) bis zum Eisen und B i l i r u b i n [2] abgebaut. Das Eisen wird in Form von F e r r i t i n (etwa $25^0/_0$ Fe) und H ä m o s i d e r i n (30 bis $35^0/_0$ Fe) als Depoteisen gespeichert und dem Körper wieder zur Verfügung gestellt. Die Speicherung erfolgt vor allem in den Retikulumzellen der Milz, des Knochenmarks, der Leber sowie in den Zellen der Dünndarmschleimhaut. Der Transport des Eisens erfolgt im Blutplasma in Form von T r a n s f e r r i n (ein Glykoproteid).

Im Ferritin ist das Eisen als dreiwertiges Eisenhydroxid an Eiweiß (Apoferritin) gebunden. Elektronenmikroskopisch erscheint es in Form dunkler Granula, die allerdings bei starker Vergrößerung (etwa 800 000fach) jeweils aus 4 quadratisch angeordneten Körnchen mit einem Durchmesser von 27 Å bestehen. In dieser Form gelangen sie vom Zytoplasma der Retikulumzellen durch Rhopheozytose (S. 128) in die Erythroblasten, in denen dann das Ferritin (in Mitochondrien?) aufgelöst wird und zum Aufbau von Hämoglobin verwendet werden kann.

Die Phagozytose ist keine spezielle Funktion der Zellen der RES der Wirbeltiere, sondern ist auch bei vielen Protozoen sowie bei Schwämmen, Hohltieren, Strudelwürmern und anderen Wirbellosen beobachtet worden.

---

[1] pýknos (gr.) = dicht
[2] Im Bilirubin sind die vier Pyrrolmoleküle nicht ringförmig wie beim Porphin, sondern linear angeordnet.

3.5.5. Die Zellvermehrung und das Zellwachstum

Das Wachstum der Organismen beruht auf zwei Grundvorgängen: der Zellvermehrung und dem Zellwachstum. Bei der Zellvermehrung unterscheidet man zwei Formen: die indirekte und die direkte Zellteilung. Der Unterschied zwischen beiden besteht darin, daß sich bei der indirekten zu Beginn der eigentlichen Teilung im Kern aus dem Chromatin charakteristische Kernfäden oder Chromosomen[1] herausbilden. Man bezeichnet sie daher auch als Mitose[2], während die direkte auch Amitose heißt. Für alle Metazoen und auch für alle genauer bekannten Protozoen ist die Mitose typisch.

3.5.5.1. Die Mitose

Morphologie und Mechanismus. Beim Ablauf der Mitose kann man mehrere Phasen unterscheiden, die sich mehr oder weniger deutlich abgrenzen lassen. Zunächst werden zu Beginn einer Zellteilung verschiedene Zelldifferenzierungen in Form von Geißeln, Wimpern und dgl., soweit solche vorhanden sind, zurückgebildet. Dann beginnt das erste Stadium der indirekten Teilung, die Prophase[3]. Während dieser Phase entstehen aus dem Kerngerüst lange, dünne, häufig gekrümmte Schleifen oder Fäden, die Chromosomen. Das Kernkörperchen löst sich entweder auf oder bleibt an den Vorgängen unbeteiligt und löst sich später auf. Gleichzeitig mit der Herausbildung der Chromosomen teilt sich das neben dem Kern gelegene Zentralkörperchen (Abb. 52). Vielfach ist bereits in diesem Stadium eine Verdoppelung der Chromosomen sichtbar. Die beiden Tochterzentrosomen trennen sich nunmehr räumlich voneinander und wandern an die entgegengesetzten Kernpole. Dabei bildet sich zwischen beiden eine Art Plasmastrahlung aus, die sogenannte Zentrosphäre oder Zentralspindel. Vereinzelte, von den Tochterzentrosomen in das Plasma ziehende Strahlen werden als Polstrahlen bezeichnet. In diesem Stadium werden auch die Kernmembran und, soweit noch vorhanden, der Nukleolus aufgelöst. Dadurch liegen die Chromosomen frei in dem Gemisch von Zytoplasma und dem restlichen Kerninhalt (Mixoplasma). Damit ist die Prophase abgeschlossen.

Mit den weiteren Vorgängen setzt die Metaphase[4] ein. In dieser Phase gruppieren sich die einzelnen Chromosomen um den Äquator der Zentralspindel und bilden dadurch eine „Äquatorialplatte". Schleifenförmige Chromosomen sind dabei gewöhnlich derartig angeordnet, daß ihre Krümmung der Zentralspindel zugekehrt ist und die Schenkel nach

---

[1] chrôma (gr.) = Farbe
[2] mítos (gr.) = Faden
[3] pro (lat.) = vor
[4] metá (gr.) = nach, danach

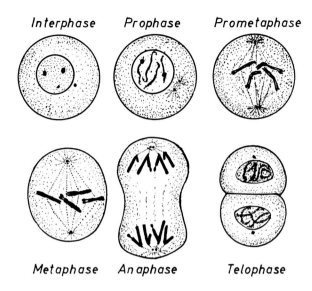

Abb. 52. Schema der Mitose.

außen gerichtet sind. Auf diese Weise zeichnet sich das Bild einer sternähnlichen Figur ab (sog. Diaster-Stadium). Bis zu diesem Zeitpunkt ist auch die Verdoppelung und Spaltung der Chromosomen endgültig durchgeführt, so daß eine der Chromosomenzahl der Zelle entsprechende Anzahl von Chromosomenpaaren vorhanden ist. Jede Chromosomenhälfte ist jetzt mit „Zugfasern" der Zentralkörperchen verbunden, wobei jeweils die eine Spalthälfte mit den Zugfasern des einen und die andere Hälfte mit den Zugfasern des anderen Zentralkörperchens in Verbindung tritt. Damit ist die Metaphase beendet.

Ein drittes Stadium wird als A n a p h a s e [1] bezeichnet. Während dieser verlängert sich die Zentralspindel, wodurch gleichermaßen die Tochterchromosomen voneinander getrennt werden (Abb. 52). Auf diese Weise gelangen die Tochterchromosomen zu ihrem jeweiligen Zentralkörperchen, so daß die ungespaltenen Tochterchromosomen an den beiden Polen zwei „Tochterplatten" bilden. Gelegentlich lassen diese bereits wieder eine Spaltung erkennen.

Auf diese Anaphase folgt als letztes Stadium die T e l o p h a s e [2]. In dieser verlängern sich die Tochterchromosomen, weichen auseinander und bilden wieder das Chromatingerüst des Kernes. Gleichzeitig wird mit diesen Vorgängen um die beiden Chromosomenanteile jeweils eine

[1] aná (gr.) = auf, hinauf
[2] télos (gr.) = Ziel

neue Kernmembran gebildet, so daß nunmehr zwei Tochterkerne vorhanden sind. Desgleichen werden auch die Kernkörperchen neu gebildet. Nun erfolgt auch eine Durchschnürung des Zytoplasmas, die von der Zellperipherie aus beginnt und allmählich zentralwärts fortschreitet, bis die Teilung vollständig ist. Inzwischen haben sich auch die Polstrahlen wieder zurückgebildet, und die Zentralkörperchen befinden sich wieder in Kernnähe der beiden Tochterzellen. In vereinzelten Fällen kann allerdings die Durchschnürung des Zytoplasmas unterbleiben. Nach Abschluß der Mitose tritt der Kern bis zu Beginn einer neuen Teilung in das „Ruhestadium" und wird dann auch als Interphasekern („Ruhekern") bezeichnet. Aus dem Ablauf der hier dargestellten Vorgänge wird der Sinn der Mitose klar: gleichmäßige Verteilung der Chromatinstrukturen, d. h. der Desoxyribonukleotide.

Die Dauer des Mitoseablaufs ist bei den verschiedenen Zellen unterschiedlich und schwankt zwischen wenigen Minuten und mehreren Stunden. Bei den verschiedenen Säugetierzellen ist die Zeit für den Ablauf der Mitose ziemlich konstant und beträgt durchschnittlich 25 bis 30 Minuten. Diese Zeit gilt auch für Tumorzellen. Abweichungen in der Mitosehäufigkeit beruhen somit auf Unterschieden der Interphasestadien. Auch die einzelnen Phasen variieren in dieser Hinsicht beträchtlich. Einen deutlichen Einfluß auf die Teilung bei Warm- und auch Kaltblütlern hat die Temperatur, wobei ihre Erhöhung auch eine beschleunigte Teilung zur Folge hat. Aber auch Hunger und einseitige Ernährung vermindern die Häufigkeit der Mitose in einem bestimmten Zeitabschnitt, was auch als M i t o s e r a t e bezeichnet wird.

Bemerkenswert ist, daß sich die Mitosen bei den verschiedenen Geweben in einer gewissen Rhythmik vollziehen, d. h., das Maximum der Mitosen fällt in einen bestimmten Zeitpunkt, der z. B. bei regenerierender Mäuseleber etwa bei 2 Uhr nachts liegt. Möglicherweise wirkt die Zellaktivität als hemmender Faktor auf die Mitose. Interessant ist, daß aus Spermien eine Substanz ermittelt werden konnte, die stimulierend auf die Mitose wirkt. Man nennt sie K i n e t i n (6-Furfurylaminopurin). Allerdings ist noch nicht sicher, ob sie ganz allgemein wirkt.

In der Mäuseepidermis, deren Mitoseanzahl im Schlaf steigt und im Wachzustand abnimmt, zeigt Adrenalin eine antimitotische Wirkung; sie ist im Schlaf herabgesetzt. Da die Wirkung des Adrenalins gewebs-, aber nicht mitosespezifisch ist, hat die Haut möglicherweise einen Cofaktor, dessen Wirkung im Schlaf verschwindet. Da es sich hierbei um eine organeigene Substanz handelt, ist sie als „Chalon" (statt Hormon) bezeichnet worden. Vermutlich bildet es mit Adrenalin einen Komplex. Ist dieser instabil, dann kommt es zu Mitosehemmungen.

Die bipolare Spindel findet sich in fast allen normalen Teilungsapparaten. Ihre Bildung erfolgt bei den einzelnen Organismen nicht einheitlich. Gewöhnlich differenziert sie sich nach Teilung des Zentralkörperchens und verlängert sich beim Auseinanderweichen der Tochterzentrosomen. Sie kann bereits im Zytoplasma entstehen, wenn die Kernmembran noch völlig intakt ist. Dies ist auch bei der Promitose, einem Sonderfall der Mitose, zu beobachten, die sich z. B. bei manchen Flagellaten abspielt. Hier durchziehen die Spindelfasern die intakte Kernmembran, während nebenher eine Teilung der verschiedenen Zellorganelle (Geißeln, Basalkörnchen, Parabasalapparat) durchgeführt wird. Wieweit sich an der Ausbildung solcher Spindelapparate[1] auch der Kern beteiligt, ist nicht entschieden. Wahrscheinlich sind auch die Zentromere an der Ausbildung der Spindelfasern beteiligt, so daß keine Anheftung der Fasern als solche erfolgt. Damit wären sie wenigstens teilweise nuklearer Herkunft. Da nicht alle Spindelfasern mit Chromosomen in Verbindung treten, sondern nur ein Teil von Pol zu Pol zieht, kann man zwischen „Zentralfasern" und „Chromosomenfasern" unterscheiden.

Vielfach ist die Frage diskutiert worden, ob die Spindelfasern in der

---

[1] Im Unterschied zum Chromatin bleibt der Spindelapparat ungefärbt und wird daher samt den Polstrahlen auch als „achromatischer Apparat" bezeichnet.

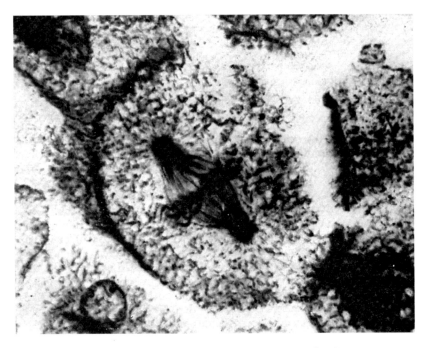

Abb. 53. Amphibienei im Metaphasestadium (Nach B r a c h e t)

Tat im Leben existieren oder ob es sich lediglich um Kunstprodukte der Fixierungstechnik handelt. Aber schon die lichtmikroskopisch gleichmäßig und parallel orientierten Plasmastrukturen, wie sie in Abb. 53 zu erkennen sind, deuten an, daß die Fasern auch in vivo vorhanden sein müssen. Desgleichen weisen Beobachtungen in polarisiertem Licht auf eine Längsstruktur hin. Auch zentrifugierte Spindelfasern lassen eine bestimmte Festigkeit und eine Verbindung mit den Chromosomen während der Metaphase erkennen. Neuerdings konnten auch elektronenoptisch diese Spindelfasern als röhrchenförmige Strukturen ermittelt werden. Offensichtlich handelt es sich hierbei um Gebilde, die in einem bestimmten Funktionsstadium der Kerne auftreten und wieder verschwinden. Möglicherweise vereinigen sich bei der Bildung der Spindelfasern zahlreiche, in eine bestimmte Richtung orientierte Polypeptidketten durch eine lockere Bindung (Bildung von Wasserstoffbrücken) zu optisch sichtbaren Fasern. Die unterschiedliche Länge der Fasern während des Mitoseablaufs fände dann in einer Fältelung bzw. Streckung der Peptidketten ihre Erklärung.

Für einen Aufbau aus Polypeptiden spricht die chemische Analyse von mitotischen Apparaten (Zentriol, Polstrahl, Spindelfasern, Chromosomen), die bis zu 90% aus Eiweiß bestehen. Auffallend ist, daß Polstrahlen und Spindelfasern reich an SH-Gruppen sind (S. 146). Ähnlich wie die Spindelfasern dürften auch die Polstrahlen der Zentrosomen beschaffen sein, welche die A s t r o s p h ä r e (Zentrosphäre) bilden. Auch sie lassen sich mit einer feinen Nadel aus ihrer Lage seitlich verbiegen. Im Polarisationsmikroskop erscheinen sie doppelt brechend.

Bau und Funktion der Chromosomen

Die Chromosomen sind zuerst von N ä g e l i (1842) bei Zellteilungen von Tradiscantia als stark färbbare Körperchen beobachtet worden. Er nannte sie „transistorische Cytoplasten". Von F l e m m i n g (1882) ist eine genaue Längsteilung an menschlichen Chromosomen beschrieben worden, die er als „Mitose" bezeichnete. W a l d e y e r (1888) hat dann die Bezeichnung „Chromosomen" eingeführt, und H e n k i n g (1891) entdeckte bei der Feuerwanze das X-Chromosom.

Die Chromosomen sind bisher in allen untersuchten tierischen Zellen sowohl bei Protozoen als auch bei Metazoen ermittelt worden. Interessanterweise treten sie bei den verschiedenen Arten in einer unterschiedlichen, jedoch für jede Art charakteristischen Anzahl auf. Selbst innerhalb eines Organismus ist bei den verschiedenen spezialisierten Zellen dieser C h r o m o s o m e n s a t z einheitlich. Lediglich die reifen Geschlechtszellen verhalten sich abweichend, indem sie nur einen einfachen Chromosomensatz haben; sie sind h a p l o i d. Sämtliche Körperzellen (Somazellen) haben gegenüber den Geschlechtszellen normalerweise die doppelte Anzahl von Chromosomen; sie sind also d i p l o i d. Die Größe des Chromosomensatzes (Chromosomengarnitur) ist auch innerhalb eines Tierstammes sehr unterschiedlich und kann zwischen

Abb. 54. Schematische Darstellung des haploiden Chromosomensatzes des Menschen. Vergleichsweise sind hier beide Geschlechtschromosomen (X u. Y) dargestellt. (Nach C h u)

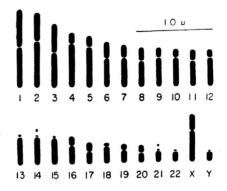

2 und über 100 Chromosomen schwanken. So hat z. B. die Taufliege *(Drosophila melanogaster)* in diploiden Zellen 8, das Salzkrebschen *(Artemia salina)* sogar 168 Chromosomen. Das Meerschweinchen hat 16, die Ameise und die Weinbergschnecke 24 und die Maus 40 Chromosomen, während beim Regenwurm und der Ratte 32 gefunden worden sind. Der Mensch besitzt in den diploiden Zellen 46 Chromosomen (Abb. 54), während alle Menschenaffen 48 haben. Wohl den kleinsten diploiden, d. h. normalen Chromosomensatz hat der Pferdespulwurm, bei dem eine Unterart *(Ascaris megalocephala univalens)* nur 2 und eine andere Unterart *(A. m. bivalens)* nur 4 Chromosomen hat. Allerdings handelt es sich hierbei um Sammelchromosomen. Diese wenigen Beispiele zeigen, daß zwischen der Anzahl der Chromosomen und der Tiergröße keine Beziehungen bestehen.

Die Größe und Form der einzelnen Chromosomen innerhalb eines Chromosomensatzes ist nicht einheitlich (Abb. 54). In den diploiden Zellen finden sich allerdings stets zwei in Form und Größe gleiche Chromosomen. Man spricht von einem h o m o l o g e n Chromosomenpaar. Ein Chromosomenpaar macht jedoch insofern eine Ausnahme, als sich beim männlichen Geschlecht die beiden Chromosomen dieses Paares hinsichtlich ihrer Form und Größe unterscheiden. Sie werden mit der Bezeichnung X- und Y - C h r o m o s o m e n besonders hervorgehoben. Beim weiblichen Geschlecht finden sich zwei X-Chromosomen. Die Partner dieses Paares werden daher auch als H e t e r o c h r o m o s o m e n [1] oder Geschlechtschromosomen den übrigen Chromosomen gegenübergestellt, die man als A u t o s o m e n bezeichnet. Die Länge der einzelnen Chromosomen schwankt zwischen wenigen Zehntel μ und mehreren μ. Eine enorme Größe erreichen die Riesenchromosomen mancher Insekten.

---

[1] héteros (gr.) = verschieden

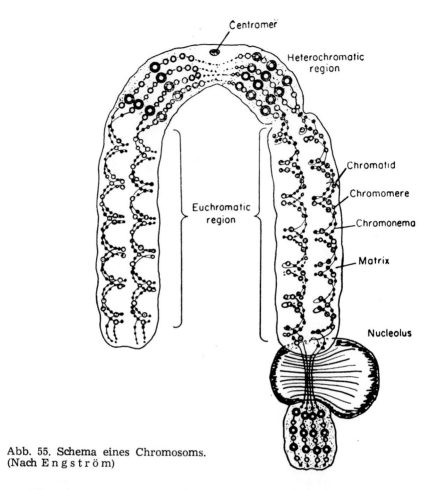

Abb. 55. Schema eines Chromosoms.
(Nach Engström)

Interessant ist, daß das menschliche Chromosom 21 bei chronischer Myelose in den meisten Fällen verkleinert ist (Ph-Chromosom)[1]. Sein DNS-Gehalt beträgt gegenüber normalen etwa 40%.

Die Anzahl der Chromosomen in den Körperzellen eines Individuums kann nun gelegentlich vermehrt oder vermindert sein. Man bezeichnet dies als Chromosomenaberration. Beim Menschen sind neuerdings bereits zahlreiche Fälle bekannt geworden, in denen das Autosom 21 in vielen diploiden Körperzellen nicht zweifach, sondern dreifach gefunden wurde, also insgesamt 47 Chromosomen (sog. 21-Trisomie). Die Betreffenden zeigen klinisch das Bild des Mongoloidismus (mongoloide Idiotie), dessen Hauptsymptom ein schwerer geistiger De-

[1] Nach seiner Entdeckung in Philadelphia

fekt ist. Diese chromosomale Aberration tritt vorwiegend bei Kindern von älteren Müttern auf (Gonosomenaberration S. 196).

Über die weitere Beschaffenheit der Chromosomen lassen sich im Verlauf der Mitose folgende morphologische Einzelheiten ausmachen. In der Äquatorialplatte haben sie eine mehr oder weniger zylindrische Form, an der sich fast immer eine besonders differenzierte Stelle nachweisen läßt, die als Spindelansatz dient und Z e n t r o m e r (Kinetochor) heißt (Abb. 55). Das Zentromer ist gewöhnlich die Stelle an den Chromosomen, an der sie beiderseits abgewinkelt sind, so daß zwei in gleiche Richtung weisende „Schenkel" gebildet werden. Sie können gleich oder unterschiedlich lang sein.

Das Zentromer kann als „primäre" Einschnürung am Ende liegen; man spricht dann von einem telozentrischen Chromosom, im Unterschied zu akrozentrischen. Die Kinetochore haben einen Durchmesser von 200 mμ und sind während der Mitose (Meiose) dreischichtig gebaut. Manche lassen außer diesen Zentromeren noch „sekundäre" Einschnürungen erkennen. Solche werden als SAT - C h r o m o s o m e n [1] bezeichnet, da sich an dieser Stelle keine DNS nachweisen läßt. Offensichtlich handelt es sich hierbei um Bildungsorte der Nukleolen (Nukleolenchromosomen). Solche Einschnürung wird dann durch einen dünnen Faden, der sich nicht oder nur schwach anfärben läßt, überbrückt und als N u k l e o l a r f a d e n bezeichnet (Abb. 55). Auf Grund zahlreicher Beobachtungen konnte festgestellt werden, daß die Anzahl der Nukleolen in den Ruhekernen mit der Anzahl derartiger Bildungsorte übereinstimmt. Die Bedeutung dieser Einschnürungen wird besonders dann deutlich, wenn durch experimentelle Verlagerung der Chromosomen die Einschnürungen durchbrechen, woraufhin beide Enden unabhängig jeweils einen Nukleolus bilden. Allerdings gibt es zur Zeit noch keine genauen Vorstellungen über die Entstehung der Kernkörperchen an diesen Stellen. Vermutlich bilden die geringen Ribonukleinsäureanteile der Chromosomen den Anfang, die größere Mengen Ribonukleotide produzieren und sich schließlich von den Chromosomen ablösen und dann als selbständige Gebilde die Nukleolen des Kernes darstellen.

Weitere Einzelheiten über den Feinbau der Chromosomen sind nicht an den „gestauchten" Metaphasechromosomen ermittelt worden, sondern während bestimmter Stadien der Reifeteilung bei Keimzellen. Daraus kann man schließen, daß die Chromosomen während der Mitose aus zwei Doppelspiralen bestehen, die man als C h r o m a t i d e n bezeichnet. Jede Chromatide besteht also aus zwei Einzelspiralen, die ihrerseits aus einem schwach färbbaren Faden, dem C h r o m o n e m a [2], bestehen, auf dem perlschnurartig stärker färbbare Verdickungen hervortreten. Diese führen die Bezeichnung C h r o m o m e r e n [3] (Abb. 55).

---

[1] Von: sine acido thymonucleinico
[2] nêma (gr.) = Faden
[3] meros (gr.) = Teilchen

Die beiden Chromatiden werden schließlich von einer Hüllsubstanz umschlossen, der sogenannten M a t r i x (Kalymma) [1]. Der beschriebene Aufbau der Chromosomen läßt ihren Formwechsel während des Mitosezyklus verständlich erscheinen. Eine Verkürzung bedeutet somit eine entsprechende Spiralisierung, während eine Verlängerung der Chromosomen mit einer Streckung der Chromosomen verbunden ist.

Die Chromomeren erscheinen besonders in den Prophasechromosomen während der Meiose (S. 165) und in den Riesenchromosomen deutlich. Möglicherweise sind sie spiralig angeordnete DNS-Moleküle. Die beiden endständigen Chromomeren werden als „Telomeren" bezeichnet; sie verhalten sich gelegentlich anders als die übrigen.

Abb. 55 zeigt das klassische Schema von einem Chromosomenbau. Es ist jedoch fraglich, wieweit es den wirklichen Verhältnissen entspricht. In dieser Hinsicht hat uns das Elektronenmikroskop nicht den erhofften Erfolg gebracht, was möglicherweise auf einer ungenügenden Präparation beruht. Es zeigt aber, daß die Matrix ein Artefakt ist. Elektronenoptisch erscheint das Metaphasechromosom gewöhnlich aus granulären Teilchen aufgebaut, das aber keine besondere Struktur erkennen läßt. Lediglich bei den meiotischen Chromosomen von Spermatozyten und bei Dinoflagellaten ist eine gewisse Ultrastruktur von fibrillären Elementen angedeutet, die auf etwaige spiralige Chromonema hindeuten. Außerdem sind elektronenoptisch verschiedentlich Fibrillen mit einer Dicke von 100 bis 200 Å ermittelt worden, z. B. beim Abbau von phagozytierten Kernen, die zudem perlschnurartige Verdickungen erkennen lassen.

Welche chemischen Substanzen liegen nun den unterschiedlich anfärbbaren Chromonemen und Chromomeren zugrunde? Wie schon erwähnt (S. 51), bestehen die Chromosomen vorwiegend aus DNS und Proteinen, wenngleich auch kleinere Mengen RNS zugegen sind, die offensichtlich im Rahmen ihrer Bildung auftritt. Nach der F e u l g e n - Reaktion haben nur die Chromomeren DNS, und nur diese haben ein für DNS charakteristisches UV-Absorptionsmaximum bei 260 mμ. Demnach bestehen die Chromonemen nur aus Proteinen und weichen zumindest chemisch von den Chromomeren ab.

Somit ergeben sich bei der Ermittlung der Ultrastruktur der Chromosomen bzw. bei der Konstruktion von Chromosomenmodellen beträchtliche Schwierigkeiten, nämlich: Wie ist die DNS-Doppelspirale mit einer Dicke von etwa 20 Å in die lichtmikroskopisch sichtbaren Chromatidenpaare von 2000 Å Dicke eingebaut? Hinzu kommt, daß die DNS offenbar nur auf die Chromomeren beschränkt ist, wenngleich die DNS-Kette bei einem Mol-Gewicht z. B. von 7 Millionen, eine Länge von 2,5 μ erreicht und somit das ganze Chromosom durchziehen könnte (2,5 Å je Nukleotid). Möglicherweise bilden mehrere DNS-Moleküle,

---

[1] Elektronenoptisch erweist sie sich allerdings als Artefakt

von Histonen umgeben, die elektronenmikroskopisch sichtbare Elementarfibrille mit einer Dicke von 120 Å. Von diesen bauen dann mehrere die Chromomeren auf, während das Restprotein über Elementarfibrillen und Subchromonemata die Chromonemen bildet. Hierfür spricht, daß der Chromosomenbau durch Entfernung der Histone nicht wesentlich beeinflußt wird. Somit wären nur die Chromomeren als morphologische Grundlagen der Gene anzusehen, die hier in größerer Anzahl lokalisiert sein müßten. Es scheint jedoch hier müßig, im einzelnen alle vorgeschlagenen Chromosomenmodelle zu erörtern. Es bleibt abzuwarten, welche Resultate durch weitere Bemühungen erzielt werden.

Mit Ausnahme der auf dem X-Chromosom männlicher Organismen lokalisierten Gene werden alle vererbbaren Eigenschaften durch homologe Gene, die A l l e l e , bestimmt. Männliche Organismen sind hinsichtlich der X-chromosomalen Gene hemizygot, d. h., das Y-Chromosom hat, abgesehen von seiner virilisierenden Wirkung, offenbar kein weiteres wirksames Gen. Dagegen sind auf dem X-Chromosom etwa 200 Gene lokalisiert.

Ein besonders interessantes und dankbares Untersuchungsobjekt zum Studium der Chromosomen sind seit einigen Jahrzehnten die

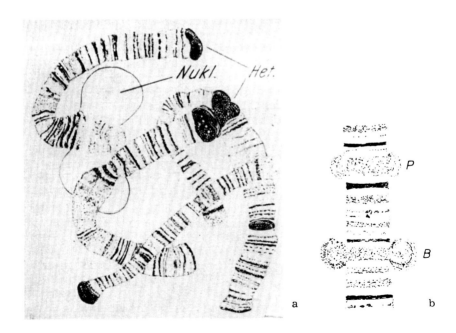

Abb. 56. a: Schema von Riesenchromosomen (nach W h i t e). Het. Heterochromatin, Nukl. Nukleolus. b: Teil eines Riesenchromosoms. B Balbianiring, P Puff.

Riesenchromosomen aus den Speicheldrüsenzellen der Zweiflügler (Dipteren). Dies um so mehr, als sie — wie schon weiter vorn erwähnt wurde — auch im Ruhekern deutlich in Erscheinung treten (Abb. 56). Ihr Größenverhältnis zu normalen Metaphasechromosomen ist etwa 100 : 1. Besonders große Chromosomen finden sich bei den Larven von Zuckmücken *(Chironomus)*, die eine Länge bis zu 300 μ und eine Breite von 20 bis 25 μ erreichen. An diesen Riesenchromosomen läßt sich deutlich ein charakteristischer Aufbau aus stark lichtbrechenden Querscheiben erkennen, zwischen denen sich schwächer brechende Zwischenscheiben befinden. Die Querscheiben sind stark basophil und enthalten DNS und Histone, während die Zwischenstücke nur aus Eiweiß bestehen. An guten Präparaten kann man erkennen, daß das Riesenchromosom ein Bündel gleich beschaffener Längsfäden darstellt, wobei jeder Faden wahrscheinlich mit einem Einzelchromosom identisch ist (Abb. 56); ihre Anzahl ist groß (mehrere Hundert).

Autoradiographisch konnte festgestellt werden, daß die einzelnen Chromatiden, aus denen die Riesenchromosomen durch wiederholte Verdoppelung hervorgehen, die ganzen Chromosomen der Länge nach durchziehen. Bei *Chironomus*-Larven lassen sich Riesenchromosomen nicht nur in Speicheldrüsenzellen, sondern auch in Malpighischen Gefäßen und dem Mitteldarm beobachten. Die Chromomeren verschiedener Chromosomen liegen hier nebeneinander, so daß sie gewöhnlich zu einem einzigen Chromomerenaggregat verschmelzen, wodurch der typische Aufbau zustande kommt. Die Summe dieser verschieden breiten Chromomerenscheiben bildet das Euchromatin des Chromosoms. Diese Riesenchromosomen sind durch Vervielfältigung eines oder einiger Chromonemen entstanden. Ihrer Bildung bei den Dipteren liegen sicherlich verschiedene Faktoren zugrunde, vor allem die Ausbildung gestreckter Chromosomen.

Ein recht eigenartiges Aussehen haben die sogenannten „Lampenbürstenchromosomen", die als meiotische Prophasechromosomen der Oozyten von Amphibien, Selachiern und Tintenfischen im Diplotän

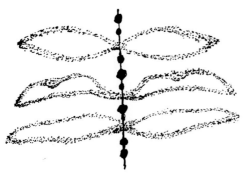

Abb. 57. Teil eines Lampenbürstenchromosoms (Schema).

sichtbar werden (Abb. 57). In diesen Zellen bilden die Chromosomen während der Prophase lange Fäden, an denen sich seitlich an den Chromomeren borstenähnliche Anhänge befinden, so daß das ganze Chromosom wie eine Perlenkette aussieht. Es hat sich aber gezeigt, daß diese Schleifen an den Chromomeren nur vorübergehende Bildungen in wachsenden Oozyten sind und daß sie vermutlich vor ihrem Erscheinen in den Chromomeren spiralförmig zusammengerollt sind und nur während einer bestimmten Funktionsphase der Chromosomen in Erscheinung treten. Tatsächlich wurde auch gefunden, daß hier RNS gebildet und in den Kernraum abgegeben wird. Da nun aber die RNS als primäres Genprodukt anzusehen ist, kann man annehmen, daß die Aktivität der einzelnen Genorte mit einer strukturellen Veränderung der Chromosomen verbunden ist.

Derartige Funktionszustände als Strukturveränderungen kann man auch an den Riesenchromosomen beobachten, sie werden hier als „Puffs" bezeichnet. In beiden Fällen handelt es sich um „Auflockerungen" der Chromosomen. Sind diese besonders stark, so daß einzelne Chromatiden heraustreten, so werden sie als B a l b i a n i r i n g e bezeichnet (Abb. 56 b). Die Puffs sind jene Chromosomenorte, an denen sich auch hochmolekulare RNS und Proteine nachweisen lassen. Die RNS ist offenbar nicht ein Strukturelement, sondern vermutlich ein Produkt der Chromosomen-(DNS)-Aktivität. Daß hier RNS gebildet wird, zeigt sich darin, daß Actinomycin die RNS-Synthese hemmt und die Puffgröße vermindert.

Bei den Riesenchromosomen von *Chironomus* wird die RNS der beiden größten Balbianiringe in die Ribosomen eingebaut, die dann in die Kernflüssigkeit diffundieren und an die Kernporen gelangen. Ob dort dann die RNS an die zytoplasmatischen Ribosomen abgegeben wird, ist noch ungeklärt. Ein Puff entspricht in der Regel einem Chromomer.

Diese Beobachtungen deuten darauf hin, daß die einzelnen Gene an verschiedenen Orten in den Chromosomen gelagert und entsprechend den Chromomeren linear angeordnet sind. Hierfür konnten auch indirekte Beweise durch strahlenexperimentelle Untersuchungen erbracht werden. So können z. B. durch Einwirkung von Röntgenstrahlen Chromosomenbrüche erzielt werden, wobei dann Chromosomenstücke zerstört werden. Dabei zeigt sich, daß mit dem Verlust bestimmter Querscheiben (Banden) auch bestimmte Gene verlorengehen, so daß einzelne Merkmale nicht ausgebildet werden. Solche Experimente und die Möglichkeiten des Genaustausches infolge von Überkreuzungen der gepaarten Chromatiden (crossing over) ermöglichen die Aufstellung von G e n k a r t e n. Auf diesen können die verschiedenen Merkmale in linearer Anordnung den einzelnen Genen zugeteilt werden. Bei Bakterien wurde z. B. gefunden, daß die Gene, welche hier die enzymatische Bildung von H i s t i d i n steuern, hintereinander angeordnet sind und eine Histidinregion bilden.

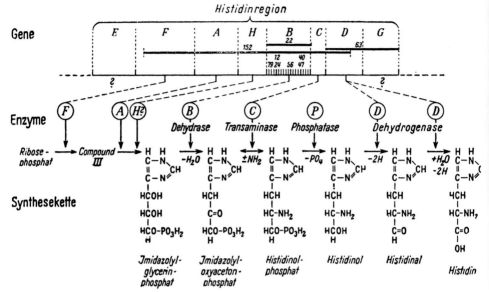

Abb. 58. Schema der linearen Anordnung der Gene, die die Histidinsynthese bei *Salmonella* bewirken. (Aus Egelhaaf, 1961)

Diese besteht aus 8 Genen, die die Bildung von Enzymen determinieren, welche ihrerseits in neun Reaktionsschritten die Histidinsynthese katalysieren, so daß die Synthese fließbandähnlich ablaufen kann (Abb. 58). Eine derartige räumliche Anordnung der Gene zu einer „lückenlosen" Wirkkette dürfte allerdings in den wenigsten Fällen zutreffen.

Wie experimentelle Befunde andeuten, ist offenbar nicht die bloße Anwesenheit einer bestimmten Genstruktur in der Zelle für die Ausbildung eines Merkmals entscheidend, sondern auch ihre bestimmte Anordnung innerhalb eines Chromosoms. Die Funktion eines Gens wird also gewissermaßen auch noch von anderen Genen mitbestimmt; man sagt, es ist „gekoppelt". Dieser Funktionszusammenhang der einzelnen Gene läßt eine Unterscheidung von „Haupt"- und „Nebengenen" zu, wobei erstere vorwiegend die phänotypische Entwicklung bestimmen. Die Wirkung derartiger Nebengene ist für den Menschen insofern interessant, als sie bei gewissen Erbkrankheiten (Bluterkrankheit, Polydaktylie [1]) dafür verantwortlich sind, daß diese in manchen Fällen schwerer, in anderen leichter auftreten.

Bisweilen lassen sich Veränderungen des Phänotypus eines Tieres beobachten, besonders dann, wenn man eine Tierrasse in strenger Inzucht

---

[1] Auftreten überzähliger Finger oder Zehen

hält. Es treten also n e u e Merkmale auf. Diese Erscheinung beruht auf einer Veränderung vorhandener Gene und wird als M u t a t i o n (Erbsprung) bezeichnet. Sie kann ohne erkennbare Ursache, also spontan auftreten. Solche spontanen Mutationen sind gar nicht so selten; sie bilden die Ausgangspunkte für die Züchtung von Haustierrassen (auch Kulturgewächsen). Aber auch Erbkrankheiten des Menschen werden durch gewisse Veränderungen der Gene hervorgerufen, so z. B. die Spalthand, die Pelger-Anomalie, die Bluterkrankheit, der Albinismus [1] u. a. Mutationen können allerdings auch experimentell durch Einwirkung von Röntgen-, Gamma- und Ultraviolettstrahlen sowie durch Chemikalien hervorgerufen werden. Diese künstliche Auslösung von Mutationen gelang zuerst durch Röntgenstrahlen.

Bei der Bluterkrankheit (Hämophylie [2]) braucht das Blut eine viel längere Zeit zur Gerinnung als normalerweise. Man unterscheidet u. a. eine A- und B-Form, die auf Gene zurückzuführen sind, die in den Geschlechtschromosomen liegen. Die Gene bewirken einen Mangel der Gerinnungsfaktoren VIII und IX, so daß jede kleine Blutung lebensgefährlich werden kann. Die Hämophylie tritt nur bei männlichen Personen auf, während die weiblichen als Überträger (Konduktorinnen) wirken. Sie übertragen die entsprechenden Gene auf die männlichen Nachkommen, so daß bei diesen mit einer Wahrscheinlichkeit von 50% die Krankheit auftritt.

Die Mutationsrate kann bei *Drosophila* durch Röntgenstrahlen um das 750fache erhöht werden. Seit einiger Zeit wird daher diese Methode benutzt, um die Lage der einzelnen Gene in den Chromosomen sowie ihre Funktion bei der Ausbildung des Phänotypus zu klären. Bei *Drosophila* z. B. zeigen zahlreiche Mutationen eine enge Beziehung zwischen der Strahlendosis und der Zunahme der Mutationsrate. Dabei erweist sich die Strahlwirkung völlig unabhängig von der zeitlichen Verteilung der Dosis, d. h. der Dosisleistung, während die Strahlenqualität für die Entstehung der Mutation von Bedeutung ist. So haben die i o n i s i e r e n d e n S t r a h l e n (z. B. Röntgen- u. Gammastrahlen) eine stärkere Wirkung als UV-Strahlen.

Treffen energiereiche Strahlen auf Materie, so werden sie von den Atomen absorbiert und übertragen ihre Energie auf diese. Je nach der eingestrahlten Energie werden ein oder mehrere Elektronen der Atome entweder auf ein höheres Energieniveau gehoben, oder sie werden aus der Atomhülle herausgeschleudert. Im ersteren Falle spricht man von A n r e g u n g , im anderen von I o n i s a t i o n , wobei also Ionenpaare gebildet werden.

Die Mutation selbst kann man im wesentlichen in Gen-(Punkt-) und Chromosomenmutation unterteilen. Bei der Genmutation sind an den Chromosomen keine Veränderungen zu erkennen. Hierbei liegen wahrscheinlich nur Abänderungen der Basenmoleküle innerhalb der Nukleotide vor (Transition), wie sie auch z. B. durch Einwirkung von salpetriger Säure erzielt werden können (S. 65). Dagegen kann man bei der

---

[1] fehlende Pigmentbildung
[2] haima (gr.) = Blut, philein (gr.) = lieben

anderen Mutationsform sichtbare strukturelle Veränderungen einzelner Chromosomen beobachten, die sich in einem Ausfall von Stücken (Deletion) oder deren Austausch oder Verlagerung auf andere Chromosomen (Translokation) äußern. Aber auch die Umkehrung abgelöster Chromosomenstücke bei ihrem Wiedereinbau in das Chromosom ist möglich (Inversion).

Der Mechanismus der Strahlenwirkung auf die Chromosomen bzw. auf die Gene und die dadurch ausgelösten Mutationen sind noch nicht geklärt. Auf jeden Fall sollte die direkte Strahlenwirkung an diesen Vorgängen entscheidend sein [1]. Da die Chromosomen aus der DNS bestehen und den Genen möglicherweise die einzelnen Nukleotide zugrunde liegen, sind die strahleninduzierten Mutationen sicherlich auch mit strukturellen Veränderungen der DNS bzw. mit deren Nukleotiden verbunden. Es ist bekannt, daß ionisierende Strahlung bei den DNS-Doppelspiralen die Wasserstoffbindung löst, so daß die DNS-Moleküle dann als Einzelstrang vorliegen, der bei gleicher Strahlendosis empfindlicher ist. Jedenfalls dürften alle strahleninduzierten Mutationen primär auf strukturelle Veränderungen der DNS-Moleküle zurückzuführen sein, während etwaige Schäden der Messenger-RNS reparabel sein sollten.

Phänotypisch äußern sich die meisten Mutationen in Entwicklungsstörungen und Verminderung der Vitalität des Organismus. Häufig haben sie die Entwicklung von L e t a l f a k t o r e n zur Folge, die gewöhnlich den Tod des Individuums noch im jugendlichen Alter zur Folge haben. Nur ein geringer Prozentsatz der Mutation hat eine positive Wirkung auf den Organismus. Bemerkt sei noch, daß wohl die meisten Letalfaktoren phasenspezifisch wirken, d. h., die genotypisch bedingte und tödlich verlaufende Störung setzt in einem für den betreffenden Faktor charakteristischen Entwicklungsstadium ein. Dementsprechend kann man zwischen gametischen, zygotischen, embryonalen und juvenilen Letalfaktoren unterscheiden, die in einem Geschlechtschromosom (Gonosom) oder in einem Autosom gelagert sein können.

Auch von zahlreichen chemischen Substanzen ist eine m u t a g e n e Wirkung festgestellt worden. Die erste Auslösung von Mutationen mit chemischen Substanzen gelang mit Chloralhydrat (CCl_3-$CH(OH)_2$). Seitdem ist von zahlreichen Verbindungen eine mutagene Wirkung bekannt geworden. Die umfangreichste Gruppe mit dem stärksten mutagenen Effekt bilden die alkylierenden Verbindungen. Dies sind Substanzen, die auf andere Moleküle einen Alkylrest (z. B. eine Chloräthylgruppe:

---

[1] Unter einer d i r e k t e n Strahlenwirkung versteht man die unmittelbare Wirkung der absorbierten Strahlenenergie auf die Zellstrukturen, im Gegensatz zur i n d i r e k t e n, bei der primär gebildete Peroxide und Radikale dann sekundär mit dem biologischen Material reagieren und irreversible Strukturveränderungen an den Nukleinsäuren und Proteinen bewirken, die den Zelltod zur Folge haben können.

—CH_2-CH_2Cl) übertragen können. Innerhalb dieser Gruppe nehmen die sogenannten R a d i o m i m e t i k a eine gewisse Sonderstellung ein.

Man versteht hierunter Stoffe, die ähnlich wie die ionisierenden Strahlen eine mutagene, zytostatische und kanzerogene Wirkung entfalten. Hierzu gehören die Schwefelloste (z. B. Bis-β-chloräthylsulfid), Stickstoffloste (z. B. Tris-β-chloräthylamin), Epoxide (z. B. Diepoxybutan) und Äthylenimine (z. B. Triäthylmelamin = TEM).

Wenn auch gegenwärtig kaum etwas Gesichertes über den Reaktionsmechanismus dieser Substanzen mit den Zellstrukturen bekannt ist, so ist aber doch anzunehmen, daß ihre oben angeführten Wirkungen in erster Linie auf die Reaktion mit Nukleinsäuren zurückzuführen sind. Einige experimentelle Untersuchungsergebnisse sprechen dafür, daß die Äthyleniminverbindungen die Biosynthese von NAD und NADP hemmen. Es ist aber sicher, daß weder die ionisierenden Strahlen noch die chemischen Substanzen eine spezifische mutagene Wirkung haben, so daß in keinem Falle eine „gezielte" Mutation hervorgerufen werden kann.

Die Faktoren der Zellteilung. An geeigneten Objekten und unter geeigneten Bedingungen läßt sich der gesamte Ablauf der Mitose in seinen Einzelheiten beobachten. Dabei ist durchaus kein „Anstoß von außen" in irgendeiner Form festzustellen, der die Zellteilung auslöst. So kann man also von vornherein annehmen, daß der Auslösung der Zellteilung „innere", d. h. in der Zelle selbst vorhandene Ursachen zugrunde liegen. Es sind in dieser Hinsicht im Laufe der Zeit zahlreiche Faktoren in Erwägung gezogen worden (Kern-Plasma-Relation, hormonale Faktoren), die aber heute zum Teil kaum noch in Betracht gezogen werden, da sie modernen biochemischen Ansichten nicht gerecht werden. Sicherlich hat die Auslösung der Zellteilung ihre Ursache in verschieden funktionell zusammenwirkenden Faktoren, die jedoch alle am strukturellen Aufbau der Zelle beteiligt sind. Die G r ö ß e der Zelle spielt wahrscheinlich keine entscheidende Rolle als auslösender Faktor, obwohl zahlreiche Befunde darauf hindeuten, daß ein gewisses Zellwachstum für die Teilung notwendig ist.

Besondere Aufmerksamkeit verdienen hier verständlicherweise die Nukleotide. Schließlich sind es ja die Desoxyribonukleotide, die am Aufbau und an der Verdoppelung der Chromosomen maßgeblich beteiligt sind. Wir wissen, vor allem seit C a s p e r s o n s mikrophotometrischen Bestimmungen der Nukleinsäuren, daß die Menge der DNS im Kern mit dem Ablauf des Mitosezyklus variiert. Ihr Gehalt steigt mit der Interphase an und erreicht während der Prophase ihren Höhepunkt. Auch der Gehalt des Zytoplasmas an RNS wechselt: Mit Beginn der Mitose wird das Zytoplasma RNS-ärmer und weist nach der Mitose wieder größere Mengen auf. Im Kern wird während der Prophase das Kernkörperchen aufgelöst, das ja weitgehend aus Ribonukleoproteiden besteht. Über den Verbleib dieser Säure weiß man nichts Genaues. Gleichzeitig steigt der RNS-Gehalt der Chromosomen in der Pro- und Metaphase. Nach Ablauf der Mitose wird das Kernkörperchen wieder gebildet. Es zeigt sich hier also ein regelrechter DNS- und RNS-Zyklus, der parallel zur Mitose verläuft.

Die Bedeutung der DNS für den Ablauf der Mitose ist verständlich. Weniger gut sind wir dagegen über die Rolle des RNS-Zyklus unterrichtet, die dieser beim Mechanismus der Zellteilung spielt. Möglicherweise steht er lediglich mit der Vermehrung der Ribonukleoproteide des Zytoplasmas während der Zellteilung in Beziehung.

Eine weitere bedeutsame Erscheinung ist die Zu- und Abnahme von freien Sulfhydrylgruppen (-SH) im Verlauf der Mitose. Schon vor einiger Zeit hat man versucht, diese Tatsache mit den Vorgängen der Zellteilung in Einklang zu bringen. R a p k i n e fand bei seinen Untersuchungen am Seeigelei, daß die freien Sulfhydrylgruppen im Plasma der Eizelle nach der Befruchtung weniger und in eine andere chemische Form überführt werden. Die Verbindung, die diese freien Sulfhydrylgruppen im Plasma aufweist, ist das G l u t a t h i o n (S. 21).

Die Abnahme der freien Sulfhydrylgruppen kommt dadurch zustande, daß das Gluthation in eine Disulfidform überführt wird, wobei jeweils zwei HS-Gruppen miteinander unter Wasserstoffaustritt reagieren:

$$2G-SH \longrightarrow G-S-S-G + 2H$$

Wir können auch sagen, daß das Glutathion aus seiner reduzierten Form in eine oxydierte Disulfidform überführt worden ist. Der abgegebene Wasserstoff wird dabei von anderen Verbindungen aufgenommen. Nach der Zellteilung nimmt wieder die Konzentration der freien HS-Gruppen im Plasma zu.

Im Einklang mit diesen Beobachtungen stehen die Tatsachen, daß Verbindungen mit freien HS-Gruppen einen positiven Einfluß auf die Zellteilung haben und Glutathion in reduzierter Form sich günstig auf die Regenerationsvorgänge bei Strudelwürmern auswirkt. Man darf also annehmen, daß das Glutathion eine Rolle beim Mitosegeschehen spielt. Möglicherweise steht seine Funktion in engem Zusammenhang mit der Ausbildung und dem Abbau der Spindelfasern. Es ist nämlich bekannt, daß reduziertes Glutathion (G-SH) seinen Wasserstoff auf Disulfidgruppen anderer Proteine zu übertragen vermag, wobei deren Disulfidgruppen gelöst werden. Umgekehrt kann oxydiertes Glutathion (G-S-S-G-) die freien HS-Gruppen anderer Proteine zu Disulfidgruppen oxydieren.

Bei der Ausbildung der Spindelfasern handelt es sich um reversible Vorgänge, bei denen vermutlich die normalerweise in globulärer Form vorliegenden Proteine (vgl. S. 21) zu linearen Ketten ausgezogen werden. Möglicherweise sind hieran die oben angeführten Reaktionen beteiligt.

3.5.5.2. Mitosestörungen und Polyploidie

Seit längerer Zeit ist eine Anzahl von Noxen bekannt, die einen erheblichen Einfluß auf die Mitose haben und diese stören. Treffen z. B. Röntgenstrahlen auf mitotisch aktive Zellen, so wird der Mitoseablauf nicht nur gestört, sondern es werden auch Chromosomen geschädigt. Die Mitosestörung kann durch Schädigung des Kinetochors, der Spindelfasern oder durch Verklebungen einzelner Chromosomen verursacht werden. Die Chromosomenschäden äußern sich in Form von Brüchen, wobei Teile entfernt (Deletion) oder verkehrt wieder eingebaut (Inversion) werden können. Eine Hemmung der Mitose wird auch durch verschiedene chemische Substanzen bewirkt, z. B. durch Sublimat, Nitrite, Urethan, Chinone, Trypaflavin und Kolchizin. Sie führen die Bezeichnung M i t o s e g i f t e. Von diesen wirkt das K o l c h i z i n bei Zellen einer Gewebekultur noch in einer Konzentration von 10^{-8} Mol.

Noch wirksamer als Kolchizin sind einige synthetische Derivate, wie das Diazetylmethylkolchizin (Kolzemid), das einen 20mal stärkeren Effekt hat und weniger toxisch ist.

Kolchizin ist ein Alkaloid der Herbstzeitlose *(Colchicium autumnale)* und kommt hier hauptsächlich in der Blüte vor (0,8 bis 1,8%). 20 Teile Wasser lösen etwa 1 Teil Kolchizin. Besser löst es sich in Chloroform, aus dem es auch als farblose, kristalline Substanz gewonnen wird.

Als Mitosegift übt Kolchizin in erster Linie eine Wirkung auf die Spindel aus. Dies äußert sich darin, daß die gespaltenen Metaphasechromosomen nicht durch die Spindelfasern getrennt werden, so daß die Mitose auf dem Stadium der Metaphase stehen bleibt. Bei embryonalen Hühnerzellen führen bereits 0,001 mg auf 100 ml Kulturflüssigkeit zur Fixierung der Metaphase. Dadurch kommt es zur Ausbildung von zwei normalen Chromosomensätzen in der Zelle (2n). Bei Anwendung geeigneter Kolchizindosen können mehrere, ja sogar sehr viele Chromosomensätze in einer Zelle entstehen. Man bezeichnet diese Erscheinung als P o l y p l o i d i e. Diese Polyploidisierung findet vor allem in der Pflanzenzucht praktische Anwendung, da sie zu Riesenwuchs führt.

Die Polyploidie ist allerdings eine weitverbreitete Erscheinung, die auch ohne Mitosestörung von außen auftritt. So erweisen sich bereits bei embryonalen Ratten etwa 20% und bei erwachsenen Tieren etwa 50% aller Leberzellen als polyploid. Eine besonders hohe Polyploidie zeigen die Großkerne der Ciliaten. So liegt z. B. beim Pantoffeltierchen auf Grund des DNS-Gehaltes eine tausendfache Polyploidisierung vor.

In diesem Zusammenhang sei hier noch eine Erscheinung angeführt, die des öfteren während des natürlichen Ablaufs der Organismenentwicklung zu beobachten ist. Sie zeigt sich darin, daß eine Teilung der Chromosomen ohne Ausbildung der Spindel erfolgt, zudem aber auch noch die Kernteilung unterbleibt. Das Resultat dieses Vorganges ist somit ebenfalls eine Verdoppelung der Chromosomenanzahl der betreffenden Zelle, also eine Polyploidie. Der Chromosomensatz einer Zelle kann auf diese Weise vervielfacht werden. Dieses Phänomen wird als E n d o m i t o s e (endomitotische Polyploidisierung) bezeichnet. Sie ist bei Ein- und Vielzellern relativ weit verbreitet, vor allem bei Insekten, Weichtieren und Fadenwürmern. Bei Wirbeltieren ist sie seltener beobachtet worden, kommt aber höchstwahrscheinlich in der Leber von Ratte, Maus, Kaninchen und Meerschweinchen vor. So wird z. B. der Makronukleus der Ciliaten durch endomitotische Polyploidisierung gebildet, während seine Teilung amitotisch erfolgt (s. u.). Auch bei der Endomitose lassen sich ähnliche Phasen beobachten wie bei der Mitose; sie sind aber weniger deutlich ausgeprägt. Außerdem bleiben sie auf den Kernraum beschränkt.

Außer der Polyploidie und der Endomitose gibt es noch eine weitere Erscheinung, bei der die chromosomale Substanz ohne gleichzeitige Kernteilung vermehrt wird. Dies ist dann der Fall, wenn die gebildeten Chromonemen vereinigt bleiben, was sich am gleichen Chromosom mehrmals wiederholen kann. Dadurch entstehen Riesenchromosomen. Dies bezeichnet man als P o l y t ä n i e. Sie ist eine Form der Endomitose.

3.5.5.3. Zytostatika und Antimetabolite

Eine beträchtliche Verminderung der Mitoserate und damit auch der Zellproliferation bewirken zahlreiche Substanzen, die daher als Z y t o - s t a t i k a bezeichnet werden. Dazu gehören z. B. Endoxan (Zyklophosphamid), Mitomen (Methyl-bis-(β-chloräthyl)-amino-N-oxid) und Trenimon (2,3,5-Tris-äthylenimino-benzochinon). Letzteres gehört zu den wirksamsten Zytostatika bei sehr geringer Dosis (i. v.: 0,002 mg/kg Körpergew.). Eine besondere Gruppe innerhalb dieser Substanzen bilden die bereits erwähnten Radiomimetika (S. 145).

Der Wirkmechanismus der Zytostatika ist im einzelnen noch nicht geklärt. Teilweise dürfte eine alkylierende Reaktion (d. h. Übertragen einer Alkylgruppe, z. B. $-CH_2$ $-CH_2$ $-Cl$) mit Zellstrukturen (z. B. Nukleinsäuren) den eigentlichen Effekt hervorrufen. Im allgemeinen bewirken sie eine Hemmung der DNS- und RNS-Synthese und damit auch der Zellteilung. Vermutlich ist das N-Atom 7 im Guanin der DNS und RNS besonders empfindlich gegenüber alkylierenden Substanzen, die dort eine Elektronenverschiebung bewirken und damit die glykosidische Bindung am N-Atom 9 spalten.

Außerdem gibt es noch zytostatisch wirksame Substanzen, deren Angriffspunkt nicht direkt die Chromosomen sind. Als solche kommen die sogenannten A n t i m e t a b o l i t e in Betracht. Es handelt sich hierbei um Verbindungen, die auf den Stoffwechsel (Metabolismus) antagonistisch wirken, indem sie die für die Biosynthese von Purin- und Pyrimidinnukleotiden oder die für andere biologische Reaktionen notwendigen Stoffe verdrängen. Entsprechend ihrer Wirkung unterscheidet man z. B. Purin- und Vitaminantagonisten. So hemmt z. B. A-Methopterin die Bildung von Purin- und Pyrimidinnukleotiden und wirkt somit als Antagonist der Folsäure. Diese besteht aus einem Pterinring, p-Aminobenzoesäure und Glutaminsäure. Sie spielt in Form von Coenzym F (Tetrahydrofolsäure) bei der Synthese der genannten Nukleotide eine entscheidende Rolle und vermittelt die Übertragung von Ameisensäureresten („aktivierte Ameisensäure").

Eine allgemein praktische Bedeutung für die Medizin haben die Zytostatika hinsichtlich der Krebsbekämpfung. Da das charakteristische morphologische Merkmal eines Tumors auf einer abnormen Vermehrung seiner Zellen beruht, versucht man mit Hilfe dieser Substanzen, die Teilung der Tumorzelle zu unterdrücken, um somit das Tumorwachstum zu hemmen.

3.5.5.4. Die Amitose

Die Amitose ist eine einfache Zellteilung, bei der keine Chromosomen sichtbar in Erscheinung treten und auch kein Spindelapparat ausgebildet wird. Der Kerninhalt wird dabei mehr oder weniger gleichmäßig geteilt, so daß die beiden Tochterzellen annähernd die gleiche Menge an Kernsubstanz bekommen. In dieser Weise teilt sich beispielsweise der Großkern (Makronukleus) der Ciliaten (Abb. 59). Die direkte Kernteilung findet sich aber nicht nur bei Protozoen, sondern auch bei Metazoen. Bei letzteren ist sie hauptsächlich bei den differenzierten Zellen und unter pathologischen Bedingungen, seltener dagegen bei embryonalen Zellen beobachtet worden.

Auch bei der Amitose erfolgt eine Verdoppelung der Chromosomensubstanz. Insofern weist sie eine gewisse Beziehung zur Endomitose auf. Offenbar wird der Begriff „Amitose" der Teilung des Makronukleus nicht gerecht, da hierbei jeder Tochterkern zumindest einen vollzähligen Chromosomensatz erhält. Möglicherweise werden ganze Genome als „Sammelchromosomen" von diploider Natur verteilt. Es gibt bei den Ciliaten allerdings auch somatische Kerne, die nur diploid sind; sie werden stets vom generativen Kern gebildet.

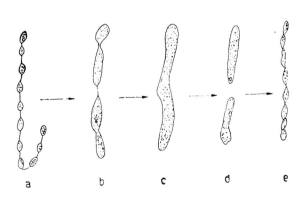

Abb. 59. Amitotische Teilung des Makronukleus von *Loxophyllum meleagris* (nach Ruthmann, abgeändert). a: Ruhekern, b u. c: Verschmelzung, d: Teilung, e: Aufgliederung.

3.5.5.5. Das Wachstum der Zelle

Durch die Teilung wird eine Zelle von einer bestimmten Größe in zwei Tochterzellen zerlegt, von denen jede dann halb so groß ist wie die Mutterzelle. Auf diese Phase der Zellteilung erfolgt dann gewöhnlich eine Wachstumsphase, während der die beiden Tochterzellen wieder bis zu einer bestimmten Größe heranwachsen, bevor sich diese dann abermals teilen usw. Offensichtlich ist für die verschiedenen Zellen eine bestimmte Größe erforderlich, wenn eine weitere Teilung erfolgen soll. Beim Seeigelei vollziehen sich die ersten Teilungsschritte nach der Befruchtung allerdings in schneller Folge, so daß die sich teilenden Zellen auch nicht annähernd die Größe der jeweiligen Ausgangszelle erreichen. Während dieser Phase erfolgt kaum eine Vermehrung der Plasmamasse, d. h., es findet kein nennenswertes Wachstum statt. Und erst anschließend beginnt eine Wachstumsphase, während der dann die bis dahin gebildeten Zellen ihre Substanz vermehren und dadurch zu einer bestimmten Größe wieder heranwachsen.

Das Wachstum ist somit eine Grundeigenschaft der lebenden Zelle. Da aber die Zellstrukturen einen steten Auf- und Abbau erfahren, tritt das Wachstum nur dann zutage, wenn die aufbauenden Prozesse in größerem Maße durchgeführt werden als die abbauenden. Demzufolge kann auch eine Verminderung der abbauenden Vorgänge zu einem Wachstum führen. Wachstum beruht also auf einer Vermehrung der biologisch organisierten Zellsubstanz. Gelegentlich können Quellungen, also eine abnorme Wasseraufnahme, ein Wachstum vortäuschen.

Als besondere Erscheinungsformen des Zellwachstums können die schon erwähnte Endomitose und die Bildung von R i e s e n z e l l e n angesehen werden. Bei der Endomitose führt die Vervielfachung des Chromosomensatzes zur Bildung von R i e s e n z e l l k e r n e n, was auch eine Vermehrung des Zytoplasmas zur Folge hat. Wenn wir von den Vogeleiern und den Eiern der Kriechtiere absehen, denen man ja den biologischen Wert einer einzigen Zelle zusprechen muß, so finden wir bei den Metazoen — vor allem bei den Wirbeltieren — verschiedene Zelltypen, die als Riesenzellen aufgefaßt werden können. Hierher gehören z. B. die M e g a k a r y o z y t e n und die O s t e o k l a s t e n [1]. Die Megakaryozyten treten besonders im Knochenmark auf und erreichen eine Größe bis zu 100 μ Durchmesser. Der Kern kann teilweise segmentiert sein. Die Megakaryozyten bilden durch Abschnürung von peripheren Zytoplasmateilchen die B l u t p l ä t t c h e n (S. 183).

Die Osteoklasten sind mehrkernige Zellen, die überflüssig gewordene Knochenbälkchen abbauen. Eine ähnliche Funktion haben die Knorpelriesenzellen. Die Anzahl der Kerne beider Zelltypen kann sehr groß sein (bis zu 100). Riesenzellen mit zahlreichen bis sehr vielen Kernen

---

[1] ostéon (gr.) = Knochen; klân (gr.) = zerbrechen

sind auch beim Endothel der großen Blutgefäße und des Herzens beobachtet worden. Häufig werden von bestimmten Organen oder Geweben auch unter pathologischen Bedingungen Riesenzellen gebildet. Als Beispiele seien hier die Sternbergschen und Langhansschen Riesenzellen angeführt. Erstere sind typisch für die Lymphogranulomatose (Morbus Hodgkin), die eine Erkrankung der lymphatischen Organe ist, deren Ätiologie noch nicht eindeutig geklärt ist. Die Sternberg-Zellen entwickeln sich wahrscheinlich aus großen Retikulumzellen mit umfangreichen Nukleolen, die als Hodgkin-Zellen bezeichnet werden. Bei den Sternberg-Zellen handelt es sich um zwei- bis mehrkernige Zellen, die auffallend große Nukleolen haben (Durchmesser bis 10 μ). Die Langhans-Zellen erreichen sogar einen Durchmesser bis zu 300μ und enthalten teilweise bis zu 1000 Kerne. Während die chromatinarmen Kerne der Sternberg-Zellen zentral liegen, sind sie hier am Zellrand angeordnet. In ihrem Zytoplasma kommen Tuberkelbakterien vor. Die Langhans-Zellen erscheinen im durch Tuberkelbakterien hervorgerufenen Granulationsgewebe und gehen wahrscheinlich ebenfalls aus Retikulumzellen hervor. Allerdings sind sie nicht typisch für Tuberkulose, sondern finden sich auch bei anderen Erkrankungen (Entzündung, Syphilis). Bemerkenswert ist die Bildung der riesengroßen Maulbeerzellen, die für maligne Hibernome charakteristisch sind. Sie erreichen einen Durchmesser von 160 bis 180 μ.

Wenn hier das Wachstum als eine Vermehrung der Protoplasmastrukturen herausgestellt wird, so sind hiermit in erster Linie die Nukleinsäuren und Proteine bzw. die Proteide der Zelle gemeint. Die autokatalytische Funktion der Nukleinsäure, also ihre Fähigkeit zur „Selbstvermehrung", ist bereits erläutert worden (S. 57). An Hand der Kollagenbildung wurde auch schon kurz der Aufbau von mikroskopisch sichtbaren Eiweißstrukturen aus Polypeptidketten erwähnt (S. 19). Desgleichen ist auch auf S. 94 der zelluläre Mechanismus erörtert worden, nach dem wahrscheinlich die spezifischen Eiweißmakromoleküle in der Zelle determiniert und gebildet werden (S. 67).

4. DIE ZELLDIFFERENZIERUNG

4.1. Bau der Eizellen

Die Entwicklung der mehrzelligen Organismen beginnt mit der befruchteten Eizelle, der Zygote (S. 194). Diese Keimesentwicklung erfolgt bei den einzelnen Tierstämmen unter verschiedenen Bedingungen. So vollzieht sie sich z. B. bei den Säugetieren mit Ausnahme einiger primitiver Formen (Schnabeltier, Ameisenigel) im mütterlichen Organismus (intrauterin) unter weitgehend konstanten Temperatur- und

Abb. 60. Oozyte I mit umgebenden Follikelzellen (FE). D Desmosomen; ER Ergastoplasma; GC Dalton-Komplex; IB Einschlußkörper; M Mitochondrien; MVB multivesikuläres Körperchen; MV Mikrovilli; N Kern; NCL Nukleolus; PFE Zytoplasmafortsätze der Follikelzellen; PO Oozyte; V Pinozytosebläschen; ZP Zona pellucida.

Feuchtigkeitsverhältnissen. Die Versorgung des Keimes mit Nährstoffen und Sauerstoff erfolgt über die Plazenta durch das mütterliche Blut. Bei allen anderen Wirbeltieren findet eine extrauterine Entwicklung statt, wobei nur in einigen Fällen dem Embryo ein gewisser Schutz zuteil wird (z. B. Maulbrüter bei Fischen). Hierbei wird der Keim von dem D o t t e r der Eizelle ernährt. Unterschiedliche Verhältnisse finden sich auch bei den Wirbellosen. Entsprechende Unterschiede zeigen sich auch beim Aufbau der Eizellen.

Das reife Ei der Säugetiere gehört zu den größten Zellen des Organismus und ist mit bloßem Auge noch sichtbar (Abb. 7). Lichtmikroskopisch kann man im Kern (Keimbläschen) noch einen Nukleolus (Macula germinativa) beobachten. Das umfangreiche Zytoplasma enthält zahlreiche Mitochondrien und Dotterkugeln, während ein Zentriol in der reifen Eizelle nicht vorhanden ist. Die Größenunterschiede der Eizellen sind innerhalb des Tierreiches sehr beträchtlich, wenn man z. B. das menschliche Ei mit den Eiern der Sauropsiden vergleicht, denn auch letztere müssen wir als eine Eizelle betrachten, obwohl der weitaus größte Teil in Form von Dotter vorhanden ist.

Elektronenmikroskopische Untersuchungen an Eizellen verschiedener Reifestadien und Tierarten haben unsere Kenntnisse über den strukturellen Aufbau wesentlich erweitert. Abb. 60 zeigt schematisch die Organisation einer primären Säugetierzelle. Man erkennt den schwammartigen Aufbau des Nukleolus und die doppeltlamellierte Kernmembran. Im Zytoplasma liegen einzelne Mitochondrien und zahlreiche ergastoplasmatische Strukturen. Außerdem sind zahlreiche Pinozytosebläschen und vereinzelt multivesikuläre Körperchen sowie ein Golgi-Apparat zu sehen. Die Zellmembran bildet in großer Anzahl Mikrovilli, die in eine elektronenoptisch strukturlose Schicht hineinragen, die Zona pellucida. Diese fehlt bei den Monotremen. Ihre Bildung ist noch ungeklärt. Möglicherweise nehmen hieran sowohl die Eizelle als auch die Follikelzellen teil. Chemisch besteht sie aus Glykoproteiden und Mucopolysacchariden. Ihre funktionelle Bedeutung ist unbekannt (Stoffaustausch?). Die zahlreichen Mikrovilli verschwinden nach der Ovulation. Eine Ansammlung verschiedener Zellstrukturen stellt der Dotterkern (Balbianischer Kern) dar, der als eine zeitweise Bildung bei verschiedenen Tierarten beobachtet werden kann. Elektronenmikroskopisch lassen sich hier teilweise in großer Anzahl Mito-

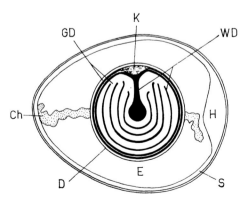

Abb. 61 Schema eines Vogeleies. Ch Chalazen, D Dottermembran, E Eiweiß, GD gelber Dotter, H Lufthöhle, K Keimscheibe, S Schale, WD weißer Dotter.

chondrien, Ribosomen sowie lamelläre und vesikuläre Strukturen beobachten. Offenbar spielt dieses Gebilde bei der Dotterbildung eine wesentliche Rolle. Jedoch ist das Problem des Dotterkernes auch heute noch nicht restlos geklärt.

Dieser prinzipielle Aufbau wird bei zahlreichen Wirbeltieren und Wirbellosen durch weitere Strukturen modifiziert. So können z. B. bei Amphibieneizellen Pigmentgranula beobachtet werden, die Melanin enthalten (S. 101). Die Pigmentierung bewirkt hier eine stärkere Absorption der Lichtstrahlen, wodurch eine bessere Erwärmung der im Frühjahr abgelegten Eier erreicht wird.

Als eine Besonderheit der Eizellen kann man den D o t t e r betrachten, der z. B. bei Vogeleiern einen großen Teil der Masse ausmacht (Abb. 61). Hier ist er abwechselnd als „gelber" und „weißer" Dotter in Form von Schichten konzentrisch um einen Zentralkern gelagert, den man als die L a t e b r a bezeichnet. Oberhalb der Latebra befindet sich im animalen Pol das eigentliche Bildungsplasma (Keimscheibe), in dem auch der Kern liegt. In der Latebra erfolgt die Dotterbildung.

An der Dotterbildung (Vitellogenese) sind wahrscheinlich verschiedene Zellorganelle beteiligt, vor allem der Dotterkern. Möglicherweise werden prävitellogene Partikeln in Mitochondrien gebildet, die unter Mitwirkung von nukleolärer Substanz und des Golgi-Apparates über komplexe Vorstufen (Dotterzytosomen) zu den eigentlichen Dotterplättchen umgebildet werden.

Die Dottermenge der Eizellen ist bei den einzelnen Tierarten sehr unterschiedlich. So haben z. B. die Eizellen der Säuger wenig, die von Sauropsiden und Fischen viel Dotter. Auch seine Verteilung innerhalb der Zelle ist recht unterschiedlich, so daß man hierbei folgende Eier unterscheiden kann:
1. isolezithale = gleichmäßige Verteilung: Säugetiere,
2. telolezithale = Anreicherung am vegetativen Pol: Fische, Amphibien, Sauropsiden, Zephalopoden,
3. zentrolezithale = Anreicherung im Zentrum: Insekten

Sämtliche Eizellen sind noch von einer oder mehreren Hüllen umgeben, die eine Schutz- oder Stoffwechselfunktion haben. Je nach ihrer Herkunft unterscheidet man:
1. primäre Membranen: sie werden von der Eizelle gebildet; z. B. die Dottermembran (Membrana vitellina).
2. sekundäre Membranen: sie werden vom Follikelepithel gebildet; z. B. Zona pellucida.
3. tertiäre Membranen: sie werden vom Ovidukt gebildet; z. B. Gallerthülle der Frösche, Hornschalen der Selachier, Kalkschalen der Vögel.

4.2. Der allgemeine Entwicklungsablauf

Bei den Einzellern gehen durch eine Zweiteilung aus einem Muttertier zwei Tochtertiere mit gleicher Zellorganisation hervor. Bei manchen Protozoen kann dies eine Längs- (Flagellaten), bei anderen eine Querteilung (Ciliaten) sein. Zahlreiche Arten (manche Flagellaten, Sporentierchen) verhalten sich insofern abweichend, als sich der Kern und auch die anderen Zellorganelle des öfteren hintereinander teilen, bis eine größere Anzahl derselben vorhanden ist. Erst dann zerfällt das Muttertier in eine entsprechende Anzahl von Tochtertieren. Es handelt sich hier also um eine **Vielteilung** (multiple Teilung). Außerdem kann ein Kern mit mehreren Chromosomensätzen, der also „polyenergid" ist. gleichzeitig mehrere „monoenergide" Kerne bilden [1]. Diese Fähigkeit haben zumindest die Primärkerne mancher Radiolarien und der Makronukleus der Ciliaten. Bei diesen Organismen ist im allgemeinen mit der Teilung auch die strukturelle Organisation des Tieres beendet.

Die Metazoen bestehen aus einer Vielzahl von Zellen, die hier auch beim gleichen Individuum einen zum Teil recht unterschiedlichen Bau aufweisen. Man vergleiche nur die Nervenzelle mit einer Muskelzelle bei Wirbeltieren in Abb. 7. Dies gilt auch für alle anderen Tierklassen, ja selbst für die relativ einfach gebauten Hohltiere (Cölenteraten).

Der Körper aller vielzelligen Tiere entwickelt sich aus einer einzigen Zelle, dem befruchteten Ei. In Ausnahmefällen kann diese Entwicklung auch ohne vorhergehende Befruchtung erfolgen, was als **Jungfernzeugung** (Parthenogenese) bezeichnet wird. So entwickeln sich z. B. die Männchen der Ameisen, Bienen (Drohnen) und Wespen aus unbefruchteten Eiern. Dieser Entwicklungsablauf von der Eizelle bis zum ausgewachsenen Organismus ist die Individualentwicklung oder **Ontogenese** [2]. Man kann sie in einzelne Abschnitte unterteilen:

1. Die **Furchung**. Hierbei wird die Eizelle in eine größere Anzahl von Zellen geteilt.
2. Die **Keimblätterbildung**. Während dieser Periode werden die gebildeten Zellen in drei Schichten eingeordnet: eine äußere Schicht — das **Ektoderm** [3], eine mittlere Schicht — das **Mesoderm** [4] und eine innere Schicht — das **Entoderm** [5].
3. Die **Organbildung**. In dieser Phase werden die Zellen der Keimblätter zu verschiedenen Gruppen angeordnet, wobei jede Gruppe die Anlage für ein bestimmtes Organ bildet.
4. Die **Differenzierung** der einzelnen Zellen. Durch diesen Vorgang erfahren die Zellen der einzelnen Organanlagen ihren spezifischen Aufbau, der sie zur Ausübung ihrer speziellen Funktion in dem jeweiligen Organ befähigt.

Die Furchung der Eizelle beginnt mit der Teilung in zwei Tochterzellen, die hier **Blastomere** heißen (Abb. 62). Die Furchungsrichtung verläuft hier vom **vegetativen** Pol zum **animalen**,

---

[1] Die Bezeichnung „Energide" wurde von M. Hartmann (1909) eingeführt.
[2] óntos (gr.) = selbst, génesis (gr.) = Erzeugung
[3] ektós (gr.) = außen, dérma (gr.) = Haut
[4] mésos (gr.) = Mitte
[5] entós (gr.) = innen

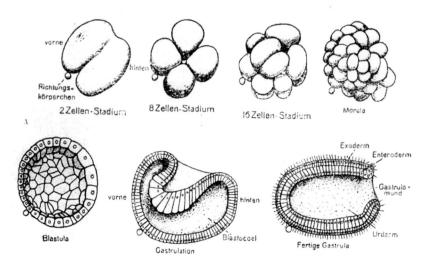

Abb. 62. Embryonalentwicklung beim Lanzettfischchen bis zur Gastrula. (Nach H a r m s)

deren Bedeutung weiter unten hervorgehoben wird. Die beiden Blastomeren teilen sich bald darauf in gleicher Richtung, wodurch 4 Zellen gebildet werden. Bei der folgenden Teilung dieser 4 Blastomeren liegt die Furchungsebene senkrecht zu den beiden ersten (Äquatorialebene), wobei 8 Zellen entstehen. Durch weitere Teilungen entsteht ein ganzer Zellhaufen, der sich wegen seines Aussehens mit einer Maulbeere vergleichen läßt und daher auch den Namen M a u l b e e r k e i m (Morula) führt (Abb. 62). Vielfach drängen die einzelnen Zellen mehr oder weniger zur Peripherie, so daß ein zellfreier, jedoch mit Flüssigkeit gefüllter Raum entsteht, die F u r c h u n g s h ö h l e. Der Keim stellt nunmehr eine Zellblase oder B l a s t u l a dar, deren Zellschicht B l a s t o d e r m heißt (Abb. 62). Das befruchtete Ei befindet sich bei Säugetieren und dem Menschen nach 24 Stunden im 2-Zellstadium, nach 48 Stunden im 4- und nach 72 Stunden im 8—12-Zellstadium. Die Einnistung des Eies in die Gebärmutterschleimhaut erfolgt nicht vor dem 7.—9. Tag und ist unabhängig von der Dauer der Schwangerschaft (z. B. Maus 19, Ratte 21, Kaninchen 32, Hund 63, Pferd 345 und Mensch 273 Tage).

Die Bildung der Keimblätter aus der Blastula erfolgt im einfachsten Fall durch Einstülpung, wobei sich die eingestülpte Schicht mehr oder weniger dicht der äußeren anlegt, so daß ein doppelschichtiger Keim entsteht. Dieser besitzt somit eine Einstülpöffnung und erscheint dadurch becherartig. Man nennt ihn deshalb B e c h e r k e i m (Gastrula) und seine beiden Schichten entsprechend ihrer Lage Ektoderm und Entoderm (Abb. 62). Der ganze Vorgang heißt auch noch G a s t r u l a - t i o n. An diesem Keim kann man schon einen U r m u n d und einen U r d a r m unterscheiden. Letzterer wird vom Entoderm (Enteroderm) umschlossen. Biochemische Untersuchungen deuten darauf hin, daß bis zur Gastrulation offenbar nur m-RNS gebildet wird, während bis dahin die im Ei gespeicherte t-RNS und r-RNS wirksam sind.

Die Bildung dieser beiden Schichten erfolgt allerdings häufig viel komplizierter als hier dargestellt. Ein drittes Keimblatt zwischen Ekto- und Entoderm wird entweder von ersterem (Ektomesoderm) oder von letzterem (Entomesoderm) gebildet. Dies kann durch Abfaltung oder auch durch Einwanderung von Zellen der einen oder der anderen Schicht in den Zwischenraum erfolgen. Bei den C h o r d a t e n entsteht (durch Abfaltung oder Einwanderung) zunächst als Mesoderm eine zusammenhängende Zellmasse, die später eine einschichtige (epitheliale) Zellage bildet, welche den Raum zwischen Ekto- und Entoderm, die s e k u n d ä r e L e i b e s h ö h l e oder auch C ö l o m genannt, umkleidet. Das Cölom durchzieht die gesamte Länge des Keimlings. Der rückenseitige (dorsale) Teil des Cöloms wird bei dieser Tiergruppe in paarige, hintereinander gelagerte Säckchen gegliedert, die U r s e g - m e n t e (Muskelsegmente). Der bauchseitige (ventrale) Teil bleibt ungegliedert. Bei den Ringelwürmern und Weichtieren geht das Mesoderm aus zwei U r m e s o d e r m z e l l e n hervor, welche durch Teilungen zunächst zwei Zellstränge (Mesodermstreifen) bilden, aus denen dann paarige Cölomsäckchen hervorgehen.

Der hier angeführte Furchungsverlauf wickelt sich allerdings nicht immer in der dargestellten Form ab. Dies ist weitgehend abhängig von der Dottermenge, die im Ei vorhanden ist, so daß man verschiedene Furchungstypen unterscheiden kann:

1. Total-äquale (gleiche) Furchung bei isolezithalen [1] Eiern (Lanzettfischchen, Seeigel).
2. Total-inäquale (ungleiche) Furchung bei telolezithalen Eiern (Lurche, Mollusken).
3. Diskoidale (Scheiben-) Furchung bei extrem telolezithalen Eiern (Vögel, Fische).
4. Superfizielle (oberflächliche) Furchung bei zentrolezithalen Eiern (Insekten).

Aus den drei Keimblättern bilden sich durch Faltung und Wucherungen die Organanlagen, aus denen dann infolge der histologischen Differenzierung, d. h. durch Aufbau spezifischer Zellstrukturen, die endgültigen Gewebe und Organe hervorgehen. Durch diesen Prozeß erlangt somit jedes Gewebe seine charakteristische Zellform, die dann, abgesehen von den allgemeinen Zellfunktionen, spezielle Funktionen innerhalb ihres Gewebeverbandes ausüben kann. So ist dann eine Drüsenzelle sekretorisch tätig, eine Nervenzelle vermittelt Reize, und die spezielle Funktion einer Muskelzelle äußert sich in Kontraktionsvorgängen.

---

[1] isos (gr.) = gleich; lékithos (gr.) = Eidotter

Die Differenzierung einer Zelle, also der Erwerb neuer Strukturen und Eigenschaften, geht parallel mit dem Verlust, Stammzelle für andere Zellen zu sein. Dies erfolgt Schritt für Schritt über verschiedene Zwischenformen, wobei intrazelluläre Kontroll- und Regulationssysteme wirksam sind, die der Ausdruck von differentiellen Genaktivitäten sind. So wissen wir, daß z. B. nicht die gesamte Enzymausstattung eines Organismus bereits in der befruchteten Eizelle vorhanden ist. Diese wird erst im Laufe der Entwicklung und der Differenzierung der Zellen entsprechend deren Funktion gebildet. Da aber alle Körperzellen die gleiche DNS-Menge mit gleicher Nukleotidsequenz haben, erhebt sich die Frage, ob hier in ähnlicher Weise die Funktion der einzelnen Gene reguliert wird. Es ist nicht ausgeschlossen, daß hierbei den Histonen eine Bedeutung zukommt (S. 61), indem sie mit der DÑS reversible Komplexverbindungen bilden und diese dadurch genetisch inaktivieren. Während der Entwicklung und Differenzierung werden dann einzelne Bereiche der DNS zu einem bestimmten Zeitpunkt durch De-Repressoren aktiviert, indem diese an den jeweiligen Stellen den DNS-Histon-Komplex lösen und damit die DNS aktivieren. Sicherlich werden wir im Laufe der Zeit weitere Einblicke in den einzigartigen biologischen Mechanismus der Entwicklung und Differenzierung gewinnen, der zweifellos ein zentrales Problem der modernen Biologie ist.

Mit der endgültigen Differenzierung verlieren manche Zellarten die Fähigkeit zur Vermehrung. Einige erlangen diese unter bestimmten Bedingungen wieder, so daß man biologisch bei den Wirbeltieren und dem Menschen drei Gruppen von Zellen unterscheiden kann.

1. Die Zellen, die sich ständig teilen. Dazu gehören:
   die Basalzellen der mehrschichtigen Epithelien (Haut, Schleimhäute), die Blutbildungszellen (Hämozytoblasten) im Knochenmark und die Spermatogonien.
2. Zellen, die sich nur unter bestimmten Bedingungen (Regeneration und Hyperplasie) teilen. Dazu gehören die Leberzellen und die reifen Lymphozyten.
3. Zellen, die sich nicht mehr teilen. Hierher gehören die Nervenzellen, die reifen Geschlechtszellen, die reifen Granulozyten und die Erythrozyten.

Bei manchen Tieren gibt es im ausgewachsenen Organismus mit Ausnahme der Geschlechtszellen überhaupt keine teilungsfähigen Zellen mehr. Dies ist z. B. bei den Fadenwürmern (Nematoden), den Rädertierchen (Rotatorien) und den Bärtierchen (Tardigraden) der Fall. Dementsprechend findet bei diesen zellkonstanten Tieren auch keine physiologische Regeneration statt.

Abschließend sollen die Entwicklungs- und Differenzierungsprodukte der drei Keimblätter angeführt werden:

Aus dem Ektoderm entwickeln sich die Oberhaut (Epidermis), die Drüsenzellen, das Nervensystem und die Sinneszellen. Die Hautderivate (Schuppen, Hornplatten, Federn, Haare, Klauen, Krallen) sind zum Teil ektodermaler und zum Teil mesodermaler Herkunft.

Aus dem Entoderm gehen schließlich der Verdauungskanal und seine Anhangsorgane (Leber, Bauchspeicheldrüse) hervor. Das Mesoderm und Mesenchym bilden das Bindegewebe, Knorpel- und Knochengewebe, die Muskulatur, die Ausscheidungsorgane, besondere Innenskelette und die Blutzellen. Sämtliche Zellen dieser Gewebe gehen aus dem embryonalen Mesenchym wie folgt hervor:

⟶ Osteoblast ⟶ Knochenzelle ⟶ Knochen (dazu: Osteoklasten)
⟶ Chondroblast ⟶ Knorpelzelle ⟶ Knorpel (dazu: Chondroklasten)
⟶ Myoblast ⟶ Muskelzelle ⟶ Muskel
⟶ Proerythroblast ⟶ Erythroblast (Normoblast) ⟶ Retikulozyt ⟶ Erythrozyt
⟶ Myeloblast ⟶ Promyelozyt ⟶ Myelozyt ⟶ Granulozyt
⟶ Megakaryoblast ⟶ Promegakaryozyt ⟶ Megakaryozyt ⟶ Thrombozyt
⟶ Indifferente (pluripotente) Retikulumzelle, die weitere Zellen bildet (S. 177).

Die Stammzellen für die männlichen und weiblichen Geschlechtszellen sind die U r g e s c h l e c h t s z e l l e n. Diese sondern sich teilweise schon sehr früh von den übrigen Embryonalzellen ab und unterscheiden sich von diesen durch Größe, Form und Struktur des Zellkernes. Meist entstammen sie dem Ento- oder Mesoderm sowie dem Mesenchym. Bei den Keimlingen der Wirbeltiere werden sie im Entoderm gebildet und wandern in die Wandung des Cöloms, wo sie mit Zellen des Mesoderms die eigentlichen Keimdrüsenanlagen bilden. Hier entwickeln sie sich zu S p e r m a t o g o n i e n bzw. O o g o n i e n.

Die Entwicklung sämtlicher Keimzellen aus einer Urgeschlechtszelle, die K e i m b a h n, läßt sich z. B. sehr gut am Pferdespulwurm beobachten. Hier sondert sich gewissermaßen schon nach der ersten Furchungsteilung die Keimzelle von der Körperzelle ab. Während nämlich die eine Zelle normale Chromosomen bildet, entwickeln sich in der anderen Chromosomen mit verdickten Enden, die im Verlauf der Mitose abgeworfen werden. Alle weiteren Zellen, die aus dieser hervorgehen, zeigen solche Chromosomenverringerungen (Diminution)[1] und werden zu Körperzellen, während die andere Tochterzelle die Geschlechtszellen bildet.

Bei den Spermatogonien lassen sich nacheinander A- und B- sowie I-(Intermediär-)Formen unterscheiden. Die A-Formen zeichnen sich gegenüber den B-Formen durch einen größeren und weniger chromatindichten Kern aus. Die I-Spermatogonien stehen morphologisch zwischen beiden Formen. Die A-Formen repräsentieren drei Spermatogoniengenerationen, die durch zwei Mitosen getrennt sind. Man kann daher noch A_1-, A_2- und A_3-Spermatogonien unterscheiden. Alle Spermatogonienformen haben zudem noch eine verschieden lange S-Phase (s. Schema). Die Differenzierung der Urgeschlechtszellen bis zu den reifen Keimzellen führt über mehrere Zwischenformen:

[1] diminutio (lat.) = Verringerung

Urgeschlechtszellen		Dauer der S-Phase
Oogonie	Spermatogonie	→ A_1—Sp. : 14—15 h
↓	↓	
Oozyte I	Spermatozyte I	A_2—Sp. : 15—16 h
↓	↓	
Oozyte II	Spermatozyte II	A_3—Sp. : 16—17 h
↓	↓	
	Spermatide	I —Sp. : 19—20 h
↓	↓	
reifes Ei	Spermium	B —Sp. : 23—24 h

Dieser Entwicklungsgang der Geschlechtszellen soll als Beispiel für eine Zelldifferenzierung ausführlicher dargestellt werden.

4.3. Die Bildung der Keimzellen

4.3.1. Allgemeines

Die Bildung der Keimzellen (Geschlechtszellen) vollzieht sich in (dafür) besonders angelegten Organen (meist paarig), für die man die Bezeichnung „Keimdrüsen" eingeführt hat, die allerdings nicht ganz zutreffend ist, da es sich hierbei um keine eigentlichen Drüsen handelt. Bei männlichen Tieren sind es die Hoden (Testis) und bei den weiblichen die Eierstöcke (Ovarien). In den Keimdrüsen (Gonaden) befinden sich außer Keimzellen noch Somazellen, die teilweise gegenüber den Geschlechtszellen eine Ernährungsfunktion erfüllen. So werden z. B. bei den Strudelwürmern die befruchteten Eier, die hier im Keimstock entstehen,

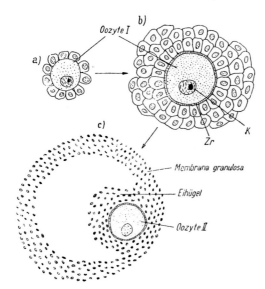

Abb. 63. Entwicklung der Eizelle im Ovar von Säugetieren (schematisch).
a Primärfollikel; b Sekundärfollikel; c Tertiärfollikel (Graafscher Follikel); K Kern; Zr Zona radiata.

im Uterus von zahlreichen Dotterzellen umgeben, die im Dotterstock gebildet werden [1]. Ei- und Dotterzellen werden dann von einer Schale umschlossen (zusammengesetzte Eier), wobei letztere allmählich „verzehrt" werden. Eine Ernährungsfunktion haben auch bei den Säugetieren im Hoden die S e r t o l i - Zellen (S. 167) und möglicherweise auch die L e y d i g schen Zwischenzellen. Letztere befinden sich zwischen den Hodenkanälchen und sind dort in das gefäß- und nervenhaltige Bindegewebe eingelagert. Sie bilden die männlichen Sexualhormone (Androgene) und haben Mitochondrien mit Tubuli. Eine trophische Funktion im Eierstock der Wirbeltiere haben auch die F o l l i k e l z e l l e n [2]. Sie umlagern zunächst als einschichtiges Follikelepithel die Oozyten, was als P r i m ä r f o l l i k e l bezeichnet wird (Abb. 63). Das Epithel wird dann mehrschichtig (Sekundärfollikel), wobei die angrenzende Zellschicht radiär um die Oozyte gestellt ist (sog. Corona radiata). Schließlich nimmt die Eizelle in dem vergrößerten Haufen von Follikelzellen eine etwas exzentrische Lage ein. Gleichzeitig entstehen zwischen den Follikelzellen Spalträume, die sich schließlich zu einem mit Follikelwasser gefüllten Hohlraum (Antrum) vereinigen. Dabei bilden die nach außen gedrängten Follikelzellen ein mehrschichtiges Epithel (Membrana granulosa) um das auf diese Weise gebildete Bläschenfollikel (Abb. 63). An einer Stelle ragt die Oozyte, ebenfalls von einem mehrschichtigen Follikelepithel umgeben, als E i h ü g e l in das Lumen des Bläschens, das nunmehr als G r a a f scher Follikel oder T e r t i ä r f o l l i k e l bezeichnet wird.

Der Follikel übt in seiner Gesamtheit eine Schutz- und Ernährungsfunktion aus. Dabei durchdringen die Follikelzellen mit langen Zytoplasmafortsätzen eine auch elektronenoptisch strukturlose Schicht, die als Z o n a p e l l u c i d a [3] die Oozyte umgibt. Zahlreiche Fortsätze sind mit der Membran der Eizelle (auch Plasmalemm genannt) durch Desmosomen verbunden (Abb. 60 D). Auch von der Oozyte reichen Zytoplasmafortsätze in die Zona (Abb. 60), die dadurch eine im Lichtmikroskop radiär erscheinende Streifung bekommt (Zona radiata, Abb. 64). Die Zona pellucida wird möglicherweise von Follikelzellen und Eizelle gemeinsam gebildet. Sie soll beim Sekundärfollikel aus Mucopolysacchariden bestehen, zu denen beim Tertiärfollikel noch Mucoproteide hinzukommen. Schließlich bilden die Follikel auch noch das F o l l i k e l h o r m o n (Östradiol), das den Uterus für die Einnistung der Eizelle nach erfolgter Befruchtung vorbereitet. Die Entwicklung der Keimzellen wird als S p e r m a t o g e n e s e bzw. O o g e n e s e bezeichnet.

In den Gonaden gehen durch zahlreiche Teilungen aus den Urgeschlechtszellen die Spermatogonien (Ursamenzellen) bzw. die Oogonien

---

[1] Bei diesen Tieren sind die Eierstöcke in Keim- und Dotterstock getrennt.
[2] folliculus (lat.) = kl. Schlauch
[3] pellucidus (lat.) = durchsichtig

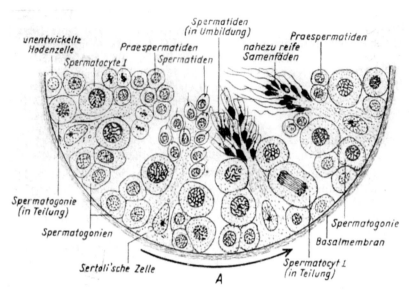

Abb. 64 Schnitt durch ein Hodenkanälchen des Menschen. Darstellung der Spermienbildung, die im Bild in Richtung des Pfeiles fortschreitet. (Nach Clara)

(Ureizellen) hervor. Aus diesen entwickeln sich nach Teilungs- und Wachstumsprozessen über die oben angeführten Zwischenformen die reifen (befruchtungsfähigen) Spermien bzw. Eier. Dieser Entwicklungsgang der männlichen Keimzellen ist histologisch in Abb. 64 zu erkennen.

Durch zahlreiche mitotische Teilungen der Spermatogonien (bzw. Oogonien) kommt es zur Bildung einer großen Anzahl von unreifen Geschlechtszellen. Man bezeichnet diese Phase daher als V e r m e h - r u n g s p e r i o d e. Bei den Säugetieren und dem Menschen hält sie bei männlichen Individuen bis zur Geschlechtsreife, bei den weiblichen dagegen nur bis zur Geburt an. Danach stellen diese Zellen zunächst ihre Teilungen ein. Aus den vorhandenen Spermatogonien entstehen dann meist periodisch durch Teilung wiederum jeweils zwei Zellen, die nunmehr aber ein verschiedenes Schicksal haben. Während nämlich eine dieser beiden Tochterzellen als Spermatogonienstammzelle erhalten bleibt, macht die andere eine W a c h s t u m s p e r i o d e durch und wird zur S p e r m a t o z y t e I (1. Ordnung). Die einzelnen Oogonien unterliegen periodisch nacheinander, aber ohne vorhergehende Teilung, ebenfalls einer Wachstumsperiode und werden dadurch zur Oozyte I (1. Ordnung). Während der Wachstumsperiode werden die Oozyten wesentlich größer als die Spermatozyten, was in erster Linie auf die Dotterbildung zurückzuführen ist. Der Dotter dient später zur Ernährung der Embryonen. Nach der Wachstumsperiode machen beide Zellarten eine weitere Teilung durch, die als 1. Reifeteilung bezeichnet wird. Danach gehen aus jeder Spermatozyte I zwei gleich große Spermatozyten II (2. Ordnung) hervor und bei den Oozyten jeweils eine Oozyte II und eine viel kleinere Zelle, die den sogenannten Richtungskörper darstellt. Auf diese Teilung folgt gewöhnlich keine längere Wachstumsphase, sondern unmittelbar darauf die 2. Reifeteilung. Dabei liefert die Spermatozyte II zwei Spermatiden und die Oozyte II das reife Ei und wiederum einen Richtungskörper. Dieser liegt nunmehr vielfach als kleine Plasmaknospe auf dem Ei an einem Pol und deutet häufig die Richtung der Hauptachse an (Abb. 62). Der aus der 1. Reifeteilung hervorgegangene Richtungskörper teilt sich ebenfalls noch einmal, so daß während der beiden Reifeteilungen aus einer Spermatozyte I insgesamt vier Spermatiden und aus der Oozyte I ein reifes Ei und drei Richtungskörper gebildet werden. Die Reifeteilungen bilden zusammen die Reifungsperiode. In Abb. 65 sind diese Vorgänge nochmals schematisch wiedergegeben.

Die Wachstumsperiode der primären Oozyten in den Follikeln ist mit einer beträchtlichen Stoffaufnahme verbunden, wenn man bedenkt, daß

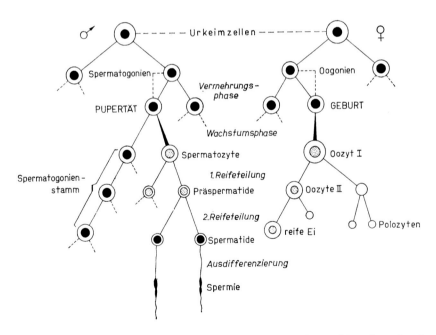

Abb. 65. Schema der Spermiogenese und Oogenese beim Menschen (nach Ries u. Gersch, abgeänd.).

sich ihr Volumen um etwa das 80fache vermehrt. Dies erfolgt teilweise durch Pinozytose (S. 127). Die dabei gebildeten Bläschen füllen sich hier allmählich mit einer elektronenoptisch dichten Substanz, und man bezeichnet sie nun als Zytosomen. In der Eizelle wird während der Wachstumsphase in erster Linie der Dotter vermehrt, an dessen Bildung (Vitellogenese) nach neueren Untersuchungen offenbar nicht nur die Zytosomen, sondern auch Kernsubstanzen, der G o l g i - Komplex und die Mitochondrien beteiligt sind (S. 79). Alle beigesteuerten Stoffe vereinigen sich zu besonders strukturierten Gebilden, den Dotterplättchen.

Mit der Reifung der Eizelle wird auch der inzwischen an die Oberfläche des Ovars gelangte Follikel unter dem Einfluß von Hormonen „sprungreif" und platzt (Follikelsprung), so daß das Follikelwasser und das Ei (mit Corona radiata) frei werden. Einige Stunden vor dem Follikelsprung oder der O v u l a t i o n macht die Oozyte die 1. Reifeteilung durch, während die 2. gewöhnlich erst nach der Ovulation erfolgt. Wird das Ei befruchtet, so entwickeln sich aus den zurückgebliebenen Follikelzellen (Granulosazellen, Abb. 63) unter dem Einfluß eines Hypophysenhormons durch Einlagerung eines gelben Farbstoffes (Lutein) die sog. L u t e i n zellen, die in ihrer Gesamtheit den G e l b k ö r p e r darstellen, der dann selbst mit der Bildung des P r o g e s t e r o n s beginnt. Dieses Hormon ist für die Erhaltung der Frucht im Uterus notwendig. Beim Menschen beginnt die Reifung der ersten Eizelle mit der Pubertät. Sie erfolgt dann periodisch alle 26 bis 29 Tage, wobei gewöhnlich immer nur ein Ei reif wird.

4.3.2. D i e M e i o s i s

In diesem Zusammenhang müssen noch einige Ausführungen über die chromosomalen Vorgänge bei den Reifeteilungen gemacht werden, die zusammengefaßt auch als M e i o s i s bezeichnet werden. In einem vorausgegangenen Abschnitt (S. 34) wurde betont, daß alle Körperzellen gewöhnlich einen diploiden Chromosomensatz haben, der gegenüber den haploiden Geschlechtszellen die doppelte Anzahl an Chromosomen aufweist. Mit der Befruchtung wird jedoch wieder der diploide Chromosomensatz hergestellt. Da aber sämtliche Zellen eines Organismus aus einer befruchteten Eizelle hervorgehen und bei jeder Teilung (Mitose) die Tochterzellen die gleiche Anzahl von Chromosomen bekommen, wie die Mutterzelle sie hatte, taucht hier natürlich die Frage auf, wann und wie bei den Geschlechtszellen der diploide Chromosomensatz zu einem haploiden reduziert wird. Diese Verminderung der Anzahl der Chromosomen um die Hälfte geschieht während der Reifeteilung.

Die beiden Reifeteilungen zeichnen sich zunächst dadurch aus, daß sie in dichter Folge ablaufen, also die 2. unmittelbar nach Beendigung der 1. durchgeführt wird. Die weiteren Vorgänge lassen sich in großen Zügen folgendermaßen darstellen, wobei die folgende, besonders

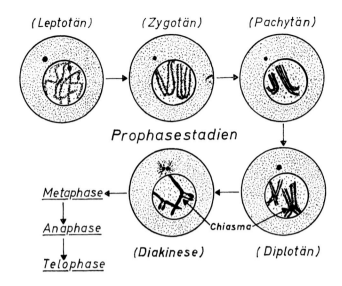

Abb. 66. Schema der Meiose.

lange Prophase anders verläuft und mehrere Stadien erkennen läßt (Abb. 66). Im Leptotän[1] erscheinen die Chromosomen in diploider Anzahl und lockern sich in zarte Fäden auf. Bei manchen Zellen sind die Chromomeren als perlschnurartige Verdichtungen zu erkennen. Des öfteren sind die Chromosomen mit dem Telomer auf die Kinetozentren gerichtet, wodurch eine besondere Anordnung innerhalb des Kernes zustande kommt (Bukettstadium). Ohne deutliche Begrenzung folgt das Zygotän[2]. Die einzelnen Chromosomen nähern sich, wobei sich jeweils zwei der Länge nach zusammenlegen (Chromosomenkonjugation) Das Wesentliche an diesem Vorgang ist, daß sich stets die gleichen (homologen) Chromosomen paaren, das eine also väterlicherseits, das andere mütterlicherseits abstammt. Danach beginnt das Pachytän[3] Die Chromosomen werden kürzer und dicker und verharren in diesem Stadium einige Zeit. Da sie bei der Paarung sehr dicht beisammen liegen, erscheinen sie optisch wie ein Teil, so daß scheinbar aus dem diploiden ein haploider Chromosomensatz geworden ist. Bereits in dieser Phase lassen die Chromosomen eine Aufspaltung in ihre zwei Chromatiden erkennen, so daß es infolge der Paarung zur Bildung von Vierergruppen oder Tetraden kommt (sog. 4-Strang-Stadium). Die Anzahl der Chromosomenpaare (Gemini) entspricht dem halben Chro-

---

[1] leptós (gr.) = zart, fein
[2] zygotos (gr.) = vereinigt
[3] pachýs (gr.) = dick

mosomensatz. In dieser Phase erfolgen auch Überkreuzungen der gepaarten Chromosomen (Crossing over), wobei Teile der Chromatiden ausgetauscht werden können. In der darauf folgenden Phase, dem D i p l o t ä n [1], weichen die Paarlinge wieder etwas auseinander, werden aber an den Überkreuzungsstellen zusammengehalten, die man als C h i a s m a t a [2] bezeichnet. Diese bilden also die morphologischen Hinweise für Austausch bzw. den Chromosomenumbau. Die Chromosomen spiralisieren (verkürzen) sich maximal, wodurch sie sich teilweise weit auseinander bewegen. Mit dieser D i a k i n e s e [3] findet die meiotische Prophase ihren Abschluß. Der Nukleolus und die Kernmembran lösen sich auf, während sich die Spindelfasern bilden. Damit beginnt die Metaphase, die wieder weitgehend jenem Vorgang bei der Mitose entspricht. Allerdings haben die sich in der Äquatorialebene befindlichen Chromosomen noch ungeteilte Kinetochore. Die einzelnen Paarlinge werden dann in der Anaphase wieder getrennt. Dadurch erhält jede Tochterzelle jeweils einen Paarling der einzelnen Chromosomenpaare, und zwar ganz willkürlich den von mütterlicher- oder väterlicherseits. Somit haben die beiden neu gebildeten Zellen nur noch einen einfachen (haploiden) Chromosomensatz. Die Anzahl der Chromosomen ist also reduziert worden. Man kann daher diese Vorgänge auch als R e d u k t i o n s t e i l u n g bezeichnen. Die 2. Reifeteilung ist dann wieder eine gewöhnliche Mitose, bei der jedes einzelne Chromosom selbst wieder halbiert wird, also seine beiden Chromatiden getrennt und auf die beiden Zellen gleichmäßig verteilt werden. Sie heißt daher auch Gleichheitsteilung oder Ä q u a t i o n s t e i l u n g. In Abb. 67 sind diese Vorgänge nochmals schematisch festgehalten.

[1] diplos (gr.) = doppelt
[2] chiasma (gr.) = Kreuzung
[3] diakineîn (gr.) = sich umherbewegen

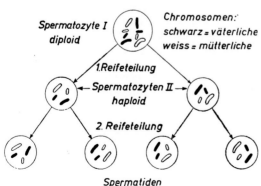

Abb. 67. Schematische Darstellung der Reifeteilungen (Meiosis).

Die Reihenfolge dieser beiden Teilungsformen kann allerdings auch umgekehrt sein (Postreduktion). Dies ist weitgehend abhängig von der Ausbildung der Tetraden. Durch diese Vorgänge wird somit erreicht, daß die Geschlechtszellen einen einfachen Chromosomensatz bekommen, womit sie erst befruchtungsfähig sind.

Die Meiose weist genau wie die Mitose noch zahlreiche ungeklärte Probleme auf. Diese betreffen vor allem die Chromosomenpaarung, den Chromatidenaustausch und die Bewegung der Chromosomen, über deren Mechanismen wir kaum etwas Gesichertes wissen. Ungeklärt sind auch die energetischen Verhältnisse im Kern während dieser Vorgänge.

Die Bildung eines Eies und dreier Richtungskörper aus einer Oozyte hat ihre biologische Bedeutung sicherlich darin, eine Zelle zugunsten der drei anderen mit genügend Reservestoffen zu versehen. Daß die Richtungskörper an sich den biologischen Wert einer Eizelle haben, zeigt sich darin, daß ihr Kern mit dem Eikern völlig gleichwertig ist. Ihre Kleinheit wird lediglich durch ihre geringe Plasmamasse und den fehlenden Dotter verursacht. Bei manchen Nacktschnecken werden relativ große Richtungskörper gebildet. Diese können befruchtet werden, und die Eier entwickeln sich dann auch zu kleinen Zwerglarven.

Während das Ei nach den Reifeteilungen bereits befruchtungsfähig ist, trifft dies für die Spermatiden nicht zu. Sie erfahren noch eine morphologische Umgestaltung und werden dadurch erst zu befruchtungsfähigen Spermien (Spermatozoen). Diese Umwandlung vollzieht sich in der Weise, daß sich der Kern zuerst verdichtet und sich in die Länge streckt. Gleichzeitig beginnt an dem Pol des Kernes, an dem der Golgi-Apparat liegt, die Bildung der Kopfkappe. Dabei erscheint zunächst eine Vakuole, die durch eine dünne Zytoplasmaschicht vom Kern getrennt ist. Diese verdichtet sich dann allmählich, legt sich gleichzeitig hüllenartig um den vorderen (apikalen) Pol des gestreckten Kernes und stellt nunmehr die Kopfkappe dar. Im weiteren Verlauf der Entwicklung zeigt das Kernplasma elektronenoptisch eine stärkere Vergröberung seiner Chromatinkörnchen. Das Zytoplasma zieht sich bis auf eine dünne Schicht vom vorderen Pol des Kernes zurück, der nun den „Kopf" des Spermiums darstellt (Abb. 79 S. 190). Die Mitochondrien erfahren hierbei eine eigenartige Umbildung, indem sie miteinander verschmelzen und eine spiralförmig angeordnete Ringstruktur um den Achsenfaden im Mittelstück bilden (S. 75). Hier nimmt auch das Zentriol seine endgültige Lage ein und beteiligt sich an der Bildung der Geißel.

Bemerkenswert ist, daß während dieser morphologischen Umbildungen laufend Substanzen aus dem Kern abgegeben werden. Nach der Verminderung des Zytoplasmas am vorderen Pol des Kernes treten hier die S e r t o l i - Zellen mit ihm in engen Kontakt, so daß wahrscheinlich ein reger Stoffaustausch erfolgt. Auch der Golgi-Apparat ist an der Bildung der Kopfkappe beteiligt. Dieser Geißeltyp der Spermien ist der häufigste und findet sich bei Hohltieren, Echinodermen, Ringelwürmern, Insekten und Wirbeltieren. Außerdem kommen noch a m ö b o i d e Formen (Fadenwürmer, Milben) und die E x p l o s i o n s s p e r m i e n (manche Krebse) vor. Diese haben eine Chitinkapsel, die bei der Berührung mit dem Ei fortgeschleudert wird, was durch die Explosion des Zentrosomenapparates erreicht wird.

5. SPEZIELLE ZELLFUNKTIONEN

Die Anzahl der Zellen mit speziellen Funktionen ist im gesamten Tierreich sehr groß. Verständlicherweise können im Rahmen dieser Darstellung nicht alle Zellformen eingehend erörtert werden. Daher sollen hier nur einige der wesentlichsten Zellen — vor allem der Wirbeltiere und des Menschen — in Struktur und Funktion etwas ausführlicher dargestellt werden. Wie bereits angeführt (S. 158), geht aus den 3 Keimblättern eine größere Anzahl unterschiedlich gebauter Zellen hervor, die als Bausteine die verschiedenen Gewebearten bilden: das Epithel-, das Stütz-, das Nerven- und das Muskelgewebe. Hinzu kommen noch einige f r e i e Zellformen und die Geschlechtszellen.

5.1. Die Epithelzellen

Das Bauelement des Epithelgewebes ist die E p i t h e l z e l l e. Die Summe dieser Zellen bildet in Form eines Deckepithels eine lückenlose

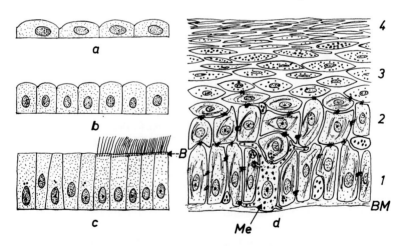

Abb. 68. Schematische Darstellung von Epithelien. a Plattenepithel, b Pflasterepithel, c Zylinderepithel (links mit Diplosomen, rechts mit Basalkörnern und Zilien), d mehrschichtige Epidermis. 1 Stratum basale, 2 Str. spinosum, 3 Str. granulosum, 4 Str. corneum. B Basalkörner, BM Basalmembran, Me Melanozyt.

Zellschicht, die den Körper sowohl nach außen als auch gegen innere Körperhöhlen abschließt. Diese Epithelschicht ist bei Wirbellosen einschichtig und bei Wirbeltieren mehrschichtig. Je nach dem Bau der einzelnen Epithelzellen unterscheidet man Platten-, Pflaster-, Zylinder- und Flimmerepithel (Abb. 68). Die Flimmerepithelzellen sind mit Flimmerhärchen versehen und kleiden häufig Körperhöhlen aus. Vielfach ist die Epithelschicht außen noch von einer K u t i k u l a überzogen, die die Schutzfunktion der Epithelschicht gegen Austrocknung und chemische Angriffe erhöht. Eine solche Aufgabe hat z. B. die Kutikula der Spul- und Bandwürmer (gegen Verdauungsfermente). Bei den Arthropoden wird die Kutikula noch durch das Chitin verstärkt (Transpirationsschutz).

Die wesentlichste Zellform der mehrschichtigen Epidermis sind die B a s a l z e l l e n , die als Keimschicht (Stratum germinativum) die darüber liegenden Zellschichten bilden, und zwar die Stachelzellschicht (Str. spinosum), die Körnerschicht (Str. granulosum) und die Hornschicht (Str. corneum). Alle Zellen der Basal- und Stachelzellschicht sind durch zahlreiche Desmosomen untereinander verbunden (Abb. 6). Basal- und S t a c h e l z e l l e n (Keratinozyten) unterscheiden sich aber durch die Anzahl der Tonofilamente (S. 28), die in letzteren zahlreicher sind und teilweise dichte Bündel um den Kern bilden. Besonders umfangreiche und kompakte Bündel von Tonofilamenten haben die K ö r - n e r z e l l e n , die zudem noch viele Keratohyalingranula enthalten. Diese finden sich allerdings in geringer Menge auch schon in den Stachelzellen. Die Hornschicht wird von toten (verhornten) Zellen gebildet, die aber den größten Teil des schädlichen UV-Lichtes absorbieren.

In der Epidermis finden sich noch Zellen mit schlauch- bzw. dendritenförmigen Fortsätzen. An diesen kann man zwei weitere Formen unterscheiden: die L a n g e r h a n s - Zellen im mittleren und oberen Bereich der Epidermis und die M e l a n o z y t e n zwischen den Basalzellen. Von diesen zeigen nur Melanozyten eine positive Dopaoxydase- reaktion und bilden M e l a n i n (S. 101). Offenbar können diese Melaningranula über Zytoplasmaausläufer an die Basalzellen abgeben (sog Zytokrinie). Beide Zellformen stammen von der Neuralleiste ab, von der aus die Melanozyten während der Entwicklung als Melanoblasten an drei verschiedene Stellen wandern: Haut, Auge und weiche Hirnhaut (Leptomeninx). Bemerkenswert ist, daß auch beim Albinismus, nicht aber bei Vitiligo [1] Melanozyten vorhanden sind, die allerdings kein Melanin enthalten.

Die ektodermale Epidermis und die mesodermale Lederhaut (Corium) bilden zusammen die Haut (Cutis), die eine Dicke von 1 bis 4 mm erreicht.

---

[1] Scharf begrenzte, pigmentlose Stellen, deren Ursache unbekannt ist.

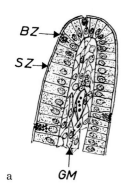
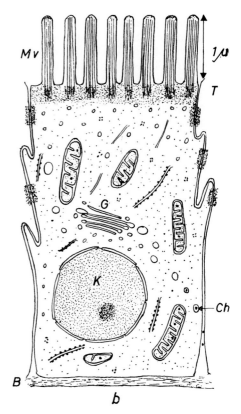

Abb. 69. Schema von Darmepithelzellen. a Teil einer Zotte, b Saumzelle. B Basalmembran, BZ Becherzelle, Ch Chilomikronen, GM glatte Muskelzelle, K Kern, Mv Mikrovilli, Sz Saumzelle, T Terminalretikulum

Die Ductuli efferentes der Nebenhoden haben ein zweireihiges Epithel, das zwei Zelltypen unterscheiden läßt: Der eine Typ hat einen basal gelegenen Kern und im apikalen Bereich neben zahlreichen Mitochondrien noch kleine zytoplasmatische Röhrchen, sogenannte Cananiculi (Durchmesser etwa 500 Å). Der apikale Zellpol wird von z. T. reich verzweigten Mikrovilli begrenzt. Beim anderen Zelltyp liegt der Kern apikal, während die Oberfläche solitäre Mikrovilli und Kinozilien aufweist.

Einen charakteristischen Feinbau haben die Darmepithelzellen bei Wirbellosen und Wirbeltieren (Abb. 69b). Typisch für sie sind die in das Darmlumen ragenden Mikrovilli, deren Bedeutung schon erwähnt wurde (S. 24). Das Zytoplasma weist zahlreiche Membranstrukturen und Mitochondrien auf. Letztere sind relativ groß und haben die typische Innenstruktur. Im apikalen Teil sind die Zellen durch Desmosomen miteinander verbunden.

Die Mikrovilli der Saumzellen zeigen unter pathologischen Verhältnissen wesentliche Veränderungen. So verschwinden sie z. B. nach Einwirkung einer entsprechenden Dosis von Röntgenstrahlen in wenigen Stunden. Ähnliches gilt auch für Durchblutungsstörungen. Bei chronischer Enteritis zeigt sich eine hochgradige Vakuolisierung der Mikrovilli, wobei die meisten zusammenfließen. Zweifellos stören solche Veränderungen auch die Resorption.

Die Funktion der Saumzellen besteht in der Resorption von Wasser, anorganischen Ionen, Aminosäuren, Fettsäuren sowie Glukose und Fruktose. Das Wasser wird passiv mit der aktiven Ionenresorption aufgenommen, deren Mechanismus bereits erörtert wurde (S. 124). Eisen wird als Ferro-Ion resorbiert, in den Zellen in Ferri-Ionen übergeführt und anschließend an Eiweiß gebunden als Ferritin transportiert. Über die Aufnahme von Fettsäuren ist wenig bekannt. Es ist auch noch ungeklärt, welche Rolle hierbei die Gallensäuren spielen. Wie elektronenoptische Untersuchungen zeigen, kann aber auch fein emulgiertes Fett resorbiert werden, wobei die einzelnen Tröpfchen offenbar durch Pinozytose in die Zelle gelangen (S. 127).

Ein weiterer Zelltyp des Darmepithels sind die B e c h e r - Zellen (Abb. 69a). In ihrem Zytoplasma enthalten sie in großer Menge Sekretgranula, die nach OsO_4-Fixierung eine geringe Elektronendichte haben. Sie werden in das Darmlumen ausgestoßen und überziehen das Epithel mit einer alkalischen Schleimschicht (Mucin, S. 25).

Eine ähnliche Feinstruktur wie die Saumzellen des Dünndarms haben auch die Zellen der Nierentubuli, mit Ausnahme der abgeflachten Zellen der H e n l e 'schen Schleifen (Abb. 70). Bei den zylinderförmigen

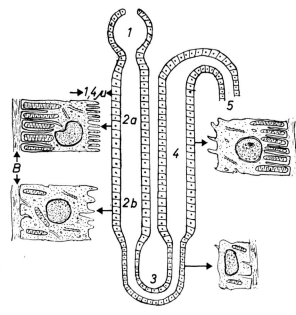

Abb. 70.
Schematische Darstellung der Epithelzellen eines Nierentubulus. B Basalmembran. 1 Bowmann'sche Kapsel, 2 proximales (a) und distales (b) Hauptstück, 3 Henle'sche Schleife, 4 Mittelstück, 5 Sammelrohr.

Epithelzellen des proximalen und distalen Hauptstückes bildet die dem Tubuluslumen zugekehrte Zellmembran ebenfalls zahlreiche Mikrovilli. Sie entsprechen dem lichtmikroskopisch sichtbaren „Bürstensaum". Während die Mitochondrien im distalen Hauptstück im Zellraum verteilt sind, befinden sie sich im proximalen und im Mittelstück vorwiegend im basalen Zellabschnitt, wo sie pallisadenartig angeordnet sind (Abb. 12, S. 35). Alle Epithelzellen des Tubulusapparates sind durch Desmosomen miteinander verbunden.

Die Zellen eines Tubulus bilden zusammen mit einem Glomerulum eine funktionelle Einheit, das N e p h r o n, von denen eine menschliche Niere etwa 1 Million hat. Diese erfüllen alle Aufgaben der Niere, nämlich die Ultrafiltration des Blutplasmas unter Bildung von Primärharn, die Rückresorption von Wasser und gelösten Substanzen sowie die Sekretion von Ammoniak und H^+ in das Tubuluslumen. Während der Primärharn in den Glomerula gebildet wird, werden seine Rückresorption und die Ausscheidung der giftigen Stoffwechselprodukte (NH_3) von den Tubulizellen durchgeführt. Von dem Primärharn werden etwa 80% von den Zellen des Hauptstückes (Tubulus contortus I. Ordnung) und der Rest im wesentlichen vom Mittelstück (T. c. II. Ord.) rückresorbiert. Es werden vor allem Glukose, anorganische Ionen und Wasser rückresorbiert.

Die Ausscheidung von Ammoniak, das durch Desaminierung von Glutaminsäure entsteht, erfolgt im proximalen und distalen Bereich. Die H^+ werden von den Tubulizellen intrazellulär aus Kohlensäure unter Mitwirkung des Fermentes Karboanhydrase gebildet:

$$H_2O + CO_2 \longrightarrow H_2CO_3 \longrightarrow H^+ + HCO_3^-.$$

Der Mechanismus der H^+-Ausscheidung in das Tubuluslumen ist noch ungeklärt. Sicher ist dagegen, daß dafür weitere Na^+ rückresorbiert und dann zur Bildung von Bikarbonat verwendet werden:

$$Na^+ + HCO_3^- \longrightarrow NaHCO_3.$$

Dieses diffundiert in die peritubulären Blutgefäße. Beide Vorgänge, die Rückresorption von Na^+ und die Sekretion von H^+ in das Tubuluslumen bewirken, daß der pH-Wert des Primärharnes von etwa 7,4 auf 4,6 sinkt, wie ihn der Harn hat. Allerdings wird ein Teil der Wasserstoffionen durch das ausgeschiedene Ammoniak neutralisiert:

$$NH_3 + H^+ \longrightarrow NH_4^+.$$

Die Ausscheidung von Ammoniak steigt logarithmisch mit der Abnahme des pH-Wertes im Tubuluslumen an.

Sowohl bei der Rückresorption als auch bei der Sekretion werden Substanzen „aktiv" transportiert, wozu eine beträchtliche Energie (ATP) notwendig ist. Es ist daher nicht verwunderlich, wenn die Nieren zwar nur etwa 1/220 des Körpergewichtes ausmachen, wohl aber etwa 1/12 des gesamten Energieumsatzes benötigen. Sie haben damit je Gewichtseinheit den höchsten Energiebedarf. Diese enorme Leistung macht die große Anzahl von Mitochondrien in den Tubulizellen verständlich. Vermerkt sei noch, daß die Wasserrückresorption aus dem

Primärharn wahrscheinlich — wenigstens zum Teil — passiv mit der aktiven Resorption von Na^+ und K^+ erfolgt.

Die Funktionsleistung der Tubulizellen ist nicht allein abhängig von ihrer Struktur, die dazu nur alle „räumlichen" Voraussetzungen schafft. Rückresorption und Ausscheidung werden von zahlreichen anderen Faktoren mitbestimmt. So beeinflußt z. B. die CO_2-Spannung im Blut die Bildung von Bikarbonat und NH_4^+. Die Menge der letzteren ist zudem von der Aktivität der desaminierenden Glutaminase abhängig. Eine wesentliche Bedeutung haben auch die Hormone Aldosteron, Adiuretin und Vasopressin für die Nierenfunktion. So bewirkt z. B. Aldosteron eine verminderte H^+-Ausscheidung.

5.2. Drüsenzellen

Besonders differenzierte Epithelzellen sind die Drüsenzellen (Abb. 71). Charakteristisch für sie ist das umfangreiche Ergastoplasma. Ihre Funktion besteht in der Bildung und Absonderung von Sekreten. Diese können an die Oberfläche des Körpers (z. B. Haut des Regenwurmes und der Fische) oder auch in bestimmte Körperhöhlen abgesondert werden (z. B. bei Mundspeicheldrüsen). In allen Fällen spricht man von exokrinen Drüsenzellen. Gelangt aber das Sekret direkt in die Blut- oder Lymphgefäße, so redet man von endokrinen Drüsenzellen (z. B. bei der Schilddrüse). Die Bauchspeicheldrüse der Wirbeltiere hat einen exokrinen (Verdauungssekret!) und einen endokrinen (Hormone!) Drüsenanteil.

Letzterer besteht aus einer großen Anzahl kleiner Zellhaufen, die in ihrer Gesamtheit das Inselorgan (Langerhanssche Inseln) darstellen. Es besteht aus A- und B-Zellen, die bei manchen Tieren (z. B. Enten) getrennt liegen. Erstere bilden das Glukagon, letztere das Insulin. Beide Hormone sind für den Kohlenhydratstoffwechsel bedeutsam. Die A- und B-Zellen unterscheiden sich (elektronenmikroskopisch) in erster Linie durch die Form

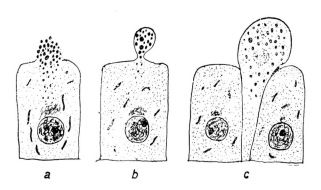

Abb. 71. Drüsenzellen (halbschematisch). a: apokrine, b: merokrine, c: holokrine Sekretion.

ihrer Granula. Bei ersteren kann man noch A_1-(argyrophile) und A_2-(nichtargyrophile) Zellen unterscheiden.

Je nach der Art der Sekretion unterscheidet man merokrine, apokrine und holokrine Drüsenzellen (Abb. 71). Bei ersteren wird das abgesonderte Sekret vom Golgi-Apparat laufend nachgebildet. So funktionieren z. B. die Becherzellen des Darmepithels (S. 170), die basophile, metachromatische Mucingranula (Schleim) bilden. Bei den apokrinen Drüsen (z. B. Milchdrüsen) werden protoplasmatische Teile mit dem Sekret abgeschnürt, so daß die Zelle nach einer gewissen Funktionsdauer wieder regenerieren muß. Bei der holokrinen Sekretion (z. B. Talgdrüsen) geht die ganze Zelle zugrunde.

5.3. Die Endothelzellen

Eine ähnliche Funktion wie teilweise das Epithel hat auch das mesenchymale E n d o t h e l [1] zu erfüllen. Diese einschichtige Zellage bildet zusammen mit der B a s a l m e m b r a n und den P e r i z y t e n die wesentlichsten Bauelemente der Kapillaren (Haargefäße).

Auch alle größeren Gefäße (Arterien, Venen und Lymphgefäße) werden von einer Endothelschicht tapetenartig ausgekleidet. So besteht z. B. die Arterienwand aus der Endothellage, einer Lamina elastica interna, aus zwei Schichten von glatten Muskelzellen und aus adventitiellem Bindegewebe. Den gleichen Aufbau, nur in schwächerer Ausbildung der einzelnen Schichten, haben auch die Wände der Venen und Lymphgefäße.

Das Bauelement des Endothels ist die Endothelzelle (Abb. 72). Diese Zellen haben entweder einen langgestreckten oder ovalen, häufig stark gebuchteten Kern, der chromatinarm ist. Das Zytoplasma kleidet als dünne Schicht tapetenartig die Gefäße aus und liegt bei den Kapillaren einer Basalmembran dicht an (Abb. 72).

Die Basalmembran erscheint lichtmikroskopisch als G r u n d h ä u t c h e n. Sie läßt elektronenmikroskopisch nach entsprechender Präparation drei Schichten erkennen: von diesen ist die mittlere (Lamina densa) dichter als die beiden äußeren Schichten (L. rarae) und enthält fibrilläre Strukturen. Mit dem Periodsäure-Schiff-Reagens gibt sie eine positive Reaktion (PAS-Reaktion), was auf die Anwesenheit von Mucopolysacchariden schließen läßt. Funktionell wirkt die Basalmembran vermutlich als Ultrafilter.

Die Perizyten (R o u g e t - Zellen) oder A d v e n t i t i a - Zellen liegen als perikapillare Zellen dem Endothel dicht an, sind aber meistens von diesem durch die Basalmembran getrennt, von der sie gewöhnlich eingeschlossen werden (Abb. 72). Diese Zellen weisen keine besonderen Strukturen im Zytoplasma auf, während der Kern dem der Endothelzellen ähnelt. Über die Funktion dieser Zellen ist bislang nichts Sicheres bekannt. Die ihnen des öfteren zugeschriebene gefäßverengende Wir-

---

[1] éndon (gr.) = innen; theló (gr.) = Warze

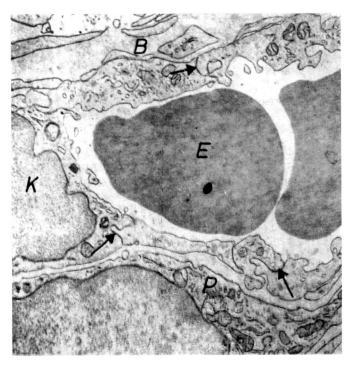

Abb. 72. Teilquerschnitt einer Kapillare (Thymus) von mehreren Endothelzellen gebildet, die durch Interzellularfugen getrennt sind (⟶). B Basalmembran, E Erythrozyten, K Kern einer Endothelzelle, P Perizyt. Vergr.: 20 000:1.

kung kommt ihnen wahrscheinlich nicht zu, da sie keine kontraktilen Strukturen enthalten.

In das Lumen der Gefäße reichen des öfteren Zytoplasmafortsätze, die möglicherweise eine Oberflächenvergrößerung darstellen. Entlang der basalen und auch der lumalen Zellmembran kann man im Zytoplasma der Endothelzellen häufig Mikropinozytosebläschen beobachten (Abb. 72). Wahrscheinlich funktionieren sie im Sinne einer Zytopempsis (S. 128). Die einzelnen Zellen werden offenbar durch elektronenmikroskopisch sichtbare Schlußleisten zusammengehalten. Diese überbrücken die etwa 10 mμ breiten Interzellularfugen. Sie lassen sich im Tierexperiment durch Histamin und Serotonin erweitern. Ob durch sie eine Diapedese, d. h. ein Durchtritt von Zellen erfolgt, ist nicht geklärt, aber möglich.

Der Bau der Endothelzellen ist nicht bei allen Organen gleich. Dies gilt bereits für die Dicke der Zytoplasmaschicht. Diese mißt z. B. bei den Endothelzellen der Haut etwa 400 bis 500 μ, ist aber bei den Lungenkapillaren nur 10 bis 100 μ dick. Sicherlich ist die Endotheldicke

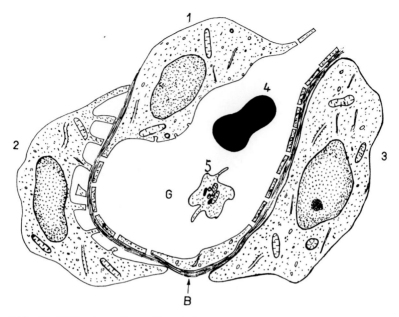

Abb. 73. Halbschematische Darstellung einer Glomerulumkapillare. B Basalmembran, G Gefäß, 1 Endothelzelle, 2 Deckzelle (Podozyt), 3 interkapillare Zelle, 4 Erythrozyt, 5 Thrombozyt.

bedeutsam für die Geschwindigkeit des CO_2-O_2-Austausches. Die Endothelzellen der Nierenglomerula bilden ein unterbrochenes (gefenstertes) Endothel, so daß intrazelluläre Lücken entstehen (Abb. 73). Auch diese strukturelle Besonderheit dürfte für die Funktion der Glomerula wesentlich sein (S. 128).

Häufig wird behauptet, die Endothelzelle sei eine funktionell umgewandelte Retikulumzelle, wofür allerdings noch exakte Beweise fehlen. Jedenfalls erreichen die Zellen des Gefäßendothels bald ihre Differenzierung, während die Retikulumzellen weitgehend ihre Teilungs- und Differenzierungsfähigkeit (Pluripotenz) behalten. Dagegen sind sicherlich die endothelartig gelagerten „U f e r z e l l e n" der Sinusoide der Lymphknoten, der Milz und des Knochenmarks aus Retikulumzellen hervorgegangen. Dies gilt auch für die K u p f f e r schen S t e r n z e l l e n der Lebersinusoide. Histologisch fehlt den von diesen Zellen gebildeten Kapillaren die Basalmembran des gewöhnlichen Gefäßendothels. Physiologisch beteiligen sie sich zudem im Gegensatz zur echten Endothelzelle an Speicherungen, bilden entsprechend G a u c h e r - Zellen und proliferieren bei Retikulosen[1] und Retothelsarkomen[2], wäh-

---

[1] starke Vermehrung der Retikulumzellen
[2] bösartige Vermehrung der Retikulumzellen und der Sinusendothelien

rend sich hierbei die Zellen des Gefäßendothels indifferent verhalten. Letztere werden daher nicht zum retikuloendothelialen System (RES) gerechnet.

5.4. Die Zellen der Stützgewebe

Zu dem Stützgewebe der Wirbeltiere gehören das Bindegewebe, das Knorpelgewebe und Knochengewebe, die alle aus dem embryonalen Mesenchym hervorgehen. Dieses besteht überwiegend aus einer gallertigen Grundmasse, in die stark verästelte Zellen eingelagert sind. Eine ähnliche Anordnung der Zellen findet man noch im retikulären Bindegewebe, dessen zelliges Netzwerk von den R e t i k u l u m z e l l e n gebildet wird. Diese entwickeln sich aus den embryonalen Mesenchymzellen und bewahren offensichtlich noch weitgehend deren undifferenzierten (pluripotenten) Charakter. In Form des retikulären Gewebes bilden sie vor allem das Grundstroma der lymphatischen Organe, in das Lymphozyten eingelagert sind. Diese Zellkombination stellt das lymphoretikuläre Gewebe dar.

Morphologisch haben diese Zellen einen relativ großen, chromatinarmen Kern mit einem kleinen Nukleolus (Abb. 16). Das Zytoplasma der einzelnen Zellen ist nicht einheitlich beschaffen und unterscheidet sich vor allem hinsichtlich der Entwicklung des endoplasmatischen Retikulums. In vielen Zellen kann man elektronenoptisch sehr feine Faserstrukturen bemerken, die sich mit Silber schwärzen lassen und somit Retikulinfasern (Silberfasern) darstellen (S. 26). Offenbar können aus ihnen Kollagenfasern hervorgehen. Ein Teil enthält phagozytierte Zellen und Zellreste. Diese Tatsachen haben bislang eine einheitliche Auffassung hinsichtlich der morphologischen Unterscheidung und der Funktion der Retikulumzellen erschwert. Möglicherweise sind sie primär einheitlich und pluripotent und können sich zu folgenden Zellen entwickeln:

Der Histiozyt ist sicherlich der phagozytierenden Retikulumzelle gleichzusetzen (Abb. 46).

Der Monozyt ist eine Blutzelle und entspricht wahrscheinlich dem Histiozyten des Gewebes. Ungeklärt ist, ob neben den Histiozyten noch phagozytierende Retikulumzellen als selbständige Zellform vorkommen. Dagegen unterscheidet sich die Endothelzelle morphologisch und funktionell eindeutig von der Sinusendothelzelle (endotheliale R.), zu denen

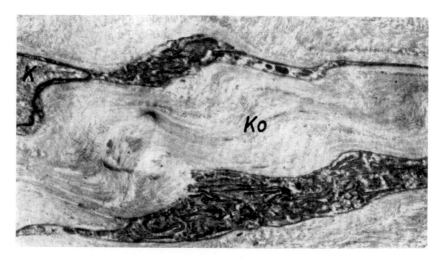

Abb. 74. Zytoplasma von zwei Fibrozyten. K Kern, Ko Kollagen.
Vergr.: 20 000:1.

die „Uferzellen" und die Sternzellen gehören (S. 176). Der Perizyt wird auf S. 174 näher erörtert. Aus den plasmazellulären und lymphoiden Retikulumzellen entwickeln sich Plasmazellen bzw. Lymphozyten. Der Fibrozyt (Fibroblast) ist das wesentliche zelluläre Bauelement des lockeren Bindegewebes, indem auch noch Mastzellen vorkommen. Fibrozyten haben lange und spitz auslaufende Zytoplasmafortsätze mit zahlreichen Ergastoplasmastrukturen (Abb. 74).

Die Bauelemente des Knorpel- und Knochengewebes sind die K n o r - p e l - bzw. K n o c h e n z e l l e n (Abb. 7 u. S. 159). Die Knorpelzellen haben einige Mitochondrien und auch endoplasmatisches Retikulum. Zudem enthalten sie Fetttröpfchen und Glykogen. Daher ist hyaliner Knorpel sehr glykogenreich. Der hohe Gehalt an Paraplasma ist möglicherweise auf einen geringen Stoffwechsel dieser Zellen zurückzuführen, die sich offenbar in der Gewebekultur in Fibrozyten umbilden können. Die Knochenzellen sind stark verzweigte, zytoplasmareiche Zellen. Ungeklärt ist, wieweit sie an der Mineralisierung des Knochens, d. h. am Einbau von Kalksalzen ($Ca_3(PO_4)_2$), in die organische Grundsubstanz beteiligt sind.

Das Muskelgewebe wird von den M u s k e l z e l l e n und das Nervengewebe von den N e r v e n z e l l e n und den G l i a z e l l e n aufgebaut, die noch eingehender dargestellt werden. Als besonders differenzierte Zellen des Nervengewebes kann man die Sinneszellen betrachten, die meist einem Epithel eingefügt sind (Sinnesepithel S. 223).

5.5. Die Blutzellen

Zu den freien Zellen gehören die Blutzellen, denen hier noch die Plasmazellen und die M a s t z e l l e n angegliedert werden sollen. Die Blutzellen bilden zusammen mit dem B l u t p l a s·m a das Blut, dessen rote Farbe bei Wirbeltieren und einigen Wirbellosen durch Hämoglobin bedingt wird (S. 21). Wird die Gerinnung des Blutes durch Zugabe von Zitrat- oder Oxalatlösung verhindert (Bindung der Ca-Ionen!), so setzen sich die Blutzellen nach unten ab (Blutkuchen), so daß das Plasma als gelbliche Flüssigkeit über ihnen steht (Blutsenkung!). An der Blutsenkung sind bestimmte Plasmaproteine (Agglomerine) aktiv beteiligt, während ein Albuminkomplex für die Senkungshemmung verantwortlich ist.

Blutzellen finden sich schon bei den Wirbellosen (Würmern, Mollusken). Bei Wirbeltieren überwiegen die roten Blutkörperchen oder E r y - t h r o z y t e n bei weitem (beim Menschen etwa 4 bis 5 Mill. pro mm^3) und bilden etwa 45% des Gesamtvolumens des Blutes (Hämatokritwert). Bei Säugetieren sind sie kernlos und haben einen Durchmesser von 6 bis 8 μ (beim Moschustier nur 2,5 μ). Lichtmikroskopisch sind sie nach P a p p e n h e i m - Färbung rötlich tingiert und bilden beim Menschen und bei Säugern eine bikonkave Scheibe. Im elektronenmikroskopischen Bild erscheinen die reifen, kernlosen Erythrozyten der Säuger als sehr dunkle, völlig homogene Gebilde, an denen außer der Zellmembran keine weiteren Strukturen zu erkennen sind (Abb. 72). Dagegen lassen die Retikulozyten als unreife Formen lichtmikroskopisch sichtbare Strukturen erkennen (Substantia retikulofilamentosa), bei der es sich um RNS-Reste handelt. Bei den kernhaltigen roten Blutzellen der übrigen Wirbeltiere sind dagegen deutlich Mitochondrien und Strukturen des endoplasmatischen Retikulums zu sehen.

Bei den Erythrozyten des Menschen treten des öfteren nach toxischen Einwirkungen sogenannte H e i n z sche K ö r p e r c h e n auf, bei denen es sich um denaturiertes Hämoglobin handelt. Sie lassen sich im Tierexperiment darstellen, z. B. mit Hilfe von Azetylphenylhydrazin.

Die hohe Elektronendichte der Säugererythrozyten wird in erster Linie durch das Hb bedingt, das gleichmäßig in das Stromaeiweiß (Stromatin und Elinin) eingelagert ist. Der Fe-Gehalt des Hb beträgt etwa 0,334%. Dennoch enthält das Hb der Säuger etwa 73% des gesamten Eisens. Der Rest verteilt sich auf das Myoglobin (S. 204) und die Zytochrome (S. 119). Beim Menschen beträgt der normale Hb-Gehalt 14 bis 18 g in 100 ml Blut. Ein Erythrozyt enthält etwa $30 \cdot 10^{-12}$ g Hb.

Die wesentlichste Funktion des Hb besteht im Transport von Sauerstoff, der an die 6. Koordinationsstelle des Eisens gelagert wird (S. 22), wobei dieses keinen Wertigkeitswechsel zeigt. Man bezeichnet diesen Vorgang als O x y g e n i e r u n g. 1 g Hb kann 1,34 cm^3 Sauerstoff binden. Eine etwa 200mal stärkere Affinität zum Hb besitzt CO (Vergiftung!). Starke Oxydationsmittel wie Chlorate und H_2O_2 oxydieren Hb zu Methämoglobin (Met-Hb), wobei Fe dreiwertig wird. Met-Hb kann keinen Sauerstoff mehr transportieren, so daß größere Mengen schädlich sind. Auch unter physiologischen Bedingungen wird ständig etwas Met-Hb gebildet, das aber bald wieder fermentativ reduziert wird. Auch das in Erythrozyten vorkommende Gluthation (reduziert) kann das Met-Hb reduzieren.

Eine gewisse Rolle spielt das Hb auch beim CO_2-Transport, wobei es mit einer HN_2-Gruppe eine Karbaminoverbindung bildet:

$Hb - NH_2 + CO_2 \longrightarrow Hb - NH - COO^- + H^+$.

Der größte Teil des CO_2 wird allerdings in den Erythrozyten hydratisiert: $CO_2 + H_2O \longrightarrow H_2CO_3 \longrightarrow HCO_3^- + H^+$.

Außer dieser Funktion sind sie auch noch als Träger von Blutgruppensubstanzen biologisch bedeutsam. Dies sind hochmolekulare Verbindungen, die aus Aminosäuren und Kohlenhydraten (Galaktose, Glukosamin) bestehen und als Antigene, und zwar als Agglutininogene wirken. Sie

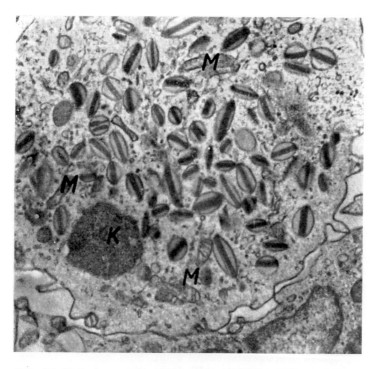

Abb. 75. Teil eines eosinophilen Granulozyten mit zahlreichen Granula im Zytoplasma. K Kern; M Mitochondrien. Vergr.: 14 400:1. (Original-Aufnahme)

zeichnen sich dadurch aus, daß ihre Antikörper (Isoagglutinine, S. 186) auch im Blut vorkommen. Man kann primäre und sekundäre Erythrozytenantigene unterscheiden. Erstere werden von diesen Zellen während ihrer Reifung gebildet, letztere aus dem Serum adsorbiert. Klinisch ist es bedeutsam, daß bei Blutübertragung im Spenderserum ein für die Erythrozytenantigene unverträglicher Isoantikörper vorhanden ist, der zunächst zur Agglutination dieser Zellen und anschließend zu deren Auflösung (Hämolyse) führt. Bemerkenswert ist, daß solche Antikörper im gleichen Organismus entstehen, also als Autoantikörper zur Vernichtung der Erythrozyten führen können, was sich klinisch in Form einer hämolytischen Anämie äußert.

Unter pathologischen Bedingungen (z. B. Knochenmarkinsuffizienz) kann auch in anderen Organen (Leber, Milz) eine Erythropoiese erfolgen (Metaplasie). Die Bildung der roten Blutzellen wird durch das sogenannte E r y t h r o p o i e t i n aktiviert. Durch Röntgenstrahlen, Zytostatika und Toxine wird die Bildung der Stammzellen (Proerythroblasten) gehemmt, so daß die Anzahl der roten Blutzellen vermindert ist (aplastische Anämie). Auch deren Entwicklung zu Normoblasten (S. 159) bleibt aus, wenn Vitamin B_{12} fehlt. Die Proerythroblasten entwickeln sich dann ohne weitere Vermehrung zu Megaloblasten und diese zu kernlosen Megalozyten, so daß auch hierbei die Erythrozyten im Blut vermindert sind (perniziöse [1] Anämie).

Weitere feste Bestandteile des Blutes sind die weißen Blutzellen oder L e u k o z y t e n [2] (beim Menschen 5000 bis 8000 pro mm^3) und die Thrombozyten (etwa 300 000 pro mm^3). Bei den Leukozyten kann man folgende Formen unterscheiden:

1. die G r a n u l o z y t e n, die sich auf Grund ihres färberischen Verhaltens unterteilen lassen in n e u t r o p h i l e (55 bis 70%), e o - s i n o p h i l e (2 bis 4%) und b a s o p h i l e (0,5%),
2. die L y m p h o z y t e n [3] (20 bis 30%),
3. die M o n o z y t e n (6 bis 8%).

Die Granulozyten werden normalerweise im Knochenmark gebildet, wo sie sich aus M y e l o b l a s t e n über mehrere Zwischenformen entwickeln (S. 159). Während die jüngeren Zellen einen stabförmigen Kern haben, ist er bei älteren ein- oder mehrmals segmentiert (polymorphkernig, Abb. 15 u. S. 37), wobei die Anzahl der Segmente offenbar einen Reifegrad dieser Zellen darstellt. Ein Nukleolus fehlt gewöhnlich. Röntgenstrahlen bewirken ein vermehrtes Ausschwemmen von Stabkernigen aus dem Knochenmark in das Blut (sog. Linksverschiebung des Blutbildes). Das Zytoplasma dieser Zellen enthält zahlreiche bläschenförmige Strukturen des endoplasmatischen Retikulums und verstreute Ribosomen, während die relativ kleinen Mitochondrien nicht sehr zahlreich sind (Abb. 75). Außerdem haben sie in ihrem Zytoplasma

---
[1] perniziosus (lat.) = verderblich
[2] leukós (gr.) = weiß
[3] lympha (lat.) = Quellwasser

zahlreiche Granula, die für die einzelnen Formen typisch sind. Die sehr feinen Granula der Neutrophilen haben keine besondere Farbstoffaffinität und lassen sich sowohl mit sauren als auch mit basischen Farbstoffen anfärben. Sie enthalten eine Substanz, das Phagocytin, das wahrscheinlich bei der Phagozytose bakterizid wirkt. Wie die Eosinophilen können sie Bakterien phagozytieren und bestimmen in erster Linie Farbe und Konsistenz des Eiters.

Die Granula der eosinophilen Leukozyten lassen sich mit dem sauren Farbstoff Eosin lichtmikroskopisch darstellen, was auch zu ihrer Benennung geführt hat. Elektronenmikroskopisch sind diese Granula länglich-ovale und kugelige Gebilde, die einen (vereinzelt zwei) sehr dichten, tafelförmigen Innenkörper haben, der die Längsachse der Granula einnimmt (Abb. 75). Bei starker Vergrößerung tritt eine lamelläre Schichtung in Erscheinung. Der übrige Anteil der Granula erscheint homogen hellgrau und ist von einer doppellamellierten Membran umgeben. Der chemische Aufbau der Granula ist noch nicht geklärt. Vermutlich bestehen sie aus Proteinen und Phospholipoiden. Die Affinität der Granula zu sauren Farbstoffen ist offenbar auf basische Aminosäuren zurückzuführen. Die Basophilen haben gewöhnlich sehr viele, relativ große Granula, die im Elektronenmikroskop hell- bis dunkelgrau erscheinen und morphologisch mit denen der Mastzellen übereinstimmen (Abb. 77). Chemisch enthalten sie Heparin[1] und Histamin, deren Bedeutung weiter unten erörtert wird. Aus diesem Grund werden die basophilen Granulozyten häufig auch als Blutmastzellen bezeichnet und mit den Mastzellen des Gewebes gleichgestellt, was sicherlich nicht richtig ist. Funktionell beteiligen sie sich an der Blutgerinnung und offenbar auch am Fetttransport. Die Lebensdauer der Granulozyten ist unterschiedlich (ein bis mehrere Tage).

Die Lymphozyten sind rundliche Zellen mit einem Durchmesser von 7 bis 15 μ, die gewöhnlich nur einen kugelförmigen, jedoch chromatinreichen Kern haben (Abb. 16 S. 42). Ein Nukleolus ist weder licht- noch elektronenoptisch bei allen Zellen zu erkennen, während bei manchen mehrere Nukleolen beobachtet werden können. Die meisten Lymphozyten — vor allem die kleinen — haben relativ wenig Zytoplasma, das dennoch gewöhnlich ungleich um den Kern verteilt ist, was entsprechend auch für die wenigen Mitochondrien gilt. Hinsichtlich ihrer Größe kann man drei Formen unterscheiden: große, mittlere und kleine. Von den Granulozyten unterscheiden sie sich zytochemisch vor allem hinsichtlich der Peroxydase-Reaktion, die bei ihnen negativ ist.

Die Bildung der Lymphozyten (Lymphopoese) erfolgt bei den Wirbeltieren und dem Menschen in den lymphatischen Organen. Ob sich auch die in der Darmwand gelegenen Peyerschen Haufen daran beteiligen, ist nicht sicher.

---

[1] hepar (gr.) = Leber

Etwa 80%/o der Lymphozyten haben eine Lebensdauer von über 300 Tagen. Vermutlich können diese sogar einige Jahre alt werden, während etwa 20%/o nur einige Tage lebensfähig sind. Es ist sehr wahrscheinlich, daß sich die meisten Lymphozyten außerhalb der Blut und Lymphgefäße befinden.

Die Funktion der Lymphozyten ist noch nicht endgültig geklärt. Es ist aber sicher, daß sie keine differenzierten Zellen sind — wie bislang angenommen —, sondern sich offenbar in „Ruhe" befinden und unter bestimmten Bedingungen sich wieder teilen können. Möglicherweise können sich dann verschiedene Zellen aus ihnen entwickeln (s. u.).

In jüngster Zeit ist ihre Beteiligung an der Antikörperbildung wahrscheinlich geworden. Dies soll einmal in der Weise erfolgen, indem sie von Makrophagen aufgenommen und abgebaut werden und die dabei frei werdende Nukleinsäure eine Matrizenfunktion bei der Synthese der Antikörper ausübt. Zum anderen ist es aber auch möglich, daß sich die großen Lymphozyten nach Reizung bestimmter Antigene zu Plasmazellen entwickeln und dann an der Antikörperbildung direkt teilnehmen. Von einigen Forschern wird auch eine Umwandlung von Lymphozyten in Erythrozyten im Knochenmark angenommen. Von M a x i m o w u. a. ist die Theorie vertreten worden, daß sich die kleinen Lymphozyten im Entzündungsfeld zu Polyblasten vergrößern und diese zu Monozyten und Makrophagen werden.

Recht empfindlich sind die Lymphozyten gegenüber Hormonen der Nebennierenrinde (Corticosteroide) und Röntgenstrahlen, nach deren Einwirkung ihre Kerne schnell pyknotisch werden (S. 129).

Fast noch mehr Unklarheit herrscht derzeit über Herkunft und Bedeutung der Monozyten, deren Kern gewöhnlich eine bohnenförmige Gestalt hat. Diese Zellen haben einen Durchmesser von 12 bis 20 μ und enthalten in ihrem Zytoplasma sog. azurophile Granula. Sie geben außerdem wie die Granulozyten eine positive Peroxydase-Reaktion. Hinsichtlich ihrer Herkunft werden drei Theorien vertreten, und zwar ihre Entwicklung 1. aus Retikulumzellen, 2. aus Lymphozyten, 3. aus Myeloblasten. Wir wollen sie hier nicht näher erörtern. Nach der Ansicht S c h i l l i n g s soll der Monozyt des Blutes dem Histiozyten des Gewebes entsprechen.

Die Anzahl aller Leukozyten im Blut ist auch unter physiologischen Bedingungen recht schwankend und kann vorübergehend beträchtlich erhöht sein (z. B. bei Schwangerschaft, nach Mahlzeiten), was man als L e u k o - z y t o s e bezeichnet. Durch Röntgen- und Radiumstrahlen werden sie im Blut vermindert (sog. Leukopenie). Bemerkenswert ist die unterschiedliche Beeinflussung der einzelnen Leukozytenformen nach Zufuhr von Corticosteroiden. Hierbei kann man eine neutrophile Leukozyte, Eosinopenie und Lymphopenie beobachten (sog. Trias).

Die Thrombozyten sind 0,5 bis 2,5 μ große, unregelmäßig geformte und bei Säugetieren und dem Menschen gewöhnlich kernlose Blutelemente (Abb. 73). Während hier gelegentlich auch kernhaltige beobachtet werden können, haben sie bei niederen Wirbeltieren alle einen Kern.

Ihre Anzahl beträgt beim Menschen etwa 300 000 pro ml Blut. Bei der Betrachtung im Dunkelfeldmikroskop kann man an lebenden Blutplättchen mehrere, teilweise recht lange Pseudopodien beobachten, die aktive Bewegungen ausführen und sicherlich die Adhäsion der Plättchen an den Gefäßwänden bewirken. Licht- und elektronenoptisch kann man an ihnen eine granulafreie Außenzone, den H y a l o m e r, und ein granulahaltiges Zentrum, den G r a n u l o m e r, unterscheiden. Letzterer enthält verschiedene Granulaformen (α-, β- und γ-Granula). Die α-Granula entsprechen den Mitochondrien. Im Granulomer wird die T h r o m b o k i n a s e (= Thromboplastin) gebildet, während sich im Hyalomer das R e t r a k t o z y m befindet, ein Faktor, der für die Retraktion des Blutkoagulums nach der Gerinnung des Blutes verantwortlich ist. Außerdem sind in den Thrombozyten Serotonin und Histamin vorhanden (S. 187).

Funktionell sind die Thrombozyten maßgeblich an der Blutgerinnung beteiligt, indem sie die Thrombokinase an das Blutplasma abgeben, die in Gegenwart von Ca-Ionen das Prothrombin in T h r o m b i n überführt, wodurch aus dem Fibrinogen das F i b r i n als unlösliches Proteingerinnsel gebildet wird. Zudem sind sie maßgeblich an der zweiten Phase der Blutstillung beteiligt, indem sie mit Hilfe ihres kontraktilen Proteins die Retraktion des Koagulums besorgen, die für die Blutstillung notwendig ist.

Funktionelle Störungen der Thrombozyten sind klinisch durch verlängerte Blutungszeiten charakterisiert, wie diese z. B. bei der (dominant) erblichen Thrombopathie der Fall ist, die im Gegensatz zur Hämophilie bei beiden Geschlechtern vorkommt (S. 143), bei Frauen aber stärker in Erscheinung tritt.

5.6. Die Plasmazelle

Im Anschluß an die Blutzellen soll hier noch kurz die P l a s m a z e l l e dargestellt werden, die wir als eine besondere Zellform mit sekretorischer Funktion ansehen können. Sie ist nicht in Drüsengewebe und Organen mit drüsigem Charakter eingebaut, sondern man findet sie in der Milz und den Lymphknoten, vereinzelt auch im Thymus und in der Darmwand. Sie kommt aber auch im Knochenmark und vereinzelt im Blut vor. Auf Grund ihrer sekretorischen Eigenschaft ist sie schon vor einiger Zeit als Drüsenzelle bezeichnet worden (U n d r i t z, 1938).

Die Plasmazellen unterscheiden sich in Blut- und Knochenmarkausstrichen von den Lymphozyten und Monozyten durch ihr stark basophiles Zytoplasma. Dabei bleibt häufig eine Stelle des Zytoplasmas in der Nähe des Kernes ungefärbt (sog. heller „Hof"), der das Zytozentrum (Archoplasma) dieser Zellen darstellt. Allerdings tritt dies nicht in allen Fällen deutlich in Erscheinung. Ein anderes Kennzeichen der meisten Plasmazellen ist die exzentrische Lage ihres Kernes bzw. ihrer

Kerne, was zugleich auf ihre sekretorische Tätigkeit hinweist. Zudem zeigt das Chromatin älterer Zellen häufig eine radspeichenartige Anordnung im Kern.

Einen charakteristischen Bau zeigt das elektronenoptische Bild von Plasmazellen, durch den sie sich von allen Blutzellen eindeutig unterscheiden und den Drüsenzellen sehr ähnlich sind (Abb. 76). Dementsprechend findet man ein reich verzweigtes Netz von Zytoplasmaschläuchen, die im Anfangsstadium der Zelltätigkeit ein enges Lumen haben und teilweise schalenartig um den Kern angeordnet sind. An ihren Wandungen liegen Ribosomen, so daß wir es hier wie bei Drüsenzellen mit einem umfangreich entwickelten Ergastoplasma zu tun haben. Lediglich in Kernnähe ist bei entsprechender Schnittebene eine ergastoplasmafreie Stelle, die zweifellos mit dem hellen „Hof" nach Färbungen identisch ist. Hier befinden sich lamelläre und vesikuläre Strukturen

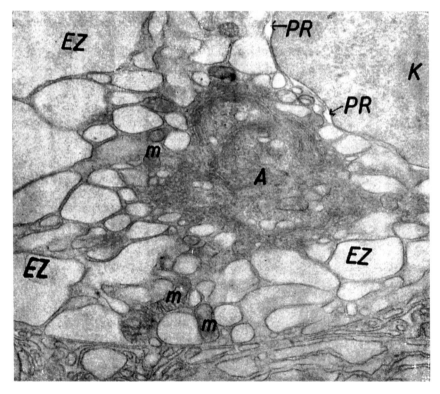

Abb. 76. Plasmazelle aus der Milz der Ratte. A Archoplasma (Zytozentrum); K Kern; m Mitochondrien; EZ Eiweißzisternen; PR perinuklearer Raum. Vergr.: 18 000 : 1. (Original-Aufnahme)

des Dalton-Komplexes (Golgi-Apparat) sowie das Zentriol. Zwischen den Ergastoplasmaschläuchen liegen zahlreiche Mitochondrien. Mit zunehmender Tätigkeit der Zelle erfahren die Schläuche eine immer stärkere Ausweitung und bilden schließlich sackartig erweiterte „Zisternen", deren Inhalt dann Kugelform annimmt. Es ist ganz sicher, daß es sich hierbei um Eiweiß handelt, das von der Zelle selbst gebildet wird. Nehmen die Eiweißprodukte eine festere Konsistenz an, d. h., gehen sie von dem Sol- in den Gelzustand über, so bezeichnet man sie als R u s - s e l l - Körper (R u s s e l l - Zellen).

Wie aus zahlreichen Untersuchungen hervorgeht, besteht die Funktion der Plasmazellen in der Bildung von A n t i k ö r p e r n. Dies sind Eiweißkörper, die vorwiegend zur Fraktion der G a m m a g l o b u l i n e (Immunglobuline) des Blutplasmas gehören, das außerdem noch α- und β-Globuline sowie Albumine enthält. Außer den im Blutplasma vorkommenden (humoralen) Antikörpern gibt es auch noch zellständige. Die Bildung der Antikörper erfolgt erst nach der Geburt (postnatal) im Organismus. Werden neugeborene Tiere unter sterilen Bedingungen aufgezogen, so bleibt ihre Bildung aus. Trotzdem sind auch hier etwa 40% Gammaglobuline vorhanden, so daß sich diese Globuline nicht alle wie Antikörper verhalten. Dementsprechend können auch die W a l - d e n s t r ö m schen Makroglobuline, die zu den Gammaglobulinen gehören, von Tumorzellen spontan gebildet werden. Gelegentlich kommt es vor, daß beim Menschen keine Gammaglobuline gebildet werden (Agammaglobulinämie). In solchen Fällen fehlen dann auch die Plasmazellen.

Die Bildung der Antikörper wird normalerweise durch den Kontakt mit der Umwelt verursacht. Heute wissen wir, daß körperfremde Eiweißmoleküle oder auch größere Komplexe (Viren, Bakterien) dafür verantwortlich sind. Man bezeichnet diese Substanzen ganz allgemein als A n t i g e n e. Nach ihrem Eindringen werden also spezifische Antikörper gebildet, die mit den Antigenen reagieren (Antigen-Antikörper-Reaktion), um sie unwirksam zu machen. Die Antikörper können sich gegen artfremde Antigene (Heteroantikörper), gegen Antigene der eigenen Art (Isoantikörper) oder auch gegen Antigene des gleichen Organismus (Autoantikörper) richten.

Hinsichtlich ihrer Größe unterscheidet man 19 S-(Molgew.: 1 Mill.) und 7S-Antikörper (Molgew.: 150 000). Beide Formen finden sich sowohl bei den Fischen als auch bei allen anderen Wirbeltieren. Mit Merkaptoäthanol kann man selektiv die 19S-Antikörper zerstören. Möglicherweise werden nur die 7S-AK von den Plasmazellen gebildet, die vermutlich auch für die bleibende Immunität verantwortlich sind. [1]

Genauere Analysen haben gezeigt, daß nicht das ganze Antigenmolekül für die Reaktion mit dem Antikörper notwendig ist, sondern daß schon ein Teil

---

[1] Nach einer neuen Nomenklatur der Immunglobuline heißen 19S-AK = IgM, 7S-AK = IgG und 4,5S-AK = IgA.

genügt, der allein jedoch keine Antikörperbildung auslösen kann. Diesen antikörperbindenden, aber nicht antikörperbildenden Teil nennt man H a p - t e n. Für die Spezifität sind bestimmte Molekülgruppen verantwortlich, die sogenannten „Determinanten". Diese bilden zusammen mit dem Hapten das „Vollantigen". Natürliche Antigene besitzen viele determinante Gruppen; sie sind m u l t i v a l e n t. Univalente Antigene sind bisher nicht gefunden worden.

Die biologische Bedeutung der Plasmazellen besteht also darin, beim Eindringen eines Antigens in den Organismus spezifische Antikörper zu bilden, die es unschädlich machen. Gleichzeitig werden weitere Antikörper gebildet, die bei einer Wiederholung des Vorgangs den Organismus gegen das Antigen schützen, ihn i m m u n machen (erworbene Immunität). Die Bildung von Antikörpern ist somit eine Abwehrreaktion gegenüber schädlichen äußeren Einwirkungen.

Der Mechanismus der Antikörperbildung ist noch ungeklärt. Es sind bisher mehrere Theorien und Hypothesen entwickelt worden, die hier aber im einzelnen nicht erörtert werden können. So ist es z. B. nicht unwahrscheinlich, daß Retikulumzellen Bakterien als Antigen phagozytieren und sich dann zu Plasmazellen entwickeln.

Eindeutig geklärt ist auch noch nicht die Herkunft der Plasmazellen, wenngleich auch ihre Entwicklung aus Retikulumzellen unter normalen Bedingungen sehr wahrscheinlich ist (S. 177). Vermutlich können sie unter pathologischen Verhältnissen auch aus Lymphozyten hervorgehen.

5.7. Die Mastzelle

Die Mastzellen kommen vor allem im lockeren Bindegewebe vor. Sie speichern zahlreiche Granula in ihrem Zytoplasma, die sich mit basischen Farbstoffen (Toluidinblau, Thionin) anfärben und einfach lichtbrechend (isotrop) sind. Bemerkenswert ist, daß die Farbe während der Anfärbung wechselt. So erfährt die Anfärbung der Granula bei Verwendung von Toluidinblau einen violetten oder roten Umschlag. Diese Erscheinung führt die Bezeichnung M e t a c h r o m a s i e und ist eine charakteristische Reaktion für das Heparin. Man kann daraus schließen, daß das Heparin höchstwahrscheinlich in den Granula der Mastzellen gespeichert wird. Sie enthalten außerdem noch H i s t a m i n , S e r o t o n i n (5-Hydroxytryptamin) und einige Fermente, wie Chymotrypsin, saure und alkalische Phosphatase. Die biochemische und physiologische Erforschung der Mastzellen und deren Granula steht jedoch erst am Anfang, so daß sicherlich noch interessante Ergebnisse über die funktionelle Bedeutung der Mastzellen zu erwarten sind. Bemerkenswert ist auch die neuerdings gemachte Beobachtung, wonach die Mastzellen im Stroma bösartiger Tumoren gehäuft vorkommen.

In jüngster Zeit ist auch der morphologische Aufbau der Mastzellen und deren Granula eingehender untersucht worden (Abb. 77). Der Zell-

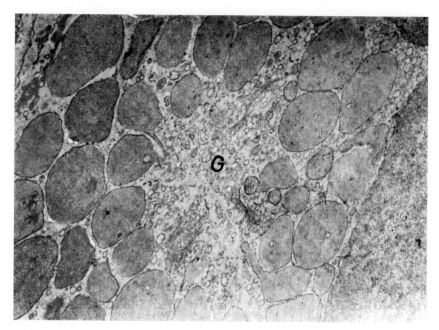

Abb. 77. Teil einer Gewebemastzelle (Thymus). G Golgi-Feld.
Vergr.: 12 000 : 1.

kern läßt elektronenmikroskopisch keine Besonderheiten erkennen. In dem umfangreichen Zytoplasma liegt neben zahlreichen Mitochondrien eine verschiedene Anzahl der bereits erwähnten kugeligen Granula. Die meisten sind nach Osmiumsäurefixierung stark geschwärzt und haben einen Durchmesser von 0,5 bis 0,7 μ. Einzelne lassen deutlich eine Umhüllungsmembran erkennen, die offenbar allen zukommt. In manchen Granula ist ein kleines, stark osmiophiles Einschlußkörperchen zu erkennen. Von den angeführten Wirkstoffen ist außer Heparin auch noch Histamin in den Granula lokalisiert, die hier beide salzartig miteinander verbunden sind. Durch bestimmte Substanzen, sogenannte Histaminliberatoren, kann das Histamin größtenteils freigesetzt werden, was auch mit einer strukturellen Veränderung der Granula verbunden ist.

Die Mastzellen sind im Bindegewebe zahlreicher Organe aller Wirbeltiere gefunden worden, so in dem Verdauungskanal, der Lunge, der Milz, dem Thymus, der Haut und den Gefäßwänden. Bei den Säugetieren sind die Nieren, die Nebennieren, die Hoden und die Leber frei von Mastzellen. Nach unseren gegenwärtigen Kenntnissen unterscheiden sich die Blutbasophilen nicht nur morphologisch, sondern auch entwicklungsgeschichtlich von den Gewebemastzellen, obwohl die Herkunft dieser Zellen nicht geklärt ist. Möglicherweise gehen sie aus Retikulumzellen hervor. Im Gegensatz zu basophilen Granulozyten zeigen sie eine negative Peroxydase-Reaktion. Bemerkenswert ist, daß die Injektion von Cortison bei Ratten offenbar eine Vermehrung der Mastzellen bewirkt. Die Funktion der Mastzellen beruht zweifellos in erster Linie auf der biologischen Wirkung der drei genannten Substanzen, vor allem des Heparins. Da die Mastzellen im Bindegewebe vorkommen, sind sie bzw. das Heparin für den Stoffwechsel dieses Gewebes sicherlich bedeutsam. Heparin besteht aus Glukosamin und Glukuronsäure [1], die mit Schwefelsäure verestert sind. Somit ist es wie die Hyaluronsäure und Chondroitinschwefelsäure ein Mucopolysaccharid, die ja beide am Aufbau des Bindegewebes beteiligt sind (S. 25). Physiologisch wirkt es als Antithrombin, indem es die Reaktion des Thrombins mit dem Fibrinogen verhindert. Möglicherweise hemmt es auch die Bildung des Thrombins und übt demnach eine gewisse Schutzfunktion für den Organismus gegenüber Blutgerinnungen aus. Demzufolge kommt es auch in kleinen Mengen im Blut vor, die jedoch beim anaphylaktischen Schock [2] beträchtlich erhöht und vermutlich für das Ausbleiben der Blutgerinnung verantwortlich sind. Nach neueren Untersuchungen sollen wenigstens bei der Ratte die Mastzellen nicht an der anaphylaktischen Reaktion beteiligt sein.

Histamin ist ein basisches Amin, das zu einem wesentlichen Teil in den Mastzellen vorkommt und dort anscheinend enzymatisch gebildet wird. Da es sich bei diesem Stoff um ein starkes Gift handelt, kommt es sicherlich nicht frei im Organismus vor, sondern ist an bestimmte Stoffe gebunden. Aus diesen kann es nach gewissen Reizen durch Einwirkung sogenannter Histaminliberatoren freigemacht werden. Normalerweise wirkt es regulierend auf die kleinen Blutgefäße (Kapillaren). Wird es in der Haut in unphysiologischen Mengen frei, so führt dies zur Bildung von Quaddeln. Serotonin besitzt in erster Linie eine gefäßverengende Wirkung.

5.8. Die männlichen Geschlechtszelllen

5.8.1. Formen und Bau

Die Entdeckung der Spermien in der Samenflüssigkeit erfolgte bald nach der Erfindung des Mikroskopes. Allerdings entsprachen die Vorstellungen über den Bau und die Bedeutung dieser Gebilde auch der

---

[1] Sie entsteht, wenn die endständige primäre Alkoholgruppe der Glukose (-CH$_2$OH) zur Karboxylgruppe oxydiert wird.
[2] Anaphylaxie (gr.) = Schutzlosigkeit. Spritzt man einem Tier eine kleine Menge (1 ccm) artfremdes Serum unter die Haut, so zeigt es keine Krankheitserscheinung. Wird das Tier nach einiger Zeit nochmals eine wesentlich kleinere Serummenge intravenös injiziert, so stirbt es am anaphylaktischen Schock. Dabei zeigt sich eine Lungenblähung und Ungerinnbarkeit des Blutes.

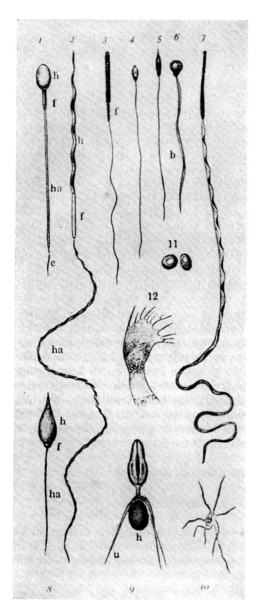
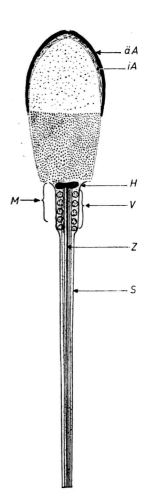

Abb. 79. Schematischer Längsschnitt eines Stierspermiums. äA äußere iA innere Akrosomenhülle; H Hauptstück mit Zentriol, M Mittelstück, S Schwanz mit Zentralfaden (Z), V Verbindungsstück mit Mitochondrien.

Abb. 78. Verschiedene Spermienformen. 1 Mensch, 2 Rochen, 3 Möwe, 4 Schnecke, 5 Ohrenqualle, 6 Hecht, 7 Käfer, 8 Lungenfisch, 9 zehnfüßiger Krebs, 10 Rübenälchen, 11 Leuchtkrebs, 12 Wasserfloh. h Kopf, ha Schwanz, f Mittelstück, b undulierende Membran, e Endfaden, u unbeweglicher Fortsatz (Aus B o a s)

noch recht einfachen Untersuchungstechnik. Manche hielten sie für Parasiten, und andere wollten sogar einen ganzen Homunkulus im Spermienkopf wahrgenommen haben. L e e u w e n h o e k glaubte, daß der Embryo direkt aus der Samenzelle hervorgehe. Heute sind wir einigermaßen über den Bau dieser hochdifferenzierten Zelle unterrichtet, wenn auch noch zahlreiche Lücken bestehen.

In ihrer äußeren Form lassen die Spermien eine große Mannigfaltigkeit erkennen, was aus einigen Beispielen aus Abb. 78 hervorgeht. Trotzdem lassen sich alle morphologischen Abweichungen im wesentlichen auf eine Grundform zurückführen, die am Typ der Geißelspermien näher besprochen werden soll. Diese Spermien bestehen aus dem Kopf, dem Mittelstück und dem Schwanz (Abb. 78). Der Kopf kann bei den einzelnen Tierarten recht vielgestaltig sein, hat aber meistens eine längliche oder ovale Form. Im allgemeinen ist sein hinterer Teil reicher an DNS als der vordere. Die DNS macht fast die Hälfte der Spermienmasse aus, deren andere von Eiweißen gebildet wird. Beide Substanzen liegen wie bei den anderen Kernen in einer salzartigen Verbindung vor. RNS kommt in Fischspermien nicht vor. Wie schon erwähnt, wird der gesamte Kopf, der ja den Kern dieser Zellen repräsentiert, von einer dünnen Plasmaschicht überdeckt, die von feinen Fibrillen durchzogen wird. Bei den Fischspermien läßt sich dieses Zytoplasma leicht entfernen, wenn man sie mit destilliertem Wasser behandelt und zentrifugiert. Der vordere Teil des Spermienkopfes ist kappenartig von einem A k r o s o m [1] umhüllt (Abb. 79). Es besteht aus einer äußeren und inneren Hülle, die beide eine positive S c h i f f - Reaktion mit Perjodsäure geben. Vermutlich handelt es sich um Mucopolysaccharide. Werden lebende Spermien mit verdünnter Akridinlösung behandelt, so leuchten gut ausgebildete Akrosome im Fluoreszensmikroskop rot auf, während der Kopf grün erscheint. Im Verlauf der Spermiogenese entsteht das Akrosom zwischen Kern und Golgi-Apparat und bildet sich in einer dem Kern anliegenden Vakuole.

Das Mittelstück hat bei den meisten Geißelspermien eine zylindrische Form von etwa 1 μ Dicke und besteht aus dem Hals- und Verbindungsstück. Im Halsteil liegt das oft scheibenartige Zentrosom, von dem aus ein „Achsenfaden" die Geißel der Spermien durchzieht. Wie neuere elektronenoptische Untersuchungen an den Geißeln von Seeigelspermien und einiger Protozoen sowie den Wimpern der Schwimmplättchen von Rippenquallen (Ctenophoren) gezeigt haben, besteht der Achsenfaden dieser Geißeln und Zilien gleichermaßen aus neun ringartig angeordneten Doppelfibrillen, die eine zentral gelagerte Doppelfibrille umschließen (Abb. 80). Die Einzelfibrillen (Subfibrillen) sind jeweils Hohlzylinder, deren Wandung aus osmiophiler Substanz besteht. Sie haben einen Durchmesser von etwa 180 bis 200 Å. Während die Einzelfibrillen

---

[1] ákros (gr.) = spitz

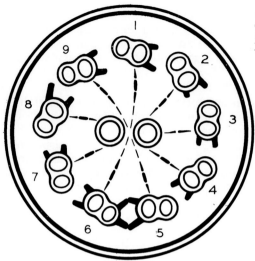

Abb. 80. Querschnitt durch die Geißel eines Seeigelspermiums (nach B. Afzelius, Stockholm).

bei den Ringfibrillen gewissermaßen eine morphologische Einheit bilden, sind die beiden zentralen Subfibrillen räumlich voneinander etwas getrennt. Bemerkenswert ist, daß von den Ringfibrillen jeweils zwei kurze „Arme" seitlich auf die benachbarte Doppelfibrille gerichtet sind. Die Zentralfibrille ist von einer dünnen Zentralhülle umgeben. Zwischen den Ringfibrillen und der Zentralfibrille befinden sich zudem noch kompakte, jedoch sehr dünne Sekundärfibrillen (Abb. 80). Dieses gesamte Fibrillensystem ist in eine Grundmasse eingebettet, die von einer Doppellamelle umgeben ist. Offensichtlich bestehen im basalen Teil der Geißeln noch speichenartige Verbindungen zwischen der Zentral- und den Ringfibrillen sowie den Ringfibrillen untereinander. Aber nicht nur den Geißeln der Spermien und der Flagellaten sowie den Zilien der Ein- und Mehrzeller scheint dieses Fibrillensystem gemeinsam zu sein, sondern auch die Geißeln der Spermatiden von Lebermoosen lassen den gleichen Aufbau erkennen. Es zeigt sich hier ein weiteres Mal, daß grundlegende organische Strukturen sowohl bei Pflanzen als auch bei niederen und höheren Tieren gleichermaßen gebaut sind.

Im Verbindungsstück liegen Mitochondrien, die hier in Form einer zusammenhängenden „Spirale" den Achsenfaden umgeben. Beide liegen gemeinsam in einer Grundmasse.

Der geißelförmige Schwanz ist gegenüber den anderen Teilen relativ lang (bei menschlichen Spermien etwa 10 μ) und läßt ein Hauptstück von einem Endstück unterscheiden. Im Bereich des Hauptstückes ist der Achsenfaden von einer Proteinscheide umgeben. Bei manchen Tieren (z. B. Teichmolch) hat diese Hülle die Form einer „undulierenden Membran" (Abb. 78).

5.8.2. Die Befruchtung

Der morphologische Aufbau der Spermien (Samenfäden) macht sie besonders geeignet, ihre biologische Funktion zu erfüllen: durch aktive Bewegungen das Ei aufzusuchen und zu befruchten. Dabei spielt der Schwanz als Bewegungsorganell eine wesentliche Rolle, wodurch eine beachtlich schnelle Fortbewegung erzielt wird (etwa 2 bis 3 mm pro Minute bei Säugetieren). Bei den Spermien des Seeigels macht der Schwanz dabei s-förmige Bewegungen. In der Sekunde durchlaufen etwa 40 bis 60 solcher wellenartigen Bewegungen den Schwanz. Bei der Bewegung und vor allem der Richtung, die die Spermien einnehmen, spielen bestimmte „Locksubstanzen" eine Rolle. Die das Seeigelei umhüllende Gallertschicht gibt das sogenannte E c h i n o c h r o m A (Gynogamon I) ab, das die Spermien aktiviert. Es handelt sich hierbei um ein Chinonderivat, das noch in großer Verdünnung wirksam ist. Ein weiterer in der Eigallerte vorkommender und als „Fertilizin" (Gynogamon II) bezeichneter Stoff wirkt einerseits auf arteigene Spermien lähmend und andererseits auf artfremde Spermien verklebend (agglutinierend). Chemisch handelt es sich um ein saures Polysaccharidprotein. Derartige „Befruchtungsstoffe" (Gamone) [1] kommen offenbar bei allen Tieren vor.

Der Vorgang der Befruchtung ist bei Organismen mit geschlechtlicher Fortpflanzung im wesentlichen gleich. Für sein Studium haben sich die Seeigeleier wegen ihrer Durchsichtigkeit im lebenden Zustand als besonders geeignet erwiesen. Werden einem reifen Ei Samenzellen zugegeben, so umschwärmen diese sofort das Ei. Sobald das erste Spermium das Ei berührt, bildet dieses eine kleine Plasmaerhöhung, den Empfängnishügel (Abb. 81a). An dieser Stelle dringt die Samenzelle mit ihrem Kopf und Mittelstück in das Ei ein, während der Schwanz an der Eihülle kleben bleibt. Beim Eindringen des Spermiums in das Ei spielen

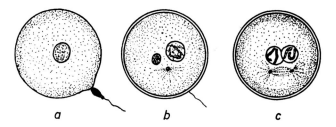

Abb. 81. Schema des Befruchtungsvorganges. a: Bildung des Befruchtungshügels. b: Ei mit Befruchtungsmembran und vergrößertem Spermienkern. c: Teilung des Zentriols, Kerne mit Chromosomen.

---

[1] gamein (gr.) = heiraten

auch noch von diesem abgegebene Wirkstoffe eine Rolle (Androgamon I und II), die einmal antagonistisch gegenüber den Gynogamonen wirken und zum anderen wahrscheinlich eine Auflösung der Eimembran verursachen. Sobald ein Spermium in das Ei eingedrungen ist, hebt sich vom Eiplasma eine Befruchtungsmembran ab, was gleichzeitig mit einer Verminderung der Oberflächenspannung des Eies verbunden ist. Man nimmt an, daß diese Membran ein Eindringen weiterer Samenzellen verhindert. Diese erste Phase der Befruchtung ist die B e s a m u n g. Beim eingedrungenen Spermium wird bald der Kopf vom Mittelstück getrennt. Der Kopf wandert sofort in unmittelbare Nähe des Eikernes und schwillt zum männlichen V o r k e r n an, der dem weiblichen Kern an Größe gleichkommt. Das Zentrosom des Spermiums teilt sich, und beide Teile wandern an die entgegengesetzten Pole der Eizelle. Kurz darauf verschmelzen die beiden haploiden Kerne zu einem diploiden Z y g o t e n k e r n. Damit ist die eigentliche Befruchtung vollzogen, die zugleich den Anstoß zur ersten mitotischen Teilung gibt und damit der Anfang der Entwicklung der befruchteten Eizelle (Zygote) zum Organismus ist (Abb. 81).

Die Spermien der Säugetiere enthalten in ihrem Kopfabschnitt H y - a l u r o n i d a s e. Dieses Ferment bewirkt offensichtlich eine Auflösung der Zwischensubstanz (Hyaluronsäure) der C o r o n a r a d i a t a, welche das Ei umgibt. Nach den bisher vorliegenden Untersuchungen wird die Z o n a p e l l u c i d a nach Eintritt einer Spermie in das Ei für weitere Spermien undurchlässig (Zona-Reaktion).

Vielfach kommt es vor, daß mehrere Spermien in ein Ei eindringen (Polyspermie), aber nur eins sich mit dem Eikern vereinigt. Bei manchen Tieren (Molche, Schnecken) werden die Spermien mit Hilfe einer Samenkapsel (Spermatophore) in die weibliche Geschlechtsöffnung eingeführt oder in deren unmittelbare Nähe gebracht.

Die Lebensdauer der Spermien ist von mehreren Faktoren abhängig. Die Säugetierspermien sind in leicht alkalihaltigem Milieu mehrere Tage lebensfähig, während sie in saurem schnell befruchtungsunfähig werden. Auch hier gibt es wieder einige Ausnahmen. So erfolgt bei den Fledermäusen die Begattung schon im Herbst, die Befruchtung aber erst im Frühjahr. Eine Bienenkönigin wird nur einmal in ihrem Leben, und zwar vor Beginn ihrer Legetätigkeit („Hochzeitsflug") begattet. Der dabei empfangene Samen bleibt also 4 bis 5 Jahre befruchtungsfähig.

5.8.3. D i e g e n o t y p i s c h e G e s c h l e c h t s b e s t i m m u n g

Nach einer allgemeinen Theorie der Sexualität (M. H a r t m a n n) kommt jeder Eizelle und allen von ihr abstammenden Körperzellen die Fähigkeit (Potenz) zu, sich entweder nach der männlichen oder weiblichen Seite zu entfalten. Man bezeichnet diese b i s e x u e l l e Potenz

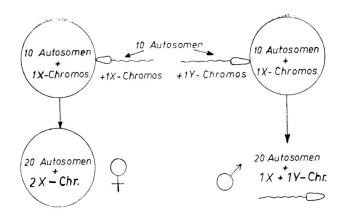

Abb. 82. Schema der genotypischen Geschlechtsbestimmung.

mit A G [1], wobei die A-Potenz die Fähigkeit besitzt, die Entwicklung eines Organismus in männliche Richtung zu lenken, während die G-Potenz sie in weibliche Richtung lenkt. Welche dieser beiden Möglichkeiten zur wirklichen Entfaltung kommt, also realisiert wird, hängt von der Stärke bestimmter G e s c h l e c h t s r e a l i s a t o r e n ab. Man unterscheidet hier zwischen einem M-Realisator für das männliche (maskuline) und einem F-Realisator für das weibliche (feminine) Geschlecht. Man nimmt heute an, daß die Wirkfaktoren als Gene ihren Sitz in den Geschlechtschromosomen haben.

Bei den meisten Tieren und dem Menschen wird das Geschlecht mit der Befruchtung festgelegt und zeigt sich genetisch in der Anwesenheit von Geschlechtschromosomen [2]. Beim weiblichen Geschlecht finden sich in den diploiden Zellen außer den homologen Autosomenpaaren noch ein X-Chromosomenpaar. Dagegen haben die männlichen Individuen in ihren diploiden Zellen kein homologes Geschlechtschromosomenpaar, sondern ein X- und ein Y-Chromosom. Liegt beim Menschen ein XO-Zustand vor, so bleiben die Gonaden völlig undifferenziert. Man bezeichnet dies als G o n a d e n d y s g e n e s i e. Sie kommt etwa bei 1%/o aller befruchteten Eier vor, hat aber eine 98%/oige intrauterine Letalität.

---

[1] von anér (gr.) = Mann, gyné (gr.) = Weib
[2] Ein schönes Beispiel für die Bedeutung geschlechtsbestimmender Stoffe (Termone) findet sich bei dem Igelwurm *(Echiuridea) Bonellia viridis.* Die Larven dieser Tiere sind noch nicht geschlechtlich differenziert. Werden sie von erwachsenen Tieren getrennt im Aquarium aufgezogen, so entwickeln sie sich fast alle zu Weibchen. Schmarotzen sie jedoch auf dem Rüssel eines Weibchens, so entwickeln sich Männchen. Demnach hemmen also bestimmte Rüsselextrakte die Entwicklung weiblicher Geschlechtsorgane.

Da bei den Reifeteilungen die Paarlinge der Chromosomenpaare auf die Keimzellen verteilt werden, hat jede weibliche Geschlechtszelle außer der halben Anzahl an Autosomen noch ein X-Chromosom. Bezeichnen wir den haploiden Autosomensatz mit n, so haben alle Eizellen den Chromosomensatz n + X. Die männlichen Keimzellen enthalten bei den Reifeteilungen dagegen zu 50% die Chromosomen n + X und 50% die Chromosomen n + Y. Wird nun eine Eizelle von einem Spermium mit dem haploiden Chromosomensatz n + X befruchtet, so hat die Zygote den diploiden Chromosomensatz 2n + 2x. Sie entwickelt sich somit zu einem weiblichen Organismus. Wird sie jedoch von einem Spermium mit dem Chromosomensatz n + Y befruchtet, so hat die Zygote den diploiden Chromosomensatz 2n + X + Y und entwickelt sich demzufolge zu einem männlichen Individuum. In Abb. 82 ist diese g e n o t y p i s c h e   Geschlechtsbestimmung nochmals schematisch wiedergegeben.

Neuerdings ist auch bei der Maus und dem Menschen unabhängig voneinander der bei *Drosophila* schon lange bekannte XO-Typ entdeckt worden. Es handelt sich hierbei um Individuen, die nur ein Geschlechtschromosom (X-Chromosom) besitzen (also 45 Chromosomen beim Menschen). Bei *Drosophila* ist dies auf ein Nichtauseinanderweichen (Nondisjunktion) der Geschlechtschromosomen während der Reifeteilungen zurückzuführen. Möglicherweise ist dies auch bei Säugern die Ursache. Der XO-Typ ist bei *Drosophila* stets männlichen, bei der Maus und dem Menschen stets weiblichen Geschlechts. Solche Individuen sind aber — wenigstens bei der Taufliege und dem Menschen — steril. Weitere Symptome sind Kleinwuchs, Hypoplasie der Geschlechtsorgane und deformierte Ellenbogen (sog. T u r n e r - Syndrom).

Im Gegensatz zu dieser Chromosomenverminderung steht die Vermehrung der Chromosomengarnitur um ein weiteres Geschlechtschromosom (XXY-Typ), was bei *Drosophila* bekannt und in jüngster Zeit auch beim Menschen gefunden worden ist. Dieser Chromosomentyp ist bei dem Insekt weiblichen Geschlechts, beim Menschen jedoch männlicher Intersex, der äußerlich eine normale männliche Erscheinung hat mit normaler sekundärer Geschlechtsbehaarung. Die Hoden sind jedoch unterentwickelt (hypoplastisch), so daß es nicht zur Spermienbildung kommt (Azoospermie). Im Urin werden erhöht Gonadotropine und Ketosteroide ausgeschieden (sog. K l i n e f e l t e r - Syndrom).

Außer diesen Abweichungen sind neuerdings noch weitere gonosomale Aberrationen gefunden worden, so z. B. 3 X-Chromosomen („Superfemale"), bei denen merkwürdigerweise der Sexualapparat unterentwickelt ist. Das B a r r - Körperchen ist zweifach vorhanden. Ferner sind noch 4 X- sowie 2 X- + 2 Y-Chromosomen u. a. ermittelt worden, deren Träger alle mehr oder weniger geistig und körperlich anormal sind.

Nach der obigen Darstellung muß also die Anzahl der beiden Geschlechter gleich groß sein. Statistisch konnte jedoch festgestellt werden, daß dies z. B. für den Menschen nicht zutrifft. Hier ist die Anzahl der

Knabengeburten größer [1]. Auch bei manchen Säugetieren sind ähnliche Verhältnisse ermittelt worden. Es ist möglich, daß dies auf einem unterschiedlichen Säuregrad der weiblichen Geschlechtswege beruht, der verschieden auf die Spermien mit dem X- oder Y-Chromosom (X- und Y-Spermien) wirkt. Wichtig erscheint dabei jedoch noch die Fähigkeit der Spermien, die das Ei umschließenden Schichten zu durchdringen (S. 161). Sie bestehen zum Teil aus Hyaluronsäure, die durch das in den Spermien vorhandene Ferment Hyaluronidase aufgelöst wird. Eiweißarme Nahrung vermindert dieses Ferment, so daß möglicherweise unter solchen Bedingungen die kleineren Y-Spermien schneller in das Ei gelangen als die X-Spermien. Man vermutet diese Möglichkeit als die Ursache der erhöhten Knabengeburten in schlechten Ernährungszeiten.

Bei Vögeln und Schmetterlingen werden nicht bei den männlichen, sondern bei den weiblichen Keimzellen zwei verschiedene Arten gebildet. Es gibt bei diesen Tieren also gewissermaßen „Männcheneier" und „Weibcheneier". Einen gewissen Sonderfall stellen die Ameisen, Wespen, Hummeln und Bienen dar, aus deren Eiern sich nach der Befruchtung Weibchen entwickeln und aus unbefruchteten Männchen hervorgehen. Somit sind sämtliche Zellen der letzteren haploid (haploide Parthenogenese). In einigen Fällen, z. B. bei Milben und Blattläusen, ist das Geschlecht schon vor der Befruchtung im Ei festgelegt (sog. progame Geschlechtsbestimmung). Bei diesen Tieren werden große, weibchenbestimmende Eier gelegt und kleine, aus denen Männchen entstehen.

5.9. Die Muskelzellen

5.9.1. Bau der Muskelzellen

Die aktive Bewegung der lebenden Organismen oder Teile derselben (Gliedmaßen, Kopf) ist eines ihrer augenfälligsten Merkmale. Sie äußert sich in drei Grundformen: Zytoplasmabewegung (z. B. amöboide Bewegungen), Flimmer- oder Geißelbewegung (z. B. bei Wimpertierchen und Spermien) und Muskelbewegung. Den beiden letzteren liegt die Funktion kontraktiler Strukturen zugrunde. Derartige Gebilde lassen sich im einfachsten Fall deutlich bei den Glockentierchen (Vorticellen) beobachten, deren stielartige Zelldifferenzierung sich nach Reizeinwirkung blitzschnell verkürzt, also kontrahiert. Die Ausdehnung erfolgt dann allerdings wesentlich langsamer. Der Vorticellenstiel besteht aus einem langgestreckten kontraktilen Element, das von einer elastischen Hülle umgeben ist (Abb. 13, S. 38). Diese wird bei der Kontraktion zu einer Spirale geformt und besorgt nach der Erschlaffung der kontraktilen Struktur wieder die

---

[1] Auf etwa 100 Mädchengeburten kommen 106 bis 107 Knabengeburten.

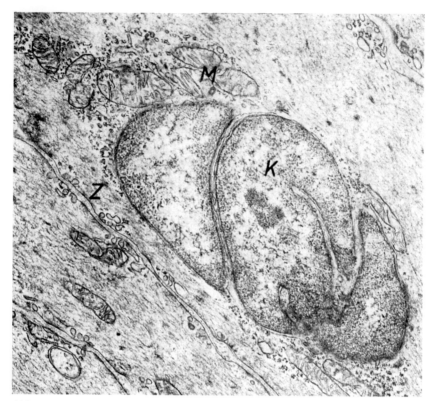

Abb. 83. Glatte Muskelzelle im Längsschnitt. K Kern, M Mitochondrien, Z Zellmembran mit Pinozytosebläschen. Vergr.: 12 000 : 1.

Streckung des Stieles. Es handelt sich hierbei also um keinen muskelähnlichen Mechanismus. Abgetrennte Stiele werden nicht durch ATP, wohl aber durch Ca-Ionen zur Kontraktion veranlaßt. Trotzdem dürfte ATP als Energiequelle auch hier insofern entscheidend sein, als es — im Gegensatz zur Muskelkontraktion — die Erschlaffung des kontraktilen Elementes besorgt. Man darf vermuten, daß hier die Kontraktion auf reversiblen Veränderungen der elektrischen Ladungsträger (Protein, Ca^{++}) beruht.

Bei den vielzelligen Tieren wird die Muskelbewegung von M u s k e l e l e m e n t e n ausgeübt, die in Form hochdifferenzierter Muskelzellen vorliegen. Einen weniger differenzierten Typ findet man noch bei den Hohltieren (Cölenteraten) in Form der sogenannten E p i t h e l m u s k e l z e l l e. Sie sind bei diesen Tieren hauptsächlich am Aufbau des epithelartigen Ektoderms beteiligt und sind zugleich Deck- und Muskelzellen. Außerdem sind sie auch im Entoderm zahlreich vorhanden. Beide Schichten werden durch eine Stützlamelle getrennt, die häufig mächtig entwickelt ist (z. B. beim Schirm der Quallen). Die der Lamelle zugekehrte Basis dieser Zellen hat einen oder mehrere spindelförmige Fortsätze, die eine kontraktile Faser haben. Sie kann an der Schirmunterseite (Subumbrella) der Medusen quergestreift sein. In der Wand des schlauchförmigen Rumpfes der Polypen bilden die Zellen des Ektoderms auf diese Weise eine Längsmuskelschicht und die Zellen des Entoderms eine Ringmuskelschicht. Die Epithelmuskelzellen der Fußscheibe (Fußblatt) dieser Tiere führen noch Sekretkörnchen.

Bei den höher entwickelten Tieren gibt es zwei verschiedene Muskelelemente: die glatte Muskelzelle und die quergestreifte Muskelfaser. Die glatten Muskelzellen sind langgestreckte, spindelförmige Gebilde und erreichen eine Länge von 0,5 mm (z. B. in der schwangeren Gebärmutter). Ihr meist länglicher Kern liegt gewöhnlich in der Mitte (Abb. 83). An gut fixierten und nicht kontrahierten Zellen kann man feine Plasmaverdichtungen in Form von Fibrillen erkennen, die die Zelle der Länge nach durchziehen. Man bezeichnet diese Strukturen als Myofibrillen[1]. Sie liegen in einer Grundmasse, dem Sarkoplasma, eingebettet. Man nimmt heute an, daß diese Fibrillen die kontraktionsfähigen Elemente der glatten Muskelzelle sind. Im polarisierten Licht erscheinen sie positiv doppeltbrechend (anisotrop). Neuerdings konnten elektronenmikroskopisch zwei Formen von Fibrillen ermittelt werden: Tonus- und Kontraktionsfibrillen.

Die einzelnen Fibrillen bestehen aus mehreren 50 Å dicken Myofilamenten. An den beiden Polen des länglichen Kernes ist das Sarkoplasma frei von Fibrillen. Hier liegen das Diplosom und die meisten Mitochondrien, die bei Muskelzellen auch Sarkosomen genannt werden. Dicht unter der Zellmembran, dem Sarkolemm, liegen zahlreiche Pinozytosebläschen. Der Kern ist häufig mehrfach gebuchtet.

Glatte Muskelzellen finden sich vor allem in der Darmwand (S. 170), der Gefäßwand (S. 174), der Gallenblase, im Uterus und in der Haut.

Außer der spindelförmigen glatten Muskelzelle kommen auch noch verzweigte Formen bei Wirbeltieren vor (Aorta, Herzinnenhaut). Allen glatten Muskelzellen ist eine langsame Kontraktion und die Sperrung eigen, d. h., sie können einen gewissen Verkürzungszustand ohne nennenswerten Energieverbrauch aufrechthalten. Eine solche bestehende Spannung wird dann nur auf einen Reiz hin in die eine oder andere Richtung verändert. So verbraucht z. B. der Schalenschließmuskel der Muscheln, dem ein Gewicht angehängt ist, nicht mehr Sauerstoff als ohne Gewicht. Die Aufrechterhaltung einer Dauerspannung auf einer bestimmten Stufe heißt Tonus. Möglicherweise sind für ihn die Tonofibrillen verantwortlich. Der Tonus erscheint vor allem bei

---

[1] mys (gr.) = Muskel

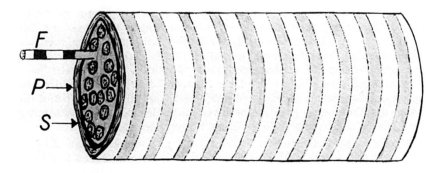

Abb. 84. Teil einer Muskelfaser mit Querschnitt (Säulchenfelderung). F Myofibrille, P Perimysium, S Sarkolemm.

Gefäßen notwendig, damit diese nicht erschlaffen. Man findet daher die glatte Muskulatur in den Wandungen der Blutgefäße und Eingeweide.

Die quergestreiften Muskelfasern sind vielkernig und offenbar durch mehrmalige Kernteilung der Myoblasten entstanden. Diese Muskelfasern können eine Länge von mehreren Zentimetern und einen Durchmesser von 10 bis 100 μ erreichen. Sie werden ebenfalls von zahlreichen Myofibrillen der Länge nach durchzogen, jedoch sind hier die Fibrillen anders aufgebaut als bei der glatten Muskelzelle. Jede Fibrille besteht nämlich aus einer Anzahl gleichgebauter Abschnitte, die sich in der Längsrichtung der Fibrille regelmäßig periodisch wiederholen. Da diese Abschnitte aller Fibrillen innerhalb einer Faser jeweils auf gleicher Höhe liegen, hat die Faser im mikroskopischen Bild einen charakteristischen Aufbau, weshalb sie auch als quergestreifte Muskelfaser benannt wird (Abb. 84). Die einzelnen Abschnitte oder M y o m e r e werden von Z w i s c h e n s c h e i b e n (Zwischenmembranen) begrenzt. Jedes Myomer führt eine im Mikroskop dunkel erscheinende Schicht, die im polarisierten Licht doppeltbrechend (anisotrop) ist. Sie wird zu beiden Seiten in der Längsrichtung der Faser von zwei Schichten begrenzt, die im Mikroskop hell erscheinen und einfachbrechend (isotrop) sind. Die Myofibrillen können in der Phase zu mehreren parallel verlaufenden Bündeln vereinigt (Säulchenfelderung) oder mehr oder weniger gleichmäßig verteilt sein (C o h n h e i m s c h e Felderung).

Jede Muskelfaser wird von einer Scheide umhüllt, dem S a r k o - l e m m. Gewöhnlich bilden mehrere Fasern ein Muskelbündel, das von einer bindegewebigen Hülle (Perimysium) umgeben ist. Diese Bündel bilden in ihrer Gesamtheit die q u e r g e s t r e i f t e M u s k u l a t u r eines Organismus. Sie kann sich weit schneller kontrahieren als die glatte Muskulatur und kommt daher bei Wirbellosen und Wirbeltieren dort vor, wo Bewegungen durch schnell aufeinander folgende Kontraktionen ausgeführt werden. Man findet sie im Schirmrand der Medusen, durch dessen Kontraktionen sich die Tiere aktiv fortbewegen. Außerdem kommen sie im Schlundkopf der Ringelwürmer vor und repräsentieren anscheinend sämtliche Muskeln der Gliederfüßer (Krebse, Spinnentiere, Insekten). Bei den Wirbeltieren sind die Skelett- und Herzmuskeln sowie die des Larynx, Pharynx und des oberen Ösophagus quergestreift. Die Elektronenmikroskopie hat gezeigt, daß der quergestreifte Herzmuskel zellulär gebaut ist. Dabei bilden die wellenartig verlaufenden G l a n z s t r e i f e n (Disci intercalares) die Quergrenzen der Herzmuskelzellen, die einzelne desmosomenartige Verdichtungen erkennen lassen. An diesen Zellmembranen sind die Myofibrillen jeweils stark verästelt angeheftet. Außer dieser Muskulatur hat das Herz für die Erregungsbildung und deren Leitung noch ein spezifisches Muskelsystem, das aus den Sinus- und Vorhofknoten sowie dem H i s s schen Bündel besteht. Ersterer hat dünne, fibrillenarme Fasern, während der Vorhofknoten ein Netzwerk von dünnen Fasern darstellt.

Bevor wir uns noch etwas näher mit den Vorgängen der Muskelkontraktion befassen, müssen noch einige Bemerkungen über den strukturellen und chemischen Aufbau der einzelnen Fibrille angeführt werden. Die Myofibrille hat einen Durchmesser von 1 bis 2 μ. Wenn man sie aus der Muskelfaser isoliert und im Phasenkontrastmikroskop betrachtet, kann man sehr schön den periodischen Schichtenaufbau erkennen (Abb. 85). Ganz allgemein werden die hellen (isotropen) Abschnitte auch als I-Streifen und die dunklen (anisotropen) Abschnitte als Q-Streifen bezeichnet (Abb. 86). Beim ruhenden Muskel sind die ersteren 0,8 μ und die letzteren 1,5 μ lang, so daß ein Myomer die Länge von 2,3 μ hat. Diese Zahlen haben natürlich keinen absoluten Wert für die quergestreifte Muskulatur der verschiedenen Tiere. Eine ausgesprochen breite Bänderung (lange Myomere) haben die Beinmuskeln mancher Spinnen. In der Mitte der I-Streifen liegt die schon erwähnte Zwischenmembran oder Z-Linie, während die dunklen Q-

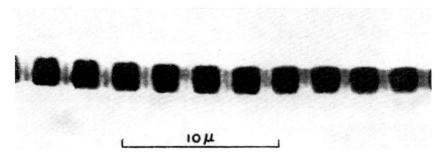

Abb. 85. Einzelne Myofibrille nach einer phasenkontrastmikroskopischen Aufnahme. (Nach H u x l e y)

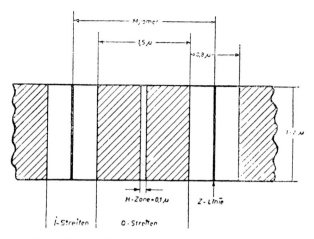

Abb. 86. Schematische Darstellung eines Ausschnittes einer Myofibrille.

Streifen von einer dunkleren Linie halbiert werden, der H - Z o n e. Sie ist etwa 0,1 μ breit und deutlich im Elektronenmikroskop zu erkennen (Abb. 87).

Untersucht man die Muskelfasern im Elektronenmikroskop, so kann man nicht nur eine charakteristische Anordnung der Myofibrillen erkennen, sondern auch der Mitochondrien und des endoplasmatischen

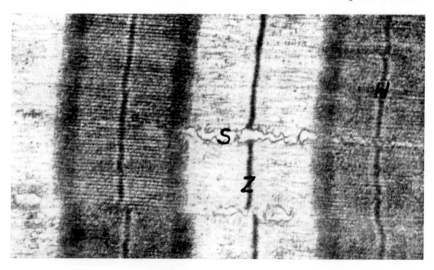

Abb. 87. Längsschnitt von Myofibrillen eines Froschmuskels. H H-Linie, S sarkoplasmatisches Retikulum, Z Z-Linie. Vergr.: 22 500 : 1 (Aufnahme: U. M u s c a t e l l o, Modena).

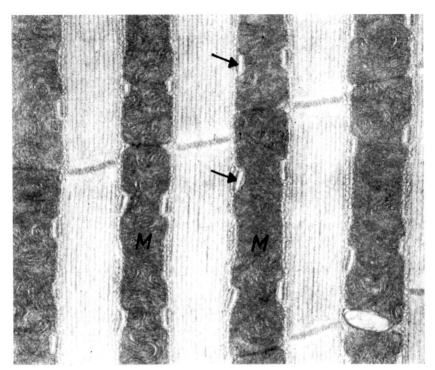

Abb. 88. Mehrere Myofibrillen einer quergestreiften Faser (Libelle) im Längsschnitt. Zwischen den einzelnen Fibrillen liegen die Mitochondrien (M), an denen sich das sarkoplasmatische R. (kl. Bläschen) und das T-System (Pfeile) befinden. Vergr.: 26 000 : 1. (Aufnahme: D. S. S m i t h , Charlottesville).

(sarkoplasmatischen) Retikulums (Abb. 88). Die Mitochondrien sind hier große, teilweise sehr lange Gebilde. Sie liegen hintereinander zwischen den einzelnen Myofibrillen und bilden auf diese Weise lange „Mitochondrienketten". Das sarkoplasmatische Retikulum umgibt in Form von reich verzweigten Kanälchen netzartig die einzelnen Myofibrillen. Ein Teil der Strukturen verläuft dabei parallel mit den Myofibrillen und den Mitochondrien (longitudinal), während andere quer verlaufen (transversal), so daß sie bei manchen Muskeln segmentartig angeordnet sind. Zwischen den Maschen des Retikulums liegen kleine Glykogenpartikel. Freilich hat nicht jede quergestreifte Muskulatur den gleichen Bau, wie dies Abb. 86 und 87 zeigen. Auch das Retikulum ist je nach der Aktivität des Muskels stärker oder schwächer entwickelt. Dabei ist bemerkenswert, daß die zur Längsachse quer verlaufenden Röhrenstrukturen, die also vom Sarkolemm in das Innere der Faser ziehen und auch T-System genannt werden, nicht mit dem eigentlichen sarkoplasmatischen Retikulum in Verbindung stehen. Vermutlich sind sie für die Erregungsleitung verantwortlich (Abb. 88). Deutlicher als bei den Fasern erkennt man, daß die Myofibrillen jeweils aus einer größeren Anzahl von Myofilamenten bestehen (Abb. 87 u. 88). Der Zwischenraum ist von einer Flüssigkeit erfüllt, in der sich gelöste Proteine und anorganische Ionen (Na^+, K^+, Ca^{++}, Mg^{++}, Cl^-, PO_4^{3-}) befinden. Von den Eiweißen sei das M y o g l o b i n genannt, das dem Hämoglobin ähnlich ist und ebenfalls Sauerstoff reversibel binden kann, allerdings mit größerer Affinität. Im Unterschied zum Hb (S. 22) besteht das Molekül aber nur aus einem Häm und einer Proteinkette, die annähernd die gleiche Anzahl von Aminosäuren hat (z. B. Pottwal 151).

Bei den Myofilamenten lassen sich zwei Formen unterscheiden: 100 Å dicke M y o s i n f i l a m e n t e (A-Filamente) und 40 Å dicke A k t i n - f i l a m e n t e (I-Filamente).

Das Myosin (Molgew. 440 000) läßt sich in das L - M e r o m y o s i n und das H - M e r o m y o s i n zerlegen. Die A-Fibrillen bestehen aus zahlreichen langgestreckten Myosinmolekülen von etwa 25 Å Dicke. Das Actin (Molgew. 70 000) kommt in einer globulären (G-Actin) und einer fibrillären (F-Actin) Form vor, die ineinander überführbar sind. In den F-Actinfibrillen bilden die Actinmoleküle eine Doppelspirale. Beide Proteine haben die Eigenschaft, sich reversibel zu einem Komplex, dem A c t o m y o s i n , zu verbinden, wobei das Actin in der F-Form vorliegt. Es ist bemerkenswert, daß dieser Komplex in einer Salzlösung bestimmter Konzentration (0,6 M KCl) von ATP in Actin und Myosin gespalten wird. Andererseits hat wiederum das Myosin die fermentative Eigenschaft, ATP in ADP und freies Phosphat zu spalten, zeigt also ATPase-Wirkung. Wie weiter unten angeführt, ist diese Reaktion bei der Kontraktion von entscheidender Bedeutung. Außer diesen Proteinen sind noch als weitere Struktureiweiße das T r o p o m y o s i n und das P a r a m y o s i n aus Muskelgewebe extrahiert worden, deren Bedeutung jedoch noch unklar ist. Vermutlich spielen sie bei der Kontraktion der glatten Muskulatur eine Rolle.

Wie sind nun das Myosin und Actin in der Myofibrille angeordnet? Auf Grund von röntgen- und elektronenoptischen Untersuchungen darf angenommen werden, daß die Myosinfibrillen nur in den anisotropen, optisch dunkler erscheinenden A-Banden (Q-Streifen) liegen, während die Actinfibrillen offenbar das ganze Myomer der Länge nach durch-

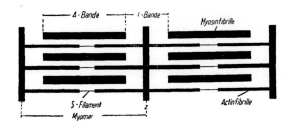

Abb. 89. Anordnung der Actin- und Myosinfibrillen im Myomer (Schema).

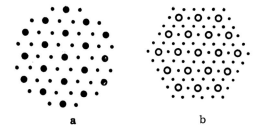

Abb. 90. Querschnitte von quergestreiften Muskelfasern (nach B. A f z e l i u s , Stockholm).

ziehen und anscheinend an der Zwischenmembran (Z) fixiert sind. Dabei sind diese Fibrillen in der Mitte der A-Banden weniger dicht (S-Filament), so daß hier die sogenannte H-Zone entsteht. Abb. 89 zeigt diese Anordnung nochmals schematisch.

Bemerkenswert ist, daß man elektronenmikroskopisch bei quergestreiften Muskeln von verschiedenen Organismen zwei unterschiedliche Querschnittmuster beobachten kann. So umgeben beim Muskel der Wirbeltiere die dünneren Aktinfibrillen in hexagonaler Anordnung jeweils eine dickere Myosinfibrille (Abb. 90a). Dadurch ergibt sich ein Zahlenverhältnis der Aktinfibrillen zu den Myosinfibrillen von 2:1. Ein anderes Muster findet man bei Insekten und Krebsen, wo das Verhältnis beider Fibrillenformen 3:1 lautet (Abb. 90b). Dies ist dadurch bedingt, daß die Aktinfibrillen so angeordnet sind, daß eine Fibrille jeweils zwischen zwei Myosinfibrillen liegt. Letztere haben bei diesem Muskeltyp einen Durchmesser von 140 Å und erscheinen röhrenförmig.

5.9.2. Die Elementarvorgänge bei der Muskelkontraktion

Die spezielle Funktion der lebenden Muskelfaser (auch der glatten Muskelzelle) ist die K o n t r a k t i o n , ein Vorgang, bei dem chemische Energie in mechanische verwandelt wird. Diese Kontraktion ist die Reaktion der Muskelfaser auf eine Reizwirkung. Hört der Reiz auf, so erschlafft die Muskelfaser wieder und dehnt sich aus. Man kann sie demzufolge mit einer in Ruhe gedehnten Stahlfeder vergleichen, die unter Kraftaufwand zusammengedrückt wird und anschließend sich wieder von selbst ausdehnt, sobald die äußere Kraft entfernt wird.

Die Kontraktion der Muskelfaser erfolgt jedoch nur dann, wenn ein Reiz groß genug ist, d. h. wenn er eine bestimmte R e i z s c h w e l l e überschritten hat. Auf einen einzelnen Reiz reagiert der Muskel mit einer sehr kurzen Kontraktion (etwa 0,1 Sek.), der Einzelzuckung, auf die sofort wieder die Erschlaffung folgt (Arbeitszyklus der Muskelfaser). Die Stärke dieser Kontraktion ist unabhängig von der Reizgröße, sobald diese den Schwellenwert (überschwelliger Reiz) erreicht hat. Auf jeden überschwelligen Reiz reagiert also die Muskelfaser mit ihrer maximalen Kontraktion (Verkürzung), während sie auf einen unterschwelligen Reiz überhaupt nicht reagiert. Sie folgt damit dem Alles-oder-Nichts-Gesetz. Nach Ablauf dieses Funktionszyklus ist die Muskelfaser für eine sehr kurze Zeit nicht reizbar (sog. Refraktärphase, beim Warmblütermuskel etwa 0,001 Sek.).

Wird nun ein Muskel im Experiment mehrmals hintereinander gereizt, so z. B. durch mehrere Stromstöße, so läßt sich eine entsprechende Anzahl von einfachen Zuckungen registrieren. Wenn man den Abstand der einzelnen Reizwirkungen (Stromstöße) auf den Muskel stetig verringert, indem man schon wieder reizt, bevor der Muskel nach der vorausgegangenen Kontraktion erschlafft ist, also eine Erhöhung der Reizfrequenz durchführt, so gehen die Einzelkontraktionen allmählich in eine Dauerkontraktion über. Diese Funktionsform des Muskels im Experiment entspricht weitgehend seinem Verhalten unter natürlichen Bedingungen nach willkürlichen Reizeinwirkungen. Man bezeichnet diese Funktionsform des Muskels als Tetanus (tetanische Kontraktion). Je nachdem, ob bei einer solchen Dauerkontraktion die Einzelzuckungen noch wahrnehmbar sind oder die Kontraktion völlig einheitlich erscheint, spricht man von einem unvollkommenen oder vollkommenen Tetanus.

Alle willkürlich ausgelösten Reaktionen der Muskelfaser sind tetanische Kontraktionen von verschiedener Dauer. Die Reizimpulse werden auf nervösem Wege an die einzelnen Fasern herangetragen. Jede Muskelfaser steht also mit einem Nerv (Nervenfaser) in direkter Verbindung und bildet mit diesem eine Funktionseinheit. Da diese Betätigungsform des Muskels mit erheblichem Energieaufwand verbunden ist, kann sie nicht unbegrenzt von ihm ausgeübt werden — der Muskel ermüdet. Zahlreiche Skelettmuskeln, vor allem solche, die für die Aufrechterhaltung des Körpers und für die Haltung einiger Körperteile (z. B. der Finger) verantwortlich sind, werden im Wachzustand ständig durch Erregungen in einem bestimmten Spannungszustand gehalten, der dem Tonus der glatten Muskulatur entspricht (S. 199).

Welche Elementarvorgänge liegen nun der reversiblen Kontraktion der Muskelfaser zugrunde? Zweifellos handelt es sich hierbei um einen komplizierten Mechanismus, an dem zunächst folgende Fragen interessieren: 1. Welcher Mechanismus ist sozusagen der „Auslöser" der Kontraktion? 2. Welche chemisch-physikalischen Vorgänge bewirken die Kontraktion? 3. Welche submikroskopischen Strukturveränderungen liegen der Kontraktion zugrunde? Auf keine dieser gestellten Fragen können wir zur Zeit eine ausreichende Antwort geben. Zwar lassen sich einige biochemische und physikalische Vorgänge beobachten, doch sind deren Zusammenhänge und Bedeutungen bei weitem noch nicht geklärt. Trotzdem soll versucht werden, ein etwaiges Bild vom Ablauf des ganzen Mechanismus darzulegen.

Die Membran (Sarkolemm) jeder Muskelfaser ist im Ruhezustand polarisiert, d. h., ihre Außenfläche weist gegenüber der Innenfläche eine

Potentialdifferenz von etwa 0,1 Volt auf. Dabei befindet sich der negative Pol auf der Innenseite. Dieser Potentialunterschied ist durch die unterschiedliche Ionenverteilung (vor allem K^+ und Na^+) zu beiden Seiten der Membran bedingt (S. 125). Im Ruhezustand stellt die Membran für die intra- und extrazellulären Ionen gewissermaßen eine Barriere dar, die einen Ionenaustausch durch Diffusion verhindert. Durch den Reizvorgang dringen Na^+ in das Innere der Faser, während gleichzeitig K^+ heraustreten. Dadurch bricht aber das Ruhepotential zusammen, und die Membran wird depolarisiert. Möglicherweise ist mit dem Erregungsvorgang auch eine Veränderung der makromolekularen Membranstruktur verbunden, so daß die Permeabilität für die Na^+ erhöht wird. Nach der gegenwärtigen Auffassung ist dieser Na^+-K^+-Austausch an der Membran der Muskelfaser und auch bei der Nervenfaser die stoffliche Grundlage der elektrischen Erregungserscheinungen. In letzter Zeit konnte auch mit den radioaktiven Isotopen gezeigt werden, daß an Nervenfasern vom Tintenfisch je Nervenimpuls etwa $3 \cdot 10^{-12}$ Mol Na^+ pro cm^2 aufgenommen und teilweise gegen K^+ ausgetauscht werden. Wahrscheinlich ist der Ionenaustausch überhaupt der Grundvorgang jeglicher Erregung. Zumindest steht er am Anfang einer Kette von Reaktionen. Während der Erholungsphase vollzieht sich der umgekehrte Vorgang. Durch K^+-arme Diät läßt sich im Tierexperiment der Gehalt an K^+ in der Muskelfaser um 30 bis 50% erniedrigen. Derartige Muskeln sind dann wohl noch kontraktionsfähig, sie ermüden aber sehr schnell. Bei Hunden kann der Mangel an K^+ in der Nahrung zur Lähmung der Atemmuskulatur und schließlich zum Tode führen.

Durch die nervöse Erregung einer Nervenfaser tritt die ganze Muskelfaser innerhalb kürzester Zeit in Funktion. Dies bedeutet aber, daß sämtliche Myofibrillen einer Faser gleichzeitig durch extra- und intrazelluläre Ionenverschiebung depolarisiert werden müssen. Dafür dürfte jedoch die Funktion des Sarkolemms nicht genügen. Es ist daher wahrscheinlich, daß das endoplasmatische Retikulum hieran funktionell beteiligt ist und in diesem Sinne einen Potentialspeicher darstellt. Dementsprechend ist diese Zellstruktur bei den quergestreiften Muskelfasern besonders umfangreich entwickelt.

Eine ganz allgemeine Tatsache ist weiter, daß bei der Muskeltätigkeit Wärme gebildet wird. Genaue Untersuchungen haben gezeigt, daß an ihr zwei Anteile zu unterscheiden sind: die I n i t i a l w ä r m e und die E r h o l u n g s w ä r m e (Restitutionswärme). Die Initialwärme ist abhängig von dem Umfang der Muskeltätigkeit und ist dieser proportional. Sie steht also offensichtlich in einer direkten Beziehung zum Kontraktionsvorgang und ist völlig unabhängig von der Sauerstoffzufuhr. Die Restitutionswärme entsteht viel langsamer während der Erholungsphase des Muskels und ist sauerstoffabhängig. Sie verschwindet daher, wenn der Muskel unter anaeroben Bedingungen arbeitet. Das Verhältnis beider Anteile ist etwa 1 : 1. Die Erschlaffung des Muskels erfolgt ohne Wärmebildung, ist also ein rein passiver Vorgang. Welche chemischen Reaktionen kommen nun hierfür in Betracht? Lange Zeit glaubte man, daß die Initialwärme in einer unmittelbaren Beziehung zur Milchsäurebildung stehe, die ja unter anaeroben Bedingungen zur Energiegewinnung von der Muskelzelle durchgeführt werden kann. Nun kann man aber die Glykolyse durch Monojodessigsäure unterbrechen (S. 112), ohne daß dadurch die Bildung der initialen Wärme beeinträchtigt wird. Sie kann also nicht unmittelbar der Glykolyse entstammen. Aus dem Ablauf der Wärmebildung geht außerdem hervor, daß schon vor der eigentlichen Kontraktion Wärme frei wird („Aktivierungswärme"). Diese muß somit „bereitgestellten", energiereichen Verbindungen entstammen, die ihrerseits durch energieerzeugende Prozesse (Glykolyse, Oxydation) gewonnen werden.

Derartige „Energiespeicher" haben wir bereits in Form von ATP kennengelernt. Im Wirbeltiermuskel sind sie außerdem noch in Form von **Kreatinphosphat** vorhanden. Dies ist eine Verbindung von **Kreatin** und Phosphorsäure. Kreatin ist Methylguanidin—Essigsäure, an deren Aminogruppe die Phosphorsäure angelagert ist.

In der Muskulatur der Wirbellosen findet sich statt des Kreatinphosphats ein Argininphosphat.

Im ermüdeten Muskel liegt nur wenig Kreatinphosphat vor. Es zerfällt also offenbar in Kreatin und Phosphat. Unter physiologischen Bedingungen wird das Phosphat aber offenbar nicht hydrolytisch (durch Wasseraufnahme) abgespalten, sondern an ADP abgegeben:

$$\text{Kreatinphosphat} + \text{ADP} \longrightarrow \text{Kreatin} + \text{ATP}$$

Vom ATP wird aber, wie schon eingangs dieses Kapitels vermerkt wurde, durch Myosin bei geeigneter Ionenkonzentration fermentativ die endständige Phosphatgruppe abgespalten:

$$\text{ATP} \xrightarrow{\text{Myosin}} \text{ADP} + \text{Phosphat.}$$

Dieser Vorgang konnte auch bei Kontraktionen von einiger Dauer nachgewiesen werden, allerdings noch nicht bei einer Einzelzuckung.

Vieles deutet jedoch darauf hin, daß die hydrolytische ATP-Spaltung die energieliefernde Reaktion ist. Das hierbei entstehende ADP könnte dann bis zu einem gewissen Grade im tätigen Muskel durch Kreatinphosphat nach der obigen Gleichung zu ATP zurückgebildet werden, so daß unter physiologischen Bedingungen der ATP-ADP-Gehalt keine merklichen Veränderungen erfährt.

In welcher Weise aber diese freigewordene chemische Energie in mechanische Energie umgewandelt wird, oder mit anderen Worten: in welcher Form diese Energie zum Actin-Myosin-Komplex in Beziehung tritt, ist heute einigermaßen geklärt. So gilt es als sicher, daß die durch ATP-Spaltung gewonnene Energie nicht eine Faltung der gebildeten Actin-Myosinmoleküle bewirkt, sondern daß der Mechanismus der Zusammenziehung in einem teleskopartigen Ineinandergleiten der Actin- und Myosinfibrillen besteht, wobei die S-Filamente und damit auch die H-Zonen verschwinden. Gleichzeitig kommt es dabei zu einer Actin-Myosinbindung, über deren Modus allerdings noch nichts bekannt ist. Außer ATP sind für diesen Vorgang noch Mg^{++} notwendig. Somit darf während der Erschlaffung des Muskels, also in der Ruhephase, kein ATP gespalten werden. Da jedoch ständig ATP zugegen ist, muß notwendigerweise ein Regelsystem existieren, das während der Erschlaffung die ATP-Spaltung unterbindet. In letzter Zeit konnte auch ein derartiger Hemmfaktor in Muskelextrakten gefunden werden, der in den Strukturen des sarkoplasmatischen Retikulums lokalisiert ist. Es wurde ferner ermittelt, daß das Retikulum mit Hilfe einer „Kalziumpumpe" in seine Membran Ca^{++} aus dem umgebenden Medium aufnehmen und speichern und dadurch die Ca^{++}-Konzentration einer Lösung auf einen Wert von 10^{-7} M senken kann. In einem kalziumfreien Medium sind dann auch die ATP-Spaltung und die Kontraktion gehemmt. Man darf daher vermuten, daß die Ca^{++} bei der Kontraktion und der Erschlaffung als Regelsystem eine wesentliche Rolle spielen, wobei eine minimale Veränderung eines Grenzwertes der Ca^{++}-Konzentration darüber bzw. darunter eine Kontraktion bzw. eine Erschlaffung bewirkt. Entsprechend treten auch Dauerkontraktionen auf, wenn so hohe Kalziummengen in den Muskel eingeführt werden, daß sie vom Retikulum nicht völlig aufgenommen werden können. Wenn auch noch Einzelheiten dieses Mechanismus unbekannt sind, so lassen diese Ergebnisse jedoch erkennen, daß den Ca^{++} eine entscheidende Bedeutung zukommt.

5.10. Die Nervenzellen

5.10.1. Entwicklung und Bau

Die Nerven- oder Ganglienzellen kommen bei allen vielzelligen Tieren vor, mit Ausnahme der Schwämme. Zwar finden sich innerhalb eines Organismus verschiedene Typen, doch liegt allen mehr oder weniger die gleiche Bauform zugrunde. Entwicklungsgeschichtlich gehen die Nervenzellen aus den **Neuroblasten** hervor, die sich aus dem Ektoderm entwickeln. Bei den Chordaten bildet das Ektoderm nach der Gastrulation zunächst durch Einstülpung eine Nervenplatte. Aus dieser formt sich die Neuralrinne, die sich zu dem Neuralrohr schließt, aus dem dann das gesamte Nervensystem hervorgeht.

Die Bildung der Neuroblasten beginnt in der epithelialen Wandung des Ektoderms bzw. des Neuralrohres, wobei einzelne Zellen birnenförmige Gestalt annehmen und schließlich einen Zellfortsatz bilden. Gleichzeitig entstehen im Zytoplasma dieser Zellen zahlreiche Fibrillen, die als **Neurofibrillen** den Zellfortsatz (Nervenfaser) durchziehen. Behalten die Zellen einen Fortsatz, so nennt man sie u n i - p o l a r. Solche finden sich z. B. zeitlebens im Sympathikus der Lurche und ganz allgemein in der Riechschleimhaut der Wirbeltiere. Die meisten Zellen bilden jedoch in einem weiteren Stadium am entgegengesetzten Pol einen zweiten Fortsatz. Manche verharren dann auf diesem Entwicklungsstadium und kommen als b i p o l a r e (sensible) Ganglienzellen bei den Knorpel- und Knochenfischen vor. Bei höheren Wirbeltieren sind sie seltener. Bei den meisten Wirbeltieren entwickeln sich aber die bipolaren Zellen in fast allen Fällen weiter, wobei sich die beiden Fortsätze wieder mit ihrem zellnahen (proximalen) Teil vereinigen, während die freien Enden in verschiedene Richtung ziehen, wodurch ein T-förmiger oder Y-förmiger Zellfortsatz gebildet wird (Abb. 7, S. 30). Dadurch entstehen nur scheinbar unipolare (pseudounipolare) Zellen. Sie finden sich vor allem in den Spinalganglien der höheren Wirbeltiere (Ausnahme: Ganglien des Nervus statoacusticus, die bipolar sind).

Eine andere am höchsten entwickelte Form von Nervenzellen bildet zahlreiche Fortsätze aus, von denen einer auf Grund seiner Entwicklung und seiner Funktion als N e u r i t angesprochen wird, während die anderen, oft weit kürzeren und in Zellnähe stark verzweigten Fortsätze D e n d r i t e n heißen. Letztere entstehen später und sind auch dicker. Diese Zellen werden entsprechend als m u l t i p o l a r bezeichnet; sie finden sich in fast allen Tierstämmen. Demzufolge kann man an einer Nervenzelle den Zellkörper von den Zellfortsätzen unterscheiden, die aber morphologisch und funktionell eine Einheit bilden. Vielfach wird eine Nervenzelle mitsamt ihren Fortsätzen auch als N e u r o n angesprochen. Abb. 91 zeigt eine multipolare Nervenzelle.

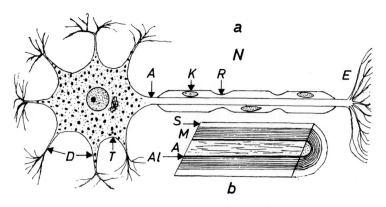

Abb. 91. Schematische Darstellung einer multipolaren Nervenzelle. a: Gesamtansicht, b: Teil des Neuriten (N) im Längsschnitt. A Axon, Al Axolemm, D Dendriten, E Telodendron, K Kern der Schwann-Zelle, M Myelinhülle, R Ranvier-Knoten, S Schwann'sche Scheide, T Tigroid.

Der Zellkörper der verschiedenen Typen von Nervenzellen hat eine unterschiedliche Form und Größe und variiert zwischen 6 μ (Körnerzellen des Kleinhirns) und 120 μ (Pyramidenzellen). Der bläschenförmige Zellkern ist gewöhnlich immer mit einem Kernkörperchen versehen und arm an Chromatin. Typisch für die Nervenzellen ist der hohe Gehalt ihres Zytoplasmas an Ribonukleotiden, die nach bestimmter Fixierung (Alkohol) und Anfärbung mit basischen Farbstoffen in Form feinster Schollen auftreten. Nach dem Namen ihres Entdeckers werden sie als N i s s l - Schollen bezeichnet oder auch T i g r o i d genannt (Abb. 91). Im elektronenmikroskopischen Bild erweisen sich diese Strukturen als ein System feinster Röhrchen und Bläschen, deren Wandungen 60 bis 70 Å dick sind. Diese Gebilde sind in Kernnähe am zahlreichsten und in der Peripherie des Zellkörpers nur noch vereinzelt vorhanden; sie sind aber auch in den Zellfortsätzen zu finden. Funktionelle Abweichungen der Nervenzelle äußern sich sehr bald in einer Veränderung des Gehaltes dieser Tigroidsubstanz. Wird z. B. der Neurit abgetrennt, so wird diese Substanz vermindert, was zweifellos auf die dann vermehrte Eiweißsynthese zurückzuführen ist, die mit der Regeneration der Faser verbunden ist.

Die Golgi-Strukturen treten hier gewöhnlich in Form umfangreicher kleiner Bläschen und Kügelchen in der Nähe des Kernes auf, die sich auch mit Neutralrot anfärben lassen. Die Kügelchen erweisen sich elektronenmikroskopisch als stark osmiophil und führen die Bezeichnung L i p o c h o n d r i e n [1]. Nach Abtrennung des Neuriten vom Zellkörper erfolgt eine starke Vermehrung der Lipochondrien, was ebenfalls sicherlich in Beziehung zur Regeneration der Nervenfaser steht. Schließlich finden sich noch zahlreiche Mitochondrien mit typischer Innenstruktur im Zellkörper und in den Fortsätzen.

Bemerkenswert ist das Vorkommen von Pigmenten im Zytoplasma von Nervenzellen. So ist eine gelbliche Pigmentablagerung (Lipofuscin) in den meisten Ganglienzellen des erwachsenen Organismus zu finden, während Melanin z. B. in den Zellen des Nucleus niger [2] vorkommt und dessen makroskopisch sichtbare Schwärzung bedingt (S. 101).

Da die Nervenzellen bei den höher organisierten Tieren in bestimmten Zentren innerhalb des Körpers angeordnet sind, erreichen die einzelnen Neuriten oft eine erstaunliche Länge (über 1 m), haben dabei aber nur eine Dicke von einigen μ. Eine Ausnahme machen die Riesenfasern der Tintenfische, die einen Faserdurchmesser von 500 μ haben. Häufig haben die Neuriten noch seitliche Abzweigungen, die K o l l a t e r a l e n heißen. An den Endorganen (z. B. Drüsenzelle, Muskelfaser) erfolgt eine starke Verzweigung des Neuriten, die den Namen E n d b ä u m c h e n (Telodendron) führt. An der Muskelfaser bildet es die m o t o r i s c h e E n d p l a t t e.

[1] lipos (gr.) = Fett
[2] „schwarzer Kern"

Bei den Nervenfasern, die von einem Zentrum der Nervenzellen (Zentralorgan) zu den einzelnen Sinnes- und Erfolgsorganen führen (z. B. Haut, Muskel), vereinigen sich gewöhnlich jeweils zahlreiche zu einem Bündel oder zu N e r v e n. Die Summe dieser Nerven bildet das periphere Nervensystem. Die einzelnen Nerven sind von einer Bindegewebshülle (Perineurum) umgeben.

Bevor wir uns mit der Funktion der Nervenzelle befassen, soll noch die Nervenfaser etwas ausführlicher dargestellt werden. Diese läßt im Verlauf ihrer gesamten Länge in gewissen Abständen regelmäßig sichtbare Einschnürungen erkennen, die als R a n v i e r sche S c h n ü r r i n g e bekannt sind (Abb. 91). Der Teil zwischen zwei Ringen heißt I n t e r n o d i u m und mißt beim Menschen etwa 1 mm. Solche Nervenfasern sind noch von einer Hülle umgeben, die aus der M a r k - s c h e i d e (Myelinhülle) und dem N e u r o l e m m (S c h w a n n - Zellmembran) (Abb. 91) besteht, und man bezeichnet den umhüllten Zellfortsatz als A x o n (Achsenzylinder). Dieser steht mit dem Zytoplasma der Nervenzelle in kontinuierlicher Verbindung. Außer der genannten Hülle wird er noch von einer dünnen, ihm dicht aufliegenden Membran umgeben, dem A x o l e m m, das die Fortsetzung der Zellmembran darstellt.

Die Stärke dieser Hülle variiert je nach Tierart und ist bedingt durch die Dicke der Markscheide. So sind z. B. die Axone der großen Fasern des Regenwurmes relativ dick, haben aber nur eine dünne Markscheide, während die Fasern der peripheren Nerven der Amphibien und der Säugetiere eine dicke Markscheide führen. Die Hülle der Nervenfasern wird von den S c h w a n n schen Zellen gebildet, die den Gliazellen des Gehirns entsprechen. Diese verlassen ihren Ursprungsort (z. B. Rückenmark) und gelangen mit dem wachsenden Neuriten zu dessen Erfolgsorgan. Dabei überziehen sie schlauchartig den Neuriten und bilden das 200 bis 300 Å dicke Neurolemm (auch S c h w a n n sche Scheide), das somit anfangs dem Neuriten allein aufliegt. Im Laufe der Entwicklung wird dann sekundär durch ein langsames, spiralartiges Aufrollen der S c h w a n n schen Zellen die Myelinhülle gebildet, wobei der Zellkern stets außen liegt. Auf diese Weise wird die Markscheide von der Schwann-Zelle nach außen und nach innen (zum Axon) abgeschlossen und steht mit deren Membranen beiderseits in Verbindung. Bei dieser Einrollung des Axons liegen natürlich jeweils zwei S c h w a n n - Zellmembranen aufeinander, die man nun zusammen als M e s a x o n bezeichnet. Somit ist die Myelinhülle ein Produkt der S c h w a n n schen Zellen, wobei jeweils eine Zelle das Internodium zwischen zwei Schnürringen segmental umhüllt. Wie polarisationsoptische und elektronenoptische Untersuchungen erkennen lassen, erfährt die Faser an den Schnürringen (R a n v i e r - Knoten) allseits eine Eindellung (Abb. 92). Elektronenmikroskopische Bilder zeigen außerdem, daß die Myelinschichten jeweils vor den Schnürringen in Form kleiner Verdickungen

Abb. 92.
Halbschematische
Darstellung einer
Nervenfaser mit Myelin-
scheide im Längsschnitt
im Bereich eines
Ranvierknotens
(nach K. H. A n d r e s,
Kiel). Ax Axolemm,
M Mitochondrien,
MS Myelinscheide,
N Neurotubuli,
R Ranvier-Knoten.

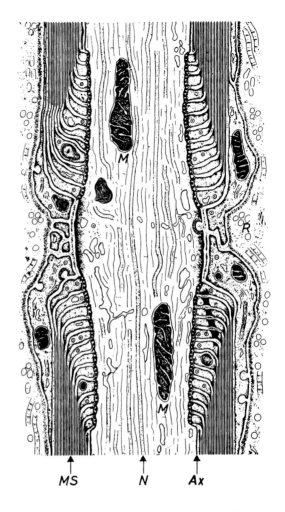

auf dem Axon enden. Die Schwann-Zellen bilden hier zottenförmige Fortsätze, die aber über die Schnürringe hinaus keine Verbindung (Synzytium) untereinander eingehen. Möglicherweise spielen diese „Zotten" eine Rolle für den Ionenaustausch (K^+, Na^+) während der Erregung.

Nach den bisherigen Ausführungen besteht also die Myelinhülle aus zahlreichen spiralig ineinandergerollten Lamellen. Jede einzelne Lamelle stellt eine Lipoid-Protein-Doppellamelle dar (Abb. 92). Der Abstand zwischen zwei Lamellen beträgt 120 Å, während die osmiophile Lamelle 50 Å dick ist. Über die Bedeutung der Markscheide ist noch nichts Sicheres bekannt. Vermutlich wirkt sie als elektrischer Isolator. Je nach

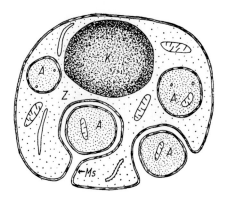

Abb. 93. Schematischer Querschnitt einer marklosen (polyaxonen) Nervenfaser. A Axone; K Kern der Schwann-Zelle; Ms Mesaxon; Z Zytoplasma der Schwann-Zelle. (Original)

Ausbildung einer Markscheide oder deren Fehlen spricht man von markhaltigen und marklosen (markarmen) Nervenfasern. Der Riechnerv hat keine Hülle, ist also gewissermaßen nackt. Alle Neuriten sind anfangs marklos. Die Markscheidenbildung (Myelingenese) beginnt beim Menschen im 4. Embryonalmonat und erfolgt zeitlich in einer bestimmten Reihenfolge. Die Fasern des Gehirns sind beim Neugeborenen bis auf Anteile des Urhirns noch größtenteils marklos.

Während die markreichen Nervenfasern im Frischpräparat von weißlicher Farbe sind, erscheinen die marklosen als „graue" Fasern. Auf elektronenoptischen Bildern von quer geschnittenen Fasern kann man aber sehr gut erkennen, daß diese Fasern im Unterschied zu den markhaltigen nicht ein Axon (monaxon), sondern zahlreiche Axone (polyaxon) haben (Abb. 93). Die einzelnen Axone sind hier aber nicht von S c h w a n n - Zellen „eingewickelt", sondern sind nur in das Zytoplasma dieser Zellen eingelagert. Auch hierbei kommt es zur Bildung eines Mesaxons, wenn das Axon so tief gelagert wird, daß die dabei eingedellten S c h w a n n - Zellmembranen einander berühren (Abb. 93).

Im Axon (Axoplasma) liegt parallel zur Faserachse ein submikroskopisches Fibrillensystem (Neurofibrillen). Teilweise sind diese Fibrillen kompakte Strukturen, teilweise aber auch röhrchenartige Gebilde (Neurotubuli), die möglicherweise den axonalen Stofftransport besorgen (Abb. 92). Nach elektronenoptischen Befunden haben diese Fibrillen einen Durchmesser von 100 bis 200 Å. Sie bilden einen Zwischenraum von etwa 150 Å. Auf diese parallel orientierten Elementarfibrillen ist die schwach positive Doppelbrechung des Achsenzylinders zurückzuführen. Im Axon liegen noch zahlreiche Mitochondrien (Abb. 92).

Die Summe aller Nervenzellen bildet das Nervensystem eines Organismus. Dabei stehen sämtliche Zellen untereinander in Verbindung. Im einfachsten Falle, wie z. B. bei den Hohltieren, bilden die Nervenzellen ein zusammenhängendes Netz, das sich unterhalb des Ektoderms über den ganzen Organismus ausbreitet (diffuses Nervensystem). Aber schon

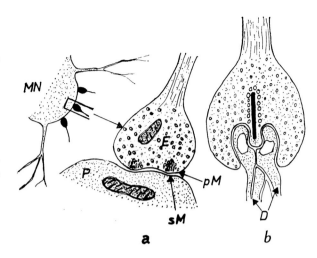

Abb. 94.
Synapsenformen
a: axosomatische
Synapse, b: Synapse
zwischen Stäbchen
und bipolarer Zelle
in Form eines
„Steckkontaktes".
D Dendritenfasern,
E Endfüßchen mit
Synapsenbläschen,
MN multipolares
Neuron mit 3 axosomatischen Synapsen,
P Perikaryon,
pM präsynaptische
Membran, sM postsynaptische
Membran.

bei den Würmern bilden die Zellkörper mehrerer Zellen eine Anhäufung, die man als G a n g l i o n bezeichnet. Von solchen Ganglien ziehen dann Nervenfasern zur Peripherie des Körpers und den einzelnen Organen, während andere die einzelnen Ganglien untereinander verbinden. Die Verbindung zweier Nervenzellen besorgen die Zellfortsätze (Dendriten, Neuriten). Sie ist an den Übergangsstellen durch S y n a p s e n gekennzeichnet, die jedoch keine direkte Verbindung mit dem Zellkörper, dem P e r i k a r y o n, eines anderen Neurons aufnehmen, sondern jeweils von dieser durch einen 200 Å dicken Spalt getrennt sind (Abb. 94). Dieser wird somit von einer prä- und einer postsynaptischen Membran gebildet.

Damit ist die Neuronentheorie bestätigt worden. Kurz gefaßt besagt diese, daß der nervöse Anteil des Nervengewebes aus Nervenzellen besteht. Ihr um den Kern gelagertes Zytoplasma (Perikaryon) bildet zahlreiche gleichartige Fortsätze (Dendriten) und einen besonderen, meist sehr langen Ausläufer (Neurit). Die einzelnen Zellen stehen untereinander in Kontakt, jedoch bildet jede für sich eine morphologische und funktionelle Einheit.

Morphologisch erweisen sich die Synapsen als „Endknöpfe" der Dendriten und Neuriten, die entweder mit dem Zellkörper eines anderen Neurons (axosomatische Synapse) oder mit anderen Zellen (Sinnes-, Muskel- und Drüsenzellen) in Verbindung treten (Abb. 94). Bei den Sinneszellen finden sich Oberflächen- und Invaginationssynapsen. So invaginieren z. B. bei den Sehstäbchen (S. 229) drei Dendritenfortsätze in den Sehzellenfortsatz, von denen zwei von den bipolaren Ganglienzellen und eine (mediane?) von den horizontalen Ganglienzellen stammen. Diese umschließen teilweise ein etwa 2 bis 3 μ langes „Synapsenband", das zu beiden Seiten von 300 bis 600 Å großen Synapsenbläschen umgeben ist. Die Zapfen haben zahlreiche (50) Invaginationssynapsen und einige Hundert oberflächliche Kontaktstellen. Etwas anders ist die motorische Endplatte gebaut, wo zahlreiche Mikrofalten eine große Kontaktoberfläche bilden (subneuraler Apparat). Synapsenbläschen befinden sich auch in größerer Menge an der präsynaptischen Membran. Außerdem liegen hier viele Mitochondrien. Wahrscheinlich enthalten die Vesikel auch die Überträgersubstanz (Azetylcholin), die bei der Reizung des Nerven frei wird und den Reizimpuls überträgt. Zudem enthalten die Falten noch ein Enzym (Azetylcholinesterase), das die Überträgersubstanz inaktiviert. Zweifellos sind diese Strukturen für die Erregungsübertragung von Zelle zu Zelle bedeutsam. Elektronenmikroskopisch konnten tatsächlich besondere membranartige Strukturen beobachtet werden.

Sind nun die einzelnen Ganglienpaare hintereinander im Körper angeordnet, so führt ihre Verbindung untereinander zur Bildung eines Strickleiternervensystems (Ringelwürmer). Schließlich erfolgt mit der Herausbildung eines Kopfabschnittes (Cephalisation) innerhalb des Tierreiches eine stärkere Zusammenballung der vorderen Ganglienpaare im Kopfbereich und damit die Bildung eines Gehirns. Bei den Wirbeltieren und dem Menschen sind die meisten Nervenzellen im Gehirn und Rückenmark konzentriert (Zentralnervensystem). In der menschlichen Großhirnrinde wird ihre Anzahl allein auf 14 Milliarden geschätzt.

Abschließend sollen noch einige Bemerkungen über die Gliazellen gemacht werden, die mit den Neuronen das Nervengewebe aufbauen und mit diesen eine funktionelle Einheit bilden. Ihrer Anzahl nach übertreffen sie die Nervenzellen etwa um das Zehnfache. Im Gegensatz zu diesen können sie sich aber durch Mitose vermehren. Sie entwickeln sich aus den Glioblasten. Morphologisch kann man an der Glia drei Zelltypen unterscheiden: 1. die Astrozyten[1] als relativ große Zellen (Makroglia) mit sternförmig verzweigtem Zytoplasma, 2. Oligodendrogliazellen[2], ebenfalls mit Zytoplasmaausläufern, 3. amöboide Mikrogliazellen. Bei den Mikrogliazellen umgibt nur ein schmaler Zytoplasmasaum den Kern, in dem sehr kleine Mitochondrien liegen. Die peripheren Nervenzellen werden von gliösen Mantelzellen umgeben. Welche Bedeutung die Gliazellen für die Neuronen haben, ist zwar im einzelnen noch nicht geklärt, doch dürfte sie in erster Linie auf stoffwechsel-physiologischer Basis liegen. Morphologisch zeigt sich dies darin, daß die Gliazellen mit ihren Zellfortsätzen ein dichtes Geflecht um den Zelleib der Neuronen bilden, so daß offenbar alle von den Nervenzellen aufgenommenen Stoffe dieses erst passieren müssen.

Das sehr dichte Geflecht von Nerven- und Gliafasern wird als Neuropil bezeichnet. Die Ventrikel des Zentralnervensystems werden bei Säugetieren von einer ein- oder mehrschichtigen, epithelialen Lage ausgekleidet, die

---

[1] ástron (gr.) = Stern
[2] oligos (gr.) = wenig; déndron (gr.) = Baum

E p e n d y m genannt wird und zur Glia gehört. Die dem Ventrikellumen zugekehrten Oberflächen der Ependymzellen haben zahlreiche Mikrovilli und Kinozilien. Morphologisch stimmen sie im wesentlichen mit den T a n y z y - t e n der Fische, Amphibien und Reptilien überein. Bestimmte sekretorisch tätige Zellen des Ependyms werden als „Ependymorgane" bezeichnet (z. B. der Saccus vasculosus der Fische.)

5.10.2. Funktion der Nervenzellen

Alle lebenden Organismen stehen in einer ständigen Wechselbeziehung mit ihrer Umwelt, d. h., sie empfangen aus dieser Reize und antworten darauf mit bestimmten Reaktionen. Die Reizaufnahme erfolgt mit Hilfe von Sinneszellen bzw. Sinnesorganen, während die Reaktion von einem Erfolgsorgan (z. B. Muskel) ausgeführt wird. Empfangs- und Erfolgsorgan sind aber gewöhnlich räumlich voneinander entfernt, so daß notwendigerweise ein „Verbindungskabel" beide Teile in Beziehung bringen muß, mit dessen Hilfe das Sinnesorgan seine „Mitteilung" an das Erfolgsorgan machen kann. Diese Vermittlerrolle übernehmen die Nervenzellen mit ihren Fortsätzen.

Für eine solche Vermittlung genügen bereits zwei Nervenzellen zwischen Sinneszelle und Erfolgsorgan. Dabei hat die eine mit der Sinneszelle Kontakt und wird durch deren Reiz erregt. Man bezeichnet sie daher als s e n s i b l e (afferente) Nervenzelle oder „Schaltzelle" (Neuron). Die zweite Zelle übernimmt die Erregung von der ersten und überträgt sie auf das Erfolgsorgan, wodurch dieses aktiviert wird. Diese funktionellen Typen heißen darum m o t o r i s c h e (efferente) Nervenzellen (Neurone). Auf diese Weise entsteht ein e i n f a c h e r (direkter) R e f l e x b o g e n. Meistens sind jedoch noch mehrere „Schaltzellen" zwischen die sensible und die motorische Zelle eingebaut (indirekter Reflexbogen). Bei den höheren Wirbeltieren und dem Menschen können schließlich noch übergeordnete Nervenzentren (Gehirn) eingeschaltet sein, so daß viele Reiz- und Reaktionsfolgen unter deren Kontrolle stehen (Bewußtseinsbildung beim Menschen).

Wie funktioniert nun dieses Vermittlungssystem? Wird eine Sinneszelle von einem ihr angepaßten, a d ä q u a t e n Reiz [1] getroffen, so wird dadurch die mit ihr in Verbindung stehende sensible Nervenfaser e r - r e g t. Diese Erregung „durchläuft" mit großer Geschwindigkeit die Nervenfaser und erreicht z. B. beim Tintenfisch 1 m, beim Hummer 10 m, beim Frosch 30 m und beim Menschen 120 m in der Sekunde. Die Fortpflanzungsgeschwindigkeit der Erregung ist abhängig von dem Grad der Myelinisierung der einzelnen Nervenfasern. Je besser die Markscheide entwickelt ist, um so größer ist die Fortpflanzungsgeschwindigkeit der Erregung. Dabei nimmt die Intensität der Erregung nicht ab —

---

[1] Ein adäquater Reiz z. B. für die Lichtsinneszellen sind nur die Lichtstrahlen bestimmter Wellenlänge (Fußnote S. 10).

sie ist ohne D e k r e m e n t. An den Synapsen wird die Erregung auf weitere Neurone und schließlich mittels der Endbäumchen auf das Erfolgsorgan übertragen.

Hinsichtlich der Erregbarkeit verhält sich die einzelne Nervenfaser wie eine Muskelfaser. Auch sie folgt dem Alles-oder-Nichts-Gesetz und hat eine bestimmte Reizschwelle und Refraktärzeit. Desgleichen kann man an ihr ein Ruhepotential messen (unterschiedliche Ionenverteilung innen und außen). Wird eine Nervenzelle erregt, so wird — wie bei der Muskelfaser — die erregte Stelle der Faser negativ gegenüber den unerregten Stellen und innen, während ja im Ruhezustand die Außenfläche positiv und die Innenfläche negativ ist (S. 207). Dadurch wird die Membran gewissermaßen umpolarisiert, und es entsteht ein Aktionspotential.

Die Aufnahme von etwa $3 \cdot 10^{-12}$ Mol Natrium pro cm^2 bei einem Erregungsimpuls reicht zur Bildung eines Aktionspotentials vollständig aus. Die elektrische Kapazität der Membran beträgt etwa 1 μ F/cm^2. Die Ladungsmenge, die nötig ist, um die Spannung an einem Kondensator von 1 μF Kapazität um 120 mV zu ändern, beträgt $1,2 \cdot 10^{-7}$ Coulomb. Diese Größe kann von $1,2 \cdot 10^{-12}$ Mol Na^+ geliefert werden. Dies ist etwa 1/3 der Natriummenge, die bei einem Impuls eindringt. Die Differenz erklärt sich aus der Tatsache, daß zusätzlich zur Aufladung der Membran während der erregbaren Phase des Aktionspotentials ein großer Teil der Na^+ gegen K^+ ausgetauscht wird (S. 207). Beachtlich ist, daß bei einer markhaltigen Nervenfaser während eines Impulses weniger Na^+ eindringen, als bei einer marklosen vergleichbarer Größe. Vermutlich ist der Ionenaustausch bei ersterer auf die Ranvierknoten beschränkt und die elektrische Kapazität des Axons durch die Dicke der Myelinscheide bedingt. Immerhin können etwa 99% des Axoplasmas entfernt werden, ohne daß dadurch die Leitfähigkeit wesentlich leidet. Man kann daraus schließen, daß chemische Reaktionen im Axoplasma für die Impulsleitung unwesentlich und die Konzentrationsunterschiede der Ionen die Energiequelle für die Aktionspotentiale sind. Möglicherweise ist für diesen Ionenaustausch eine „Natriumpumpe" als wesentlicher Mechanismus anzusehen (S. 126).

Das Aktionspotential greift auf die Nachbarschaft über und depolarisiert dort die Membran usw. Auf diese Weise erfolgt also eine wellenartige Fortpflanzung der Erregung („Erregungswelle") auf der Nervenfaser, die sich physikalisch in einer Depolarisationswelle äußert. Eine markhaltige Faser ist allerdings nur an den Schnürringen erregbar. Hier wird heute allgemein angenommen, daß die bei der Erregung eines R a n v i e r - Knotens ausgelöste Depolarisationswelle groß genug ist, um den Nachbarknoten zu erregen usw. Auf diese Weise „springt" gewissermaßen die Erregung von einem Schnürring zum anderen. Man spricht daher sinngemäß von einer s a l t a t o r i s c h e n Erregungsleitung. Diese Form der Erregungsfortpflanzung soll auch die größere

Leitgeschwindigkeit bei markhaltigen Fasern gegenüber marklosen erklären. Zweifellos ist eine solche Erregungsleitung energetisch gesehen rationeller als die Ausbreitung über die gesamte Nervenfaser, wenn man in Betracht zieht, daß die Erregung mit energieverbrauchenden chemisch-physikalischen Vorgängen verbunden ist. Es braucht also hier nur an den Knoten eine Potentialdifferenz durch eine entsprechende K^+- und Na^+-Verteilung gebildet zu werden („Natriumpumpe"). Trotzdem sind wir von einer endgültigen Klärung der Erregungsleitung und Erregungsübertragung noch weit entfernt und müssen weitere Ergebnisse abwarten.

Nach unseren gegenwärtigen Kenntnissen sind mit den physikalischen Erregungsvorgängen auch noch chemische eng verknüpft. Dies wurde erstmals von L o e w i (1921) nachgewiesen, indem er feststellte, daß nach elektrischer Reizung des Herzvagusnerven ein Stoff freigemacht wird, der bei einem anderen Herzen die gleiche Wirkung erzielt wie die elektrische Reizung. Diese Substanz erwies sich chemisch als A z e t y l - c h o l i n. Kürzlich ist es auch gelungen, mit Hilfe von Mikrokapillaren Azetylcholin direkt auf die Endplatte aufzutragen. Dabei entstanden zunächst kleinere Potentiale, die sich mit zunehmender Konzentration der Substanz erhöhten und schließlich eine physiologische Erregung einleiteten. Mit Hilfe der Einfriertechnik konnte gezeigt werden, daß Azetylcholin in kleinsten Mengen an der gesamten Nervenfaser entlang vorkommt, vorwiegend jedoch an der Endplatte, wo es möglicherweise in den Synapsisbläschen gespeichert wird.

Azetylcholin wird aus einem Molekül Essigsäure und einem Molekül Cholin unter Wasseraustritt gebildet. Cholin ist eine organische Base (S. 24), deren Alkoholgruppe mit der Essigsäure einen Ester bildet. Im Organismus erfolgt seine Bildung unter Mitwirkung eines Fermentes (Cholinazetylase) in Gegenwart von ATP und Coenzym A.

Im einzelnen läßt sich die Funktion des Azetylcholins für den Erregungsvorgang noch nicht umschreiben, doch scheint es sicher, daß es nicht selbst unmittelbar das Erregungspotential an den Membranen hervorruft. Vielmehr nimmt man an, daß es spezifisch die Permeabilität der Membran für Ionen erhöht, so daß durch die Ionenverschiebung aus dem Ruhepotential ein Erregungspotential entsteht. Ungeklärt ist auch noch, auf welche Weise das Azetylcholin durch den Erregungsimpuls der Nervenfaser aus den Vesikeln frei wird. Möglicherweise sind für die Freisetzung Ca-Ionen notwendig, während Mg-Ionen sie hemmen. Nach seiner Freisetzung während der Erregung wird es wieder sehr schnell durch die Cholinesterase, die an den Endplatten in höherer Konzentration lokalisiert ist, unter Mitwirkung von Mg-Ionen in Cholin und Essigsäure gespalten.

Bemerkenswert ist in dieser Hinsicht das Verhalten dieses Fermentes in den elektrischen Organen mancher Fische (Zitterwels, Zitterrochen). Das Aktionspotential dieser Organe kann 400 bis 600 Volt erreichen.

Hier läßt sich eine deutliche Beziehung zwischen der Größe des Potentialabfalls und der Fermentkonzentration ermitteln. Wird nun andererseits die Aktivität der Cholinesterase gehemmt [1], so wird auch gleichzeitig die Funktion der Nervenfaser unterdrückt. Das Azetylcholin wird auf Grund seiner Funktion auch als A k t i o n s s u b s t a n z bezeichnet. Zweifellos spielt das Azetylcholin bei der Übertragung der Erregung an den Synapsen und den motorischen Endplatten eine wichtige Rolle. Auf Grund dieser Tatsache werden alle Nervenfasern, bei deren Erregung sich Azetylcholin nachweisen läßt [2], c h o l i n e r g e Fasern genannt (dazu gehören alle motorischen, fast alle parasympathischen und viele sympathische Fasern [3]). Bei einigen anderen Nervenfasern (postganglionären Sympathikusfasern) übernehmen andere Substanzen diese Funktion. Es handelt sich hierbei um das N o r a d r e n a l i n (Arterenol) und kleine Mengen A d r e n a l i n. Diese Fasern heißen analog a d r e n e r g. Außer diesen beiden Verbindungen kommt offenbar auch dem A n e u r i n (Vitamin B_1) beim Erregungsprozeß noch eine besondere Aufgabe zu, auch wenn zur Zeit noch nicht gesagt werden kann, wie diese im einzelnen aussieht. Jedenfalls enthalten alle peripheren Nerven Aneurin in gebundener Form, das bei der Erregung freigesetzt wird. Wird das Aneurin einer isolierten Faser zerstört (z. B. durch das Ferment Thiaminase), so wird auch die Nervenleitung unterbunden.

5.10.3. Die Neurosekretion

In letzter Zeit ist bei zahlreichen Wirbellosen (Würmern, Krebsen, Spinnen und Insekten) und auch bei den einzelnen Wirbeltierklassen eine eigenartige Gruppe von Nervenzellen entdeckt worden, deren Funktion offensichtlich von der der übrigen Nervenzellen abweicht. Diese Zellen unterscheiden sich in baulicher Hinsicht nicht von den gewöhnlichen Ganglienzellen. Wie diese haben sie einen typischen Nervenfortsatz, der zu einem bestimmten Organ führt. Was sie jedoch gegenüber den normalen Nervenzellen auszeichnet, ist die Tatsache, daß nach bestimmter Fixierung (z. B. nach Z e n k e r) und anschließender Färbung mit Chromalaunhämatoxylin-Phloxin (G o m o r i - Färbung) der Zellkörper unterschiedlich stark blau angefärbt wird. Dies betrifft allerdings nur das Zytoplasma, nicht jedoch den Kern. Häufig sind aber auch statt einer allgemeinen Anfärbung des Zytoplasmas einzelne bis zahlreiche, aber deutlich begrenzte Granula tief blau gefärbt, während das übrige Zytoplasma mehr oder weniger ungefärbt bleibt. Man kann

---

[1] Z. B. durch Eserin, ein Alkaloid der Calabarbohne
[2] Der Nachweis erfolgt mit Hilfe eines biologischen Testes, wozu ein Längsmuskel vom Blutegel oder ein Froschmuskel (M. rectus abdominis) verwendet wird.
[3] Das autonome (vegetative) Nervensystem der Wirbeltiere besteht aus dem sympathischen und parasympathischen Nervensystem. Beide versorgen die inneren Organe und stehen mit dem Zentralnervensystem in Verbindung.

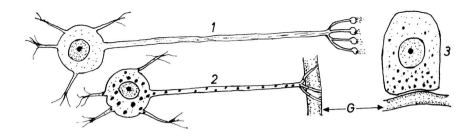

Abb. 95. Schematische Darstellung der Funktionsweise einer Ganglienzelle (1), neurosekretorische Zelle (2) und Nebennierenmarkzelle (3). G Gefäß

diese Granula auch im lebenden Material im Phasenkontrastmikroskop beobachten.

Ihrer Natur nach stehen die neurosekretorischen Zellen zwischen den typischen Nervenzellen und den c h r o m a f f i n e n Zellen des Nebennierenmarks und der Paraganglien, die umgewandelte sympathische Neurone darstellen. Während die Nervenzellen die Erregung über elektrophysiologische Synapsen leiten, werden die Sekrete der chromaffinen Zellen (Adrenalin, Noradrenalin) mit dem Blut an ihren Wirkort gebracht. Im Unterschied zu den typischen Nervenzellen bilden die neurosekretorischen Zellen offenbar keine Synapsen mit anderen Neuronen, sondern mit Blutgefäßen vasoneurale Synapsen, über die sie ihr Sekret an das Blut abgeben. Abb. 95 zeigt die Funktionsweise dieser drei Zellformen schematisch.

Die Anhäufung von „Gomori-Substanz" in diesen Zellen ist zweifellos als eine spezielle Funktion dieser Zellen zu betrachten. Es läßt sich auch eindeutig zeigen, daß diese Substanz nicht von „außen" aufgenommen, sondern von der Zelle selbst gebildet wird. An ihrer Bildung ist auch der Kern beteiligt. Dies geht schon allein daraus hervor, daß sein Volumen in einem bestimmten Verhältnis zur gebildeten Substanzmenge steht. Dabei durchlaufen die einzelnen Zellen einen Funktionsrhythmus, indem auf eine Tätigkeitsphase eine „Ruhepause" folgt. Außerdem ist die Anreicherung der Substanz in Kernnähe zunächst am stärksten. Aus allem geht einwandfrei hervor, daß die Zellen also in der Tat sekretorisch tätig sind und die Gomori-Substanz selbst bilden. Man bezeichnet sie daher als n e u r o s e k r e t o r i s c h e Z e l l e n , die gebildete Substanz als N e u r o s e k r e t und den Vorgang schließlich als N e u r o s e k r e t i o n.

Diese Zellen finden sich bei Wirbellosen an verschiedenen Stellen des Zentralnervensystems. Bei den Insekten z. B. liegt in allen Fällen eine solche Zellgruppe dorsal in der Mitte des Gehirns (Oberschlundganglion).

Von dort aus ziehen die Nervenfortsätze nach hinten, verlassen das Gehirn und enden in zwei paarig hintereinander gelegenen Organen (Corpora cardiaca und C. allata), die unmittelbar hinter dem Gehirn liegen und als Hormondrüsen angesehen werden. Das erste Organpaar (C. cardiaca) ist stets mit einer unterschiedlich umfangreichen Menge von Sekreten beladen, die zweifellos von neurosekretorischen Zellen des Gehirns in dieses transportiert werden. Bei den dekapoden Krebsen befinden sich die Sekretzellen im paarigen X-Organ der Augenstiele, ihre Axone enden in der neurohämalen Sinusdrüse, von der aus die Sekrete in das Blut gelangen. Sie wirken unmittelbar auf die Chromatophoren (S. 102).

Bei den Wirbeltieren ist im Laufe der Stammesgeschichte eine Konzentrierung dieser Zellen im Zwischenhirn erfolgt. Während man nämlich bei Fischen auch noch in der Schwanzregion, der U r o p h y s e (Neurophysis spinalis caudalis), diese Zellen findet, liegen sie bei Amphibien in erster Linie im Zwischenhirn und bei Amnioten ausschließlich im Hypothalamus. Die marklosen Nervenfasern dieser beiden Zellanhäufungen (Nucleus supraopticus und N. paraventricularis) ziehen durch den Hypophysenstiel in einen bestimmten Abschnitt der Hypophyse (die Neurohypophyse) und enden dort in einem umfangreichen Netz. Auch hier konnte ein Transport von Neurosekret entlang der Nervenfasern nachgewiesen werden, das in den Zellen des Zwischenhirns gebildet wird.

Die chemische Beschaffenheit dieses Sekretes ist noch ungeklärt. Sicherlich handelt es sich aber in allen Fällen um biologisch wichtige Stoffe, die höchstwahrscheinlich Hormone darstellen oder aber am Transport von Hormonen beteiligt sind. Wir sind zumindest bei Wirbeltieren sicher, daß die Hormone des Hypophysenhinterlappens (Adiuretin und Oxytocin) nicht in diesem Organteil selbst, sondern von den erwähnten Zellen gebildet werden. Die Neurohypophyse hat somit lediglich Stapelfunktion. Da die Zellanhäufungen als Hormonbildungsstätten im Zwischenhirn (Hypothalamus) liegen, spricht man auch sinnvoll von Zwischenhirnhormonen (Hypothalamushormonen). Es ist möglich, daß auch bei den Wirbellosen ähnliche Verhältnisse vorliegen.

Der chemische Aufbau und die Funktion der Zwischenhirnhormone bei Wirbeltieren sind weitgehend geklärt. Es handelt sich in allen Fällen um niedere Eiweißkörper, die als Oktapeptide identifiziert werden konnten. Bisher sind bei den Wirbeltieren 5 neurohypophysäre Hormone mit nahezu gleicher chemischer Struktur gefunden worden (Oxytocin, Vasopressin, Vasotocin, Isotocin, Argenin-Vasopressin). Alle enthalten 2 Cysteinmoleküle, die unter Bildung einer Disulfidbrücke eine Ringstruktur aufbauen.

Das Adiuretin (Vasopressin) reguliert in Verbindung mit den Nieren den Wasser- und Salzgehalt des Organismus. Das Oxytocin bewirkt in erster Linie eine Kontraktion der Uterusmuskulatur. Die Bedeutung der Neurosekrete bei Wirbellosen ist im einzelnen noch nicht geklärt. Bei manchen Krebsen spielen sie beim Farbwechsel eine Rolle. Bei

Insektenlarven und geschlechtsreifen Tieren (Imagines) stehen sie mit den Corpora cardiaca und C. allata in funktioneller Beziehung.

5.11. Sinneszellen

5.11.1. Allgemeines

Die Reizbarkeit wurde bereits einleitend als eine Eigenschaft des Lebens (und damit auch der Zelle) angeführt. Hierunter verstehen wir die Fähigkeit der Zellen bzw. der Organismen, auf innere und äußere Reize zu reagieren: Ein spezifischer Reiz löst eine bestimmte Reaktion aus, wenn er so groß ist, daß die jeweilige Reizschwelle überschritten wird (S. 205). Solche Reizerscheinungen kann man schon bei Protozoen beobachten. Bei den einfachen Metazoen sind sie vielfältiger, und bei den Wirbeltieren sind sie sehr zahlreich. Die Reize können durch physikalische und chemische Faktoren ausgelöst werden. Zur Reizwahrnehmung haben die Organismen verschiedene „Sinne" entwickelt. So können z. B. Druckreize durch den Tastsinn, Lichtreize durch den Gesichtssinn und chemische Reize durch den Geruchs- und Geschmackssinn wahrgenommen werden. Freilich hat der Mensch mehr als die ihm oft zugeschriebenen „5 Sinne", da uns ein Teil gewöhnlich nicht bewußt wird, wie z. B. der Gleichgewichtssinn. Andererseits haben wir z. B. für radioaktive Strahlung und kurzwelliges Licht keine Empfindung.

Die Wahrnehmung der Reize erfolgt durch die Sinneszellen (Rezeptoren), die einzeln vorkommen oder zu Sinnesorganen vereinigt sind. Allerdings können bei Einzellern differenzierte Zellstrukturen bestimmte Reize wahrnehmen, wie z. B. der „Augenfleck" von *Euglena*, der als Photorezeptor dient. Er besteht aus 50 mosaikartig gelagerten Tubuli, die etwa 20Å lang und 5 Å breit sind. Bei Wirbeltieren genügen teilweise aber auch die Endigungen von Nervenzellen, um Reize wahrzunehmen, was z. B. bei den Sinnesnervenzellen der Fall ist.

Obwohl die verschiedenen Sinneszellen auf spezifische, aber recht unterschiedliche Reizqualitäten reagieren, lassen sie sich morphologisch auf zwei Grundtypen zurückführen: die primäre und sekundäre Sinneszelle (Abb. 96). Letztere kommen nur bei Wirbeltieren und dem Menschen vor. So sind z. B. die Sinneszellen des Riechepithels und die Sehzellen primäre, die Sinneszellen der Geschmacksknospen und des Vertibularapparates sekundäre Sinneszellen. Einen besonderen Typ stellen die Sinnesnervenzellen dar, die mittels einer langen rezeptorischen Faser in die Reizaufnahmestelle (z. B. Haut) reichen und hier als sogenannte „freie Nervenendigung" der Reizaufnahme dienen (Abb. 96). Ihr Zellkörper liegt oft weit vom eigentlichen Reizort entfernt (bei den Wirbeltieren z. B. in den Spinalganglien).

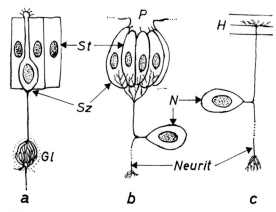

Abb. 96. Halbschematische Darstellung von Sinneszellen. a: Riechzelle, b: Geschmackszellen, c: Sinnesnervenzelle. Gl Glomerum olfactorium, H Haut, N Neurone, P Geschmacksporus, St Stützzellen, Sz Sinneszellen.

Solche Zellen vermitteln die Schmerzempfindungen. Die primären Sinneszellen sind durch eine lange Faser (Neurit) mit einer Nervenzelle verbunden, wie z. B. die R i e c h z e l l e n mit den Dendriten der Mitralzellen (2. Neuron der Riechbahn) unter Bildung eines Glomerum olfactorium (Abb. 96a). Die sekundären Sinneszellen, z. B. G e s c h m a c k s z e l l e n , werden von Dendriten einer Nervenzelle umgeben, die ihrerseits mit dem Neurit in die Medulla oblongata zieht (Abb. 96b).

Trotz der unterschiedlichen Funktion haben die meisten Sinneszellen wesentliche Strukturen gemeinsam. So weisen die meisten ein oder mehrere Sinneshaare auf, die als Reizauslöser wirksam sind. Dies ist z. B. bei den Riechzellen und den H a a r z e l l e n des Vestibularapparates (Gleichgewichtsorgan) recht deutlich. Die Riechzellen ragen etwas mit ihrem apikalen Zellfortsatz über die sie umgebenden Stützzellen hinaus und tragen hier 6 bis 8, etwa 2 μ lange Riechhärchen, deren Struktur den Zilien ähnelt (sog. Riechkegel).

Das Gleichgewichtsorgan besteht aus dem schlauchartigen Utriculus mit den drei Bogengängen und deren Ampullen, dem rundlichen Sacculus und dem an diesen und den Utriculus angeschlossenen Ductus endolymphaceus. Utriculus und Sacculus enthalten je eine Macula statica und die Bogengänge drei Cristae ampullares als Sinnesepithel. Dieses besteht aus Haar- und Stützzellen, während alle anderen Wandbereiche des Vestibularapparates von Plattenepithel aufgebaut werden. Das ganze System ist von Endolymphe ausgefüllt, während es außen von Perilymphe umgeben ist.

Bei den Haarzellen lassen sich zwei Typen unterscheiden, die aber im wesentlichen gleich gebaut sind (Abb. 97). Der eine hat eine flaschenartige Form und ist von einem Nervenkelch umgeben, mit dem die Sinneszelle Synapsen bildet. Der andere Typ ist mehr zylinderförmig.

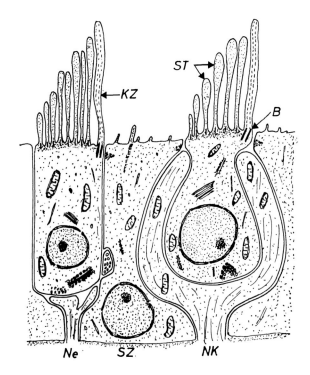

Abb. 97. Haarzellen des Labyrinthes (schematisch). B Basalkörperchen, KZ Kinozilie, Ne Nervenendigung, NK Nervenkelch, ST Stereozilien, SZ Stützzelle.

Diese Sinneszelle bildet basalwärts mit mehreren Nervenendigungen Synapsen. Am apikalen Pol befinden sich bei beiden Typen zwei Formen von Sinneshaaren: 60 bis 100 orgelpfeifenartig angebrachte Stereozilien und jeweils eine längere Kinozilie. Während erstere keulenartige Fortsätze der Zellmembran darstellen und durch einen kleinen „Stift" verankert sind, entspringen die Kinozilien jeweils einem Basalkörperchen und haben wie die Geißeln 9 periphere und 2 zentrale tubuläre Filamente. Dieses Sinneshaar befindet sich gewöhnlich immer peripher an einem bestimmten Pol der Zelle. So entstehen die Kinozilien in den horizontalen Cristae stets am utriculusnahen Pol der Sinneszelle, während sie in den vertikalen Cristae am utriculusfernen Pol stehen.

Wahrscheinlich bewirken diese Strukturen eine Transformation der mechanischen Erregung durch die Endolymphe in bioelektrische Phänomene, wobei das gegensätzliche funktionelle Verhalten der horizontalen und vertikalen Cristae auf einer gegensätzlichen Anordnung der Sinneshaare beruht.

5.11.2. Die Lichtsinneszellen

Die Lichtsinneszellen (Photorezeptoren, Sehzellen) spielen zweifellos bei der Orientierung der meisten Organismen die größte Rolle. Dies gilt vor allem für die Wirbeltiere. Aber auch die meisten Wirbellosen haben Lichtsinnesorgane in Form von Augen entwickelt, die aus Sehzellen und anderen Zellformen bestehen. Gewöhnlich sind sie sehr lichtschwach, und manche Tiere haben mehrere oder zahlreiche Augen. So hat z. B. die Kammuschel sogar 100 Augen, von denen die Hälfte auf dem hinteren Mantelrand liegt. Auch das Komplexauge der Arthropoden (Krebse, Spinnentiere, Insekten) besteht aus einigen hundert bis einigen tausend (bis 10 000) Ommatidien, die als vollständige Sinnesorgane aus Cornea, Linse, Pigment- und einigen (6 bis 8) Sehzellen (Retinulazellen) aufgebaut sind.

Es ist bemerkenswert, daß bei niederen Wirbeltieren auch außerhalb der Augen Photorezeptoren vorkommen. So finden sich z. B. im Pineal- bzw. Parapinealorgan der Petromyzonten, im Pinealorgan der Knochenfische, im Frontalorgan und in der Epiphyse der Anuren sowie im Parietalauge und der Epiphyse der Eidechsen Sinneszellen, die in ihrem Bau weitgehend den Sehzellen entsprechen [1]. Bei den Vögeln sind diese Zellen nicht mehr voll

---

[1] Die Pinealorgane entstehen aus zwei Anlagen: Die vordere bildet bei niederen Wirbeltieren das Parietal- oder Scheitelauge, die hintere die bei allen Wirbeltieren vorhandene Epiphyse der Zirbeldrüse.

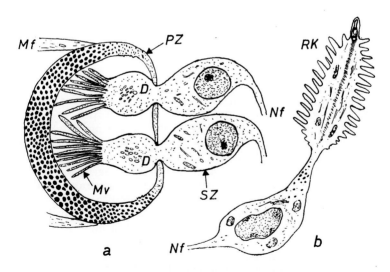

Abb. 98. Halbschematische Darstellung der Sehzellen von einem Turbellar (a) und einem Borstenwurm (b). D dendritischer Fortsatz, Mf Muskelfaser, Mv Mikrovilli, Nf Nervenfaser, Pz Pigmentzelle, RK Rezeptorkeule, SZ Sinneszelle.

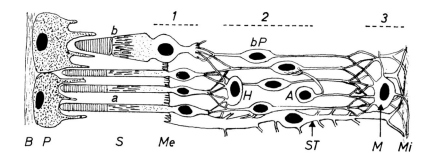

Abb. 99. Anordnung der Sehzellen in der Retina von Wirbeltieren (schematisch). A amakrine Zelle, B Bruch'sche Membran, bP bipolare Zelle, H Horizontalzelle, M multipolare Ganglienzelle, Me „Membrane limitans externa", Mi M. l. interna, P Pigmentzelle, S Sehzelle (a: Stäbchen, b: Zapfen), St Müller'sche Stützzelle, 1 äußere Körnerschicht, 2 innere Körnerschicht, 3 Ganglienzellschicht.

differenziert, so daß ihr Pinealorgan einen Übergang von dem als Sinnesorgan differenzierten Pinealapparat der niederen Wirbeltiere zu der drüsig gebauten Epiphyse der Säugetiere darstellt, die möglicherweise eine innersekretorische Funktion hat (antigonadotrope Wirkung).

Dennoch spielt das Licht bei diesem Organ insofern eine Rolle, als sein Einfall in das Auge offenbar indirekt über sympathische Nervenfasern ein Hormon freisetzt (Serotonin?), das auf die Drüse wirkt, die ihrerseits enzymatisch die Bildung von Melatonin reguliert.

Das Grundprinzip beim Aufbau der Sehzellen ist bei allen Organismen im wesentlichen immer beibehalten worden und ist bereits bei *Euglena* angedeutet (S. 223): Protein-Lipoidmembranstrukturen in Form von Tubuli, Mikrovilli und Scheiben (Disci) dienen als reizaufnehmende Strukturen. So bilden die Sehzellen von Turbellarien jeweils einen keulenartigen Fortsatz, von dessen proximalem Pol zahlreiche Mikrovilli entspringen (Abb. 98a). Diese sind gegen eine pigmentierte Augenbecherzelle gerichtet (invertiertes Auge), von der sie becherartig umgeben werden.

Ähnlich sind auch die Sehzellen des vielborstigen Ringelwurmes (Polychaeten) *Platynereis* gebaut. Auch hier bildet die Sinneszelle zum Auginnern (in den Pigmentbecher) eine sogenannte Rezeptorkeule, von der aber seitlich zahlreiche Mikrovilli entspringen (Abb. 98b). Innen wird sie von einer quergestreiften Wimperwurzel durchzogen. Außerdem enthält sie Mitochondrien und Membranstrukturen, während das Grundplasma dieser Gebilde verschieden dicht ist, besonders bei epitoken Tieren [1]. Mit dem Zelleib steht sie durch ein „Halsstück" in Verbindung.

---

[1] Diese Tiere treten in zwei Formen auf, atoke (geschlechtsunreife) und epitoke (geschlechtsreife) Tiere, die teilweise ein völlig anderes Aussehen haben.

Zweifellos dient die Rezeptorkeule der Reizwahrnehmung. Der eigentliche Zelleib der Sehzelle enthält außer dem Kern und Mitochondrien noch zahlreiche ribosomenartige Partikeln sowie größere Pigmentgranula (0,4 μm), die von einer Membran begrenzt sind. Zudem erscheinen noch größere, fettähnliche Einschlüsse.

Während das Auge eines juvenilen Tieres aus je zwei Seh- und Pigmentzellen besteht, ist deren Anzahl bei adulten Tieren wesentlich höher, wobei hier die Stützzellen den Pigmentzellen entsprechen. Alle Zellen bilden zusammen eine becherförmige Retina, deren Öffnung der Körperoberfläche zugekehrt und von einer dünnen Epidermis- und Kutikulaschicht überzogen ist.

Eine noch stärkere Differenzierung zeigen die Sehzellen der Wirbeltiere, die in Form von „Zapfen" und „Stäbchen" sowie den Müllerschen Stützzellen die Sehschicht der Netzhaut (Retina) bilden (Abb. 99). Bereits lichtmikroskopisch kann man an diesen Sinneszellen ein Außenglied, ein Innenglied und den kernhaltigen Teil der Zelle unterscheiden. Die Außenglieder, die bei den Zapfen etwas kürzer sind, sind gegen das Pigmentepithel gerichtet, während der kernhaltige Teil mit bipolaren Ganglienzellen verbunden ist. Die Kerne aller Sehzellen bilden insgesamt die äußere „Körnerschicht" der Retina. Die Anzahl der beiden Sehzelltypen ist bei den einzelnen Wirbeltierarten verschieden. Die menschliche Netzhaut enthält schätzungsweise über 100 Millionen Stäbchen und etwa 5 Millionen Zapfen. Letztere befinden sich vor allem im Bereich des „gelben Fleckes"[1], dessen zentrale Stelle (Fovea) nur Zapfen enthält. Wahrscheinlich sind die Stäbchen für das Hell-Dunkel-Sehen verantwortlich und die Zapfen für das Farbsehen. Dementsprechend haben Nachttiere weniger oder keine Zapfen. Die Länge einer menschlichen Stäbchenzelle beträgt etwa 110 μ, wobei das Außenglied 25 bis 30 μ lang und etwa 1 μ (Innenglied 1,5 μ) dick ist. Dagegen ist das Zapfeninnenglied etwa 6,5 μ stark.

Weitere Einzelheiten zeigt das Elektronenmikroskop. Danach bestehen die Außenglieder aus einer großen Anzahl (einige Hundert) scheibenartiger Doppelmembranstrukturen (Disci), die eine Dicke von etwa 30 bis 40 Å haben und ringsum von der Zellmembran umgeben werden, mit dieser aber in keinem Kontakt stehen (Abb. 100). Im unteren Bereich des Außengliedes sind diese Strukturen röhrenförmig. Augenfällige Unterschiede am Außenglied von Stäbchen und Zapfen bestehen nicht. Möglicherweise sind aber die Disci bei den Stäbchen am Rand verdickt abgerundet und bei den Zapfen spitz. Mit dem Innenglied ist das Außenglied durch eine Zilie verbunden, die von einem Basalkörperchen des Innengliedes ausgeht (Abb. 36, S. 82). Die Innenglieder der Zapfen haben eine kegelförmige Gestalt und sind dicker als die der Stäbchen (Abb. 100). Sie enthalten auch weit mehr Mitochondrien, die

---

[1] Der gelbe Fleck (Macula lutea) hat einen Durchmesser von etwa 2 mm, seine Farbe beruht auf einem gelben Pigment.

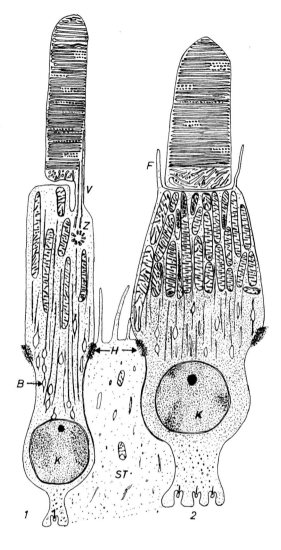

Abb. 100. Halbschematische Darstellung einer Stäbchenzelle (1) und Zapfenzelle (2). B Bläschenstrukturen mit Filamenten, F Fortsätze des Innengliedes, H Haftplatten, K Kerne, St Müller'sche Stützzelle, V Verbindung zwischen Außenglied und Innenglied, Z Basalkörperchen (Zentriole).

in allen Fällen im äußeren Bereich liegen, der dem klassischen „Ellipsoid" der Lichtmikroskopie entspricht. Hier befinden sich auch die beiden Zentriole, von denen das proximale mit der Zilie in Verbindung steht. Der kernnahe Teil des Innengliedes ist frei von Mitochondrien („Myoid"), enthält aber Ribosomen und sehr feine Tubuli (Durchmesser 200 Å) sowie zahlreiche, meist ovale Vesikel des endoplasmatischen Retikulums. Der Kern der Sehzellen ist nur von einem schmalen Zytoplasmasaum umgeben und enthält nur einen sehr kleinen Nukleolus.

Als typische primäre Sinneszellen haben die Sehzellen Faserfortsätze, die mit den Ganglienzellen Synapsen bilden (Abb. 94). Die Sehzellen sind durch die M ü l l e r schen Stützzellen voneinander isoliert, mit denen sie durch desmosomenartige Haftplatten verbunden sind (Abb. 100). Diese Stützzellen haben lange Mikrovilli, die mit den Haftplatten die lichtmikroskopisch sichtbare „Membrana limitans externa" darstellen.

In chemischer Hinsicht interessiert vor allem der molekulare Aufbau des Außengliedes, das als Photorezeptor wirkt. Hier sind der Sehpurpur, nämlich die Chromoproteide R h o d o p s i n (Stäbchen) und I o d o p s i n (Zapfen) enthalten, welche die Lichtquanten absorbieren. Diese Substanzen sind zumindest am Aufbau der Querscheiben beteiligt und bestehen aus dem Eiweißkörper O p s i n und dem Farbstoffträger (Chromophor) R e t i n a l. Letzteres ist Vitamin-A_1-Aldehyd, der stereoisomer in einer all-trans- und einer cis-Form auftritt. Bei Dunkelheit ist die instabilere cis-Form mit dem Opsin zum lichtempfindlichen Sehpurpur verbunden, das bei Belichtung wieder gespalten wird (ein Lichtquant spaltet ein Molekül). Hierbei bildet sich dann wieder die stabilere all-trans-Form. Bei Dunkelheit liegt also ein Maximum und bei Helligkeit ein Minimum an Sehfarbstoff vor. Völlig ungeklärt ist allerdings noch, auf welche Weise die photochemische Reaktion des Sehfarbstoffes zur Nervenerregung und damit zur Lichtwahrnehmung führt. Es ist auch nicht bekannt, welche Bedeutung hierbei den Mitochondrien zukommt, die ja bei den Zapfen besonders zahlreich sind. Ungeklärt ist schließlich auch die Funktion der Pigmentepithelzellen beim Sehvorgang (Regeneration des Sehfarbstoffes? Lichtabsorption?). Auf Grund von Absorptionsmaxima lassen sich beim Menschen drei Zapfenarten unterscheiden: blau-sensible (Max. = 450 mμ), grün-sensible (= 525 mμ) und rot-sensible (= 550 mμ).

Somit sind sowohl hinsichtlich der Funktion und des molekularen Aufbaues der Sehzellen als auch bei vielen anderen tierischen und menschlichen Zellen viele Probleme noch ungelöst, obwohl wir bereits weit in das submikroskopische Strukturgefüge der Zellen eindringen konnten.

6. DIE EIWEISSBIOSYNTHESE

Ein großer Teil der intra- und extrazellulären Eiweißstrukturen unterliegt einem ständigen Auf- und Abbau. So werden z. B. beim erwachsenen Menschen etwa täglich 125 mg Hämoglobin ab- und aufgebaut. Große Mengen Eiweiß bilden täglich auch die Pankreasdrüsenzellen in Form von Enzymen und Insulin. Die menschliche Leber baut pro Tag etwa 45 g Eiweiß auf. Nachdem der chemische Aufbau der Proteine bekannt (S. 17) und ihre genetische Spezifität erörtert worden ist (S. 66), soll hier der Mechanismus ihrer zellulären Synthese dargestellt werden.

Abb. 101. Schematische Darstellung der Eiweißsynthese.

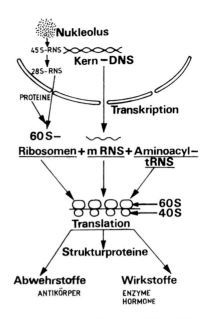

Die Eiweiß- oder Proteinbiosynthese (Translation) erfolgt größtenteils im Zytoplasma an den Ribosomen, die meistens mit ihrer 50(60)S-Untereinheit an Membranen (Ergastoplasma) assoziiert sind. Für die Bildung der spezifischen Proteine müssen die einzelnen Aminosäuren in der richtigen Reihenfolge zu einer Polypeptidkette angeordnet werden. Diese Reihenfolge wird von der Nukleotidsequenz der DNS bestimmt, die eine entsprechende mRNS bildet, die ihrerseits mit der Reihenfolge ihrer Kodons die Aminosäuresequenz der Eiweißkette kodiert (S. 59). Die einzelnen Aminosäuren werden dazu jeweils von spezifischen tRNS-Molekülen unter Bildung von Aminoazyl-tRNS an die Ribosomen herangeführt, so daß sich in der Übersicht für die Eiweißsynthese folgendes Bild ergibt (Abb. 101):

Der Mechanismus der Translation erfolgt an den Ribosomen bzw. den Polysomen (S. 93). Dabei wandern die Ribosomen am mRNS-Molekül entlang und binden die Aminosäuren in der von der mRNS bestimmten Reihenfolge aneinander. Die 30S-Partikeln bilden hierbei gewissermaßen die „Leitvorrichtung" für die mRNS, während die 50S-Partikeln die Aneinanderlagerung des Tripletts (Antikodon) der aminosäuretragenden tRNS an das Triplett (Kodon) der mRNS bewirken. Insgesamt lassen sich formal drei aufeinanderfolgende Vorgänge bei der Eiweißsynthese unterscheiden:

1. Die Startreaktion = Initiation,
2. die Verlängerung des Moleküls = Elongation,
3. den Abschluß der Peptidkette = Termination.

1. *Die Startreaktion:* Während die Aminosäuren durch Hydrolyse relativ leicht aus Peptiden freigesetzt werden können, müssen sie umgekehrt zur Synthese „aktiviert" werden. Die erforderliche Energie liefert das ATP. Die Aktivierung der Aminosäuren (As) erfolgt in der Weise, indem diese in Gegenwart einer spezifischen Aminoazyl-tRNS-Synthetase und Mg-Ionen mit ATP reagieren. Hierbei entsteht unter Abspaltung von Pyrophosphat (PP) und Wasser ein Komplex aus der jeweiligen Aminosäure, Adenosinmonophosphat (AMP) und dem Enzym:

$$1.\ \text{As} + \text{ATP} + \text{Enzym} \underset{+\text{Mg}^+}{\overset{-\text{H}_2\text{O}}{\rightleftarrows}} \text{As-AMP-Enzym} + \text{PP}$$

Hierbei reagiert die Karboxylgruppe der Aminosäure mit einer OH-Gruppe des Phosphats vom AMP (Bildung von Aminoazyladenylat), während über die Bindung des Enzyms nichts bekannt ist.

Der nächste Schritt ist die Reaktion dieses Adenylat-Enzym-Komplexes mit einem Molekül spezifischer tRNS, die ebenfalls von der angelagerten Synthetase katalysiert wird. Bei dieser Reaktion entsteht ein Aminoazyl-tRNS-Komplex, während das Enzym und das AMP wieder frei werden:

$$2.\ \text{As-AMP} \ldots \text{Enzym} + \text{tRNS} \xrightarrow{\text{Mg}^{++}} \text{As-tRNS} + \text{AMP} + \text{Enzym}$$

Der „Start" der Eiweißsynthese erfolgt an einem ganz bestimmten Triplett der mRNS, dem „Startkodon": AUG oder GUG. Diese Tripletts kodieren die Aminosäure Methionin, die somit bei allen Organismen die „Startaminosäure" ist. Bei Prokaryonten (Bakterien) wird aber noch die NH$_2$-Gruppe des Methionins formyliert, d. h. eine Formylgruppe (Rest der Ameisensäure: H-CO-) angelagert, so daß bei diesen Organismen der Start mit der Formyl-Methionyl-tRNS (fMet-tRNS) beginnt. Dies erfolgt jedoch erst nach der Veresterung mit der tRNS. Die Formylgruppe wird von N^{10}-Formyltetrahydrofolsäure geliefert, während die Reaktion von der Met-tRNS-Transformylase katalysiert wird. Nunmehr kann die Anlagerung (H-Brückenbildung!) dieses Komplexes unter GTP-Spaltung an den Startbereich der mRNS und die Ribosomen erfolgen. Die Met-tRNS hat an ihrer Umschlagstelle (S. 68) ein dem Startkodon der mRNS entsprechendes ungepaartes A n t i k o d o n (bei AUG entsprechend also UAC). Für diesen ganzen Ablauf werden offenbar noch „Startfaktoren" benötigt, die Proteine mit unterschiedlichem Molekulargewicht darstellen. So konnten bei E. coli-Ribosomen drei Faktoren getrennt werden: F_1 (Molekulargew. 9.400), F_2 (etwa 70 000) und F_3 (etwa 21 000 Dalton). Entsprechend kann man bei Retikulozyten die Faktoren M_1, M_2 und M_3 unterscheiden. Bei Prokaryonten bewirken F_1 und F_3 vermutlich die Anlagerung des mRNS-Startbereiches an das 30S-Ribosom, während F_2 möglicherweise anschließend die Bindung der fMet-tRNS an diesen Komplex bewirkt. Erst jetzt wird die 50S-(60S-)Untereinheit angelagert. Einzelheiten über die Wirkungsweise dieser Faktoren sind allerdings

noch unbekannt. So deuten neuere Untersuchungen darauf hin, daß der
F_3-Faktor aus mehreren Varianten besteht. Wahrscheinlich existieren am
funktionstüchtigen 70(80)S-Ribosom zwei Bindungsorte: ein Aminoazyl-
tRNS-Akzeptor (A-Haftstelle) und ein Peptidyl-Donator (P-Haftstelle).
Letzterer bindet jeweils diejenige Aminoazyl-tRNS, deren Aminosäure
zuletzt eingebaut wurde und hält damit bei Kettenverlängerung die
schon gebildete Peptidkette (Peptidyldonator), während erstere jeweils
die neu hinzukommende Aminoazyl-tRNS bindet, die kodiert werden
soll. Für die Translokation vom Akzeptor auf den Donator wird GTP
benötigt. In der Übersicht ergibt sich somit schematisch folgendes Bild
für die Bildung des kompletten, funktionstüchtigen 70S- bzw. 80S-Ribo-
soms (Abb. 102):

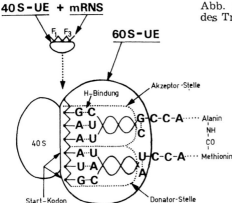

Abb. 102. Schematische Darstellung des Translationsmechanismus.

Bei der Synthese von Globin wird Methionin als Startaminosäure nach einer
Kettenlänge von 15—20 Aminosäuren wieder abgespalten. Offensichtlich können sich einzelne Ribosomen gleichzeitig an der Übersetzung einer mRNS
beteiligen, wodurch es dann offensichtlich zur Bildung von Polysomen kommt.

2. Die Kettenverlängerung. Mit der Translokation des Met-As-tRNS-
Komplexes und dem dazugehörigen AUG-Kodon der mRNS von dem
Akzeptor auf den Peptidyl-Donator ist die Startreaktion beendet, während damit gleichzeitig die Kettenverlängerung beginnt. Mit der Translokation wird gleichzeitig unter GTP-Spaltung die erste Peptidbindung
zwischen der NH_2-Gruppe der Aminosäure des Akzeptors und der Karboxylgruppe der Aminosäure des Donators hergestellt. Diese Reaktion
wird von der Peptidyltransferase katalysiert, die ein Strukturprotein der
50(60)S-Untereinheit darstellt. Das Ribosom bewegt sich dabei relativ
zur mRNS um ein Triplett in $5' \rightarrow 3' \rightarrow$ Richtung, d. h. die mRNS wird
von 5'-OH-terminalen zum 3'-OH-terminalen Ende hin abgelesen, wäh-
rend die Peptidkette vom NH-terminalen zum OH'-terminalen Ende gebildet wird. Auf Abb. 102 ist dieser Mechanismus schematisch dargestellt.

Für den Ablauf der Kettenverlängerung sind offenbar noch bestimmte Proteinfaktoren (Verlängerungsfaktoren) erforderlich. So wurden bei *E. coli* ein G- und T-Faktor ermittelt. Ersterer hat ein Molekulargewicht von 84 000 und entspricht vermutlich der Translokase. Der T-Faktor besteht offensichtlich aus zwei verschiedenen Komponenten (T_u u. T_s), die in Gegenwart von GTP auftreten. Diese Faktoren entsprechen funktionell wahrscheinlich den in Rattenleber ermittelten Verlängerungsfaktoren, nämlich der T r a n s f e r a s e I (Bindungsenzym) und der T r a n s f e r a s e II (Translokase).

3. Der Kettenabschluß. Jedes Peptid bzw. Protein hat nicht eine von der mRNS kodierte spezifische Aminosäuresequenz, sondern auch eine bestimmte Kettenlänge. Diese wird ebenfalls durch Stopsignale der mRNS determiniert, und zwar sind es die Tripletts UAA, UAG und UGA. Sie werden als Ocker-, Amber- bzw. Opal-Kodon oder insgesamt auch als Nonsenskodons bezeichnet, da sie keine der bekannten Aminosäuren kodieren. Wenn also eines dieser Kodons beim Vorbeigleiten der mRNS am Ribosom erscheint, wird keine Aminosäure mehr eingebaut, und es kommt zum Kettenabbruch. Die Erkennung dieser Stopsignale wird möglicherweise durch ein weiteres Protein (Faktor S) gefördert.

Ist die Polypeptidkette oder das Protein vollständig synthetisiert, so werden diese vom Ribosom abgelöst. Dies erfolgt mit Hilfe von Ablösefaktoren (R_1 Molekulargew. 44 000, R_2 Molekulargew. 47 000); sie werden durch Trypsin inaktiviert. Nach der Ablösung zerfällt der mRNS-Ribosomenkomplex und die einzelnen Ribosomen wieder in ihre Untereinheiten. Die Ablösung wird durch Chloramphenicol und andere Antibiotika gehemmt.

Einige Antibiotika, wie Puromycin, Streptomycin und Tetracyclin, hemmen die Eiweißbildung, nicht aber die DNS- und RNS-Synthese. Puromycin (aus *Streptomyces alboniga*) besteht aus der ungewöhnlichen Aminosäure p-Methoxyphenylalanin und Adenosin, das an der freien Aminogruppe 2 Methylgruppen hat. Es weist also große Ähnlichkeit mit Aminoazyl-Adenylat auf und blockiert die Eiweißsynthese, indem es die reaktive Karboxylgruppe der wachsenden Peptidkette besetzt. Streptomycin lagert sich auf die 30S-Ribosomen, während Tetracyclin die Anlagerung von Aminoazyl-t-RNS an das Ribosom verhindert. Dagegen beeinflußt das Wachstumshormon positiv die Proteinsynthese, indem es eine zusätzliche m-RNS-Synthese und Ribosomenbildung bewirkt.

7. ZELLALTERUNG UND ZELLTOD

Eine der wesentlichsten Eigenschaften des Lebens ist der Stoffwechsel der Zelle. Analog erfolgt eine ständige „Zellmauserung" beim vielzelligen Organismus, wobei Zellen laufend zugrunde gehen und durch neue ersetzt werden. Lediglich bei einzelnen Zelltypen, wie z. B. bei Nervenzellen, entspricht das Alter dem des betreffenden Organismus. Dieser Zellwechsel verläuft gewöhnlich ohne organische Störung; er tritt vor allem bei den sogenannten Mausergeweben deutlich zutage, wie z. B. bei der Epidermis, den Schleimhäuten und den Blutzellen.

Unter physiologischen Bedingungen lassen die einzelnen Zellen eine allmähliche Alterung erkennen, deren morphologisches Anzeichen als D e g e n e r a t i o n bezeichnet wird und schließlich zum Zelltod, der Z e l l n e k r o s e führt. Die degenerativen Veränderungen durchlaufen verschiedene Stadien: die N e k r o b i o s e weist noch reversible Veränderungen auf, während die N e k r o p h a n e r o s e durch irreversible Veränderungen gekennzeichnet ist und den Tod der Zelle morphologisch anzeigt.

Die Alterung der Zellen beginnt strukturell gewöhnlich am Zellkern. Bei diesem zeigen sich Chromatinverdichtung, die gleichzeitig mit einer Volumenverminderung des Kernes verbunden ist. Beide Erscheinungen beruhen offenbar auf Ionen- und Wasserverlust. So haben z. B. die jungen, mitotisch aktiven Zellen der vaginalen Schleimhaut (Basalzellen) noch einen großen Kern mit aufgelockertem Chromatin, der bei den älteren, weiter nach außen hin gelegenen Intermediärzellen (Zwischenzellen) bereits wesentlich kleiner ist. Die äußersten und zugleich ältesten Zellen dieses mehrschichtigen Epithels (Superfizialzellen) weisen schon einen sehr kleinen und dichten Kern auf. Man bezeichnet dies als K e r n p y k n o s e. Bei vielen Zellen kann zuerst eine „Entmischung" des Chromatins beobachtet werden, wobei dichte, scharf begrenzte Chromatinteile im Kernsaft liegen; diesen Zustand nennt man K a r y o r h e - x i s. In beiden Fällen kommt es schließlich zur Auflösung der Zelle, der N e k r o l y s e, der gewöhnlich eine Auflösung des Kernes (Karyolyse) vorausgeht. Anschließend werden Teile oder ganze Zellen von Makrophagen aufgenommen und abgebaut. Die degenerativen Kernveränderungen werden unmittelbar von ähnlichen Vorgängen im Zytoplasma gefolgt, die sich vor allem an den Mitochondrien zeigen. Analoge Veränderungen wie bei der physiologischen Alterung können auch durch exogene Noxen (z. B. Röntgenstrahlen) hervorgerufen werden (S. 129).

8. BIOKYBERNETIK

Wenn man die Struktur und Funktion verschiedener Zellen näher betrachtet, so kann recht deutlich das Zusammenwirken der einzelnen Organelle in einer Zelle bzw. der verschiedenen Zellen innerhalb eines Organismus festgestellt werden. Dabei sind sowohl die einzelnen Zellen als auch der gesamte Organismus als ein „System" zu verstehen, das durch äußere und innere Einwirkungen beeinflußt wird. Jedes dieser Systeme besteht aus einer Anzahl von „Elementen" in Form von Zellorganellen bzw. Zellen, die isoliert andere Eigenschaften haben als in der Wechselwirkung innerhalb des Systems. Wesentliche, das System verändernde äußere Einwirkungen nennt man E i n g a n g s g r ö ß e n , während die vom System ausgehenden Wirkungen auf die Umwelt als A u s g a n g s g r ö ß e n bezeichnet werden:

Eingangsgrößen → |System| → Ausgangsgrößen

Alle biologischen Systeme sind „offene" Systeme und befinden sich in einem Fließgleichgewicht. Erst in Verbindung mit der „Umwelt", d. h. mit der von der Zelle bzw. vom Organismus erfaßbaren, bilden diese ein „geschlossenes" System, wobei Veränderungen der Umwelt durch die Ausgangsgrößen eine Rückwirkung auf die Eingangsgrößen haben kann und deren Wert vermindert (negative Rückkoppelung). So wird z. B. die Sekretion von Nebennierenrindenhormonen von dem adrenokortikotropen Hormon (ACTH) der Hypophyse gesteigert, wobei vor allem die Kortisolkonzentration im Blut für den „Sollwert" der Rindenhormone wesentlich ist: Eine Erhöhung der Konzentration signalisiert ein „Kontrollelement" im Hypothalamus, der sofort die Bildung von ACTH hemmt und damit auch die Bildung von Rindenhormonen. Die „Ausgangsgröße" Kortisol des „Systems" Nebennierenrindenzellen wirkt rückkoppelnd auf die „Eingangsgröße" ACTH. In ähnlicher Weise können auch andere Hormone und Stoffwechselprodukte rückkoppelnd ihre Bildung hemmen, so daß auf diese Weise eine gewisse Stabilität biologischer Systeme (Homöostase) erreicht wird.

Eine wesentliche Form der Eingangsgröße ist die S t ö r g r ö ß e. Sind bei einem System nur Ein- und Ausgangsgrößen bekannt, spricht man auch von einem „schwarzen Kasten" (black box).

Eine sinnvolle Wechselwirkung zwischen den einzelnen „Elementen" eines Systems, hier also zwischen den Organellen einer Zelle oder den Zellen eines Organismus, wird durch nervöse und hormonale I n f o r m a t i o n s - und R e g u l a t i o n s m e c h a n i s m e n ermöglicht; sie bilden die Grundlage aller Lebensvorgänge. Hierbei spielt vor allem die bereits erwähnte negative Rückkoppelung (Feedback-Mechanismus) eine wesentliche Rolle. Heute wird diese von N. WIENER (1948) begründete Lehre von der „selbsttätigen Regelung" eines Systems allgemein als K y b e r n e t i k bezeichnet; sie beschreibt die Gesetzmäßigkeit von Struktur und Funktion, und zwar sowohl in der Technik als auch in der Biologie. Die Information bewirkt also innerhalb der einzelnen Zellen bzw. bei den einzelnen Systemen eine „Steuerung" und „Regelung" sämtlicher biochemischer und biophysikalischer Vorgänge. Als Einheit einer Information wird die Informationsmenge gewählt, die in einer Binärziffer enthalten ist, d. h. in einer Wahl von einer aus zwei möglichen Nachrichten. Diese Einheit wird „ b i t " genannt (engl. binary digit = Binärziffer). Danach enthält eine Information so viele bit, wie Binärziffern notwendig sind, um sie auszudrücken.

Bei biologischen Systemen äußert sich die Information in Form verschiedener „Signale". So zeigt sich z. B. die Informationsübertragung bei der Vererbung in Form einer „Zeichensprache", dem genetischen Kode (S. 66). Bei der Erregungsleitung in Nervenfasern erfolgt die Informationsvermittlung von der Sinneszelle zum Erfolgsorgan durch elektrische Impulse, wobei außerordentlich rasch Signale übertragen werden können (S. 217). Nach einem anderen Prinzip erfolgt die Information durch die Hormone, die „Signalstoffe" darstellen und eine länger anhaltende Steuerung und Regelung innerhalb vielzelliger biologischer Systeme ermöglichen.

An einem Beispiel sei noch kurz das allgemeine Prinzip der Regelung unter Verwendung des Regelkreises erörtert. Die Pupille („Sehloch") wird durch die muskulöse Regenbogenhaut (Iris) begrenzt und kann durch Kontraktion der Irismuskeln verkleinert bzw. durch deren Erschlaffung erweitert werden. Durch efferente Nervenfasern stehen diese Muskeln mit dem Gehirn in Verbindung, das seinerseits Signale von den Lichtsinneszellen der Netzhaut empfängt. Bei hoher Lichtintensität wird die Pupille verkleinert, bei geringer vergrößert. Bei Anwendung eines Regelkreises bedeutet dies: die Sehzellen wirken hier als M e ß g l i e d , das Zentralnervensystem als R e g l e r , die Iris als S t e l l g l i e d , die afferenten und efferenten Nervenfasern als R e g e l s t r e c k e zwischen Meßglied und Stellglied, die Lichtintensität als Störgröße und die Pupillenweite als S t e l l g r ö ß e.

Bei der Einwirkung der Störgröße auf das Meßglied ist der Differentialquotient der Änderung der Störgröße und der Geschwindigkeit dieser Änderung für die Erreichung des Sollwertes (Adaptation) wesentlich.

9. LITERATURVERZEICHNIS

Von der sehr umfangreichen Literatur können hier nur einige zusammenfassende Darstellungen sowie einige Originalarbeiten angeführt werden.

Abramian, K. S., u. V. N. Reingold (1965): A study of ultrastructural variations in the nuclear membrans during mitosis. — Dokl. Ak. Nauk. SSSR. 165, 199

Afzelius, B. (1966): Das elektronenmikroskopische Bild der Zelle. — Franckh'sche Verlagshandlung, W. Keller & Co., Stuttgart

— (1965): The occurence and structure of microbodies. — J. Cell. Biol. 26, 835

Ambrose, E. (1966): Electrophoretic behavior of cells. — Progr. biophys. mol. Biol. 16, 241

Anderson, E., u. H. Beams (1960): Cytological observations on the fine structure of the guinea pig ovary with special reference to the oogonium, primary oocyte and associated folicle cells. — J. Ultrastruct. Res. 3, 432

Andres, K. (1966): Der Feinbau der Regio olfactoria von Makrosmatikern. — Z. Zellforsch. 69, 140

Baker, P. (1966): Die Natriumpumpe. — Endeavour 25, 166

Bargmann, W. (1965): Histologie und mikroskopische Anatomie des Menschen. 5. Aufl. — Thieme, Stuttgart

— (1966): Neurosekretion. — Int. Rev. Cytol. 19, 183

Barnicot, N., u. H. Huxley (1965): Electron microscope observations on mitotic chromosomes. — Quart. J. microsc. Sci. 106, 197

Barr, M. (1966): The significance of the sex chromatin. — Int. Rev. Cytol. 19, 35

Becker, H. (1964): Die genetischen Grundlagen der Zelldifferenzierung. — Naturwiss. 51, 205

Beermann, W. (1965): Operative Gliederung der Chromosomen. — Naturwiss. 52, 365

— (1961): Riesenchromosomen. — Protoplasmatologia, B. VI. Springer, Wien u. New York

Bernfield, M., u. M. Nirenberg (1965): RNA codewords and protein synthesis. — Science 147, 479

Bier, K. (1967): Oogenese, das Wachstum von Riesenzellen. — Naturwiss. 54, 189

Brenner, S. (1965): Theories of gene regulation. — Brit. Med. Bul. 21, 244

Brinkley, B., u. E. Stubblefield (1966): The fine structure of the kinetochore of a mammalian cell in vitro. — Chromosoma (Berlin) 19, 28

Bucher, O. (1958): Die Amitose der tierischen und menschlichen Zelle. — Protoplasmatologia, Bd. VI. Springer, Wien u. New York

Bullough, W., u. E. Laurence (1966): The diurnal cycle in epidermal mitotic duration and its relation to chalone and adrenalin. — Exp. Cell. Res. 43, 343

Butler, J. (1965): Role of histones and other proteins in gene control. — Nature 207, 1041

Chopra, H. (1965): Investigations on the fine structure of smooth muscle fibres of prostate gland. — Cellule 65, 211

Chu, E.. u. N. Giles (1959): Human chromosome complements in normal somatic cells in culture. — Amer. J. Hum. Gen. II, 63

Cohen, E. (1963): Vertebrate retinae cells and their organization. — Biol. Rev. 38, 427

Crick, F. (1963): Über den genetischen Code. — Angew. Chemie 75, 425

David, H. (1964): Physiologische und pathologische Modifikationen der submikroskopischen Kernstruktur. — Z. mikrosk.-anat. Forsch. 71, 412

— (1961): Submikroskopische Strukturveränderungen des Mitochondrion und seiner Bestandteile. — Acta biol. med. germ. 7, 311

Egelhaaf, A. (1961): Über die Wirkungsweise der Gene. In: W. A. Müller, Klin. Physiologie, Bd. I. Georg Thieme, Stuttgart

Fernández-Morán, H., T. Oda, P. Blair u. D. Green (1964): A makromolecular repeating unit of mitochondrial structure and function. — J. Cell. Biol. 22, 63

Finean, J. (1966): The molecular organization of cell membranes. — Progr. biophys. mol. Biol. 16, 143

Fischer, A., u. J. Brökelmann (1966): Das Auge von *Platynereis dumerilii* (Polychaeta). Sein Feinbau in ontogenetisch und adaptivem Wandel. — Z. Zellforsch. 71, 217

Freeman, J. (1966): Goblet cell fine structure. — Anat. Rec. 154, 121

Fritz-Niggli, H. (1961): Vererbung bei Mensch und Tier. — Georg Thieme, Stuttgart

Geitler, L. (1953): Endomitose und endomitotische Polyploidisierung. — Protoplasmatologia, Bd. IV. Springer, Wien u. New York

Gieseking, R. (1962): Elektronenmikroskopische Beobachtungen zur Anordnung der kollagenen Elementarfibrillen in der Sehnenfaser. — Z. Zellforsch. 58, 160

Govaerts, A., u. D. Dekegel (1966): Electron micrography of human chromosomes. — Nature 209, 831

Grundmann, E. (1964): Allgemeine Cytologie. — Georg Thieme, Stuttgart

Hadek, R. (1966): The structure of mammalian egg. — Int. Rev. Cytol. 18, 29

Harbers, E. (1964): Die Nucleinsäuren. — Georg Thieme, Stuttgart

Hasselbach, W., u. H. Weber (1965): Die intrazelluläre Regulation der Muskelaktivität. — Naturwiss. 52, 121

Hirsch, G. (1960): Die Zellorganellen und ihre Zusammenarbeit. In: L. v. Bertalanffy, Handbuch der Biologie, Bd. I. Athenaion, Konstanz

Hoffmann-Berling, H. (1961): Über die verschiedenen molekularen Mechanismen der Bewegungen von Zellen. — Ergeb. Physiol. 51, 98

Jande, S. (1966): Fine structure of tadpole melanophores. — Anat. Rec. 154, 533

Jones, K. (1965): The role of the nucleolus in the formation of ribosomes. — J. Ultrastruct. Res. 13, 257

Kane, R., u. A. Forer (1965): The mitotic apparatus. Structural changes after isolation. — J. Cell. Biol. 25, 31

Karlson, P. (1963): Kurzes Lehrbuch der Biochemie für Mediziner und Naturwissenschaftler. 4. Aufl. Georg Thieme, Stuttgart

Kaudewitz, F. (1961): Bakteriengenetik, Methoden und Ergebnisse. — Naturwiss. 48, 276

Kelly, D. (1966): Fine structure of desmosomes, hemidesmosomes, and an adepidermal globular layer in developing newt epidermis. — J. Cell. Biol. 28, 51

Kirsche, W. (1960): Die Neuronentheorie. Geschichtlicher Überblick und heutiger Stand. — Münch. med. Wschr. 46, 2266

Klug, H. (1965): Elektronenmikroskopische Untersuchungen zur Phagozytose strahlengeschädigter Lymphozyten im Thymus von Ratten. — Z. Zellforsch. 68, 43

— (1966): Beitrag zum Problem der Mitochondrienvermehrung — Z. mikrosk.-anat. Forsch. 75, 109

Kühn, A. (1966): Grundriß der allgemeinen Zoologie. 16. Aufl. — Georg Thieme, Stuttgart

— (1961): Grundriß der Vererbungslehre. 3. Aufl. Quelle & Meyer, Heidelberg

Lüers, T. (1964): Die Chromosomen des Menschen. — Z. naturw.-med. Grundlagenforsch. 2, 1

Malhorta, S. (1966): A study of structure of the mitochondrial membrane system. — J. Ultrastruct. Res. 15, 14

Marshall, R., C. Caskey u. M. Nirenberg (1967): Fine structure of RNA codewords recognized by bacterial, amphibian, and mammalian transfer RNA. — Science 155, 820

Mazia, D. (1961): Mitosis and the physiology of cell division. — In: The cell, Ed J. Brachet and A. E. Mirsky 3, 77. Academic Press, N. York and London

Muscatello, U., A. Margreth u. M. Aloisi (1965): On the differential response of sarcoplasm and myoplasm to denervation in frog muscle. — J. Cell. Biol. 27, 1

Newstead, J., u. E. Dornfeld (1965): Epithelial structure in the anterior segment of the vas deferens of an isopod, *Porcellio scaber* (Latreille). — Z. Zellforsch. 68, 795

Ochoa, S. (1964): Chemical basis of heredity, the genetic code. — Bull. N. Y. Ac. Med. 40, 387

Palfrey, A., u. D. Davies (1966): The fine structure of chondrocytes. — J. Anat. 100, 213

Picht, J., u. J. Heidenreich (1966): Einführung in die Elektronenmikroskopie. — Verlag Technik, Berlin

Porter, K., u. M. Benneville (1965): Einführung in die Feinstruktur von Zellen und Geweben. — Springer Verlag, Berlin, Heidelberg, New York

Ries-Gersch (1953): Biologie der Zelle. — Teubner, Leipzig

Ruthmann, A. (1963): Die Struktur des Chromatins und die Verteilung der RNS im Makronucleolus von *Loxophyllum meleagris*. — Arch. Protistenk. 106, 422

Satelo, J., u. R. Wettstein (1966): Fine structure of meiotic chromosomes. — Chromosoma (Berlin) 20, 234

Sirlin, J. (1962): The nucleolus. — Progr. biophys. Chem. 12, 25

Sjöstrand, F., u. L. Elfin (1964): The granular structure of mitochondrial membranes and of cytomembranes as demonstrated in frozen dried tissue. — J. Ultrastruct. Res. 10, 263

Smith, D. (1966): The organization and function of the sarcoplasmic reticulum and T-system of muscle cells. — Progr. biophys. mol. Biol. 16, 107

— (1966): The organization of flight muscle fibers in the odonata. J. Cell. Biol. 28, 109

Sonneborn, R. (1964): The differentiation of cells. — Proc. Nation. Ac. Sci. Washington 51, 915

Stark, D. (1965): Embryologie. — Georg Thieme, Stuttgart

Sterba, G., u. H. Schäffner (1965): Fluoreszenz mikroskopischer Nachweis der DNS in Lampenbürstenchromosomen mit NN-Diäthylpseudoisozyaninchlorid. — Histochemie 5, 260

Uhl, Ch. (1965): Chromosome structure and crossing over. — Genetics 51, 191

Wettstein, F., u. H. Noll (1965): Binding of transfer ribonucleic acid to ribosomes engage in protein synthesis: number and properties of ribosomal binding sites. — J. molecul. Biol. 11, 35

Wilbrandt, W. (1963): Aktiver Transport durch Grenzflächen. — Klin. Wschr. 41, 138

Wittmann, H. (1963): Übertragung der genetischen Information. — Naturwiss. 50, 76

Wohlfahrt-Bottermann, K. (1963): Grundelemente der Zellstruktur. — Naturwiss. 50, 237

Yoffey, J. (1964): The lymphocyte. — Ann. Rev. Med. 15, 125

Zambrano, D., u. E. de Robertis (1967): Ultrastructural aspects of the inhibition of neurosecretion by puromycin. — Z. Zellforsch. 76, 453

10. Sachwortverzeichnis

ACTH 236
Actin 204
Actinfilament 204
Actinomycin 58
Actomyosin 204
Adenin 53, 65
Adenosin 54
Adenosindiphosphat 79
Adenosintriphosphat 79, 208
Adiuretin 173, 222
Adjuvantien 96
Adrenalin 107, 132, 220
Adventitia-Zellen 174
Äquationsteilung 166
Äquatorialplatte 130
Agammaglobulinämie 186
Agglomerine 179
Agglutination 181
Agglutinine 181
Agglutininogen 180
Akrosom 87, 191
Aktionspotential 218
Aktionssubstanz 220
Albinismus 143
Aldosteron 173
Allele 139
Alles-oder-Nichts-Gesetz 206, 218
Aminoacyl-Adenylat 232
Aminosäuren 17
Amitose 130, 149
Amöbozyten 97
Anabolismus 103
Anämie, aplastische 181
—, hämolytische 181
—, perniziöse 181
Anaphase 131
Androgamon 194
Androgene 75, 161
Aneurin 220
Angiotensin 21
Antibiotika 234
Antigene 180, 186
Antikodon 68, 232
Antikörper 186
Antimetabolite 148
Antrum 161
Apoenzym 104
Apparat, subneuraler 216

Archoplasma 184
Arterenol 220
Astrosphäre 83, 134
Astrozyten 216
Atmungskette 107, 118, 120
Auflösungsvermögen 10, 12
Autoantikörper 186
Autophagosom 98
Autoradiographie 13
Autosomen 135
Axialfilament 75
Axolemm 210, 212
Axon 210, 212, 214
Axonemen 94
Axoplasma 214
Axopodien 16
Azetylcholin 216, 219
Azetyl-Coenzym A 79, 114
Azoospermie 196

Balbiani-Ring 139, 141
Barr'sches Körperchen 40, 41, 196
Basalkorn 80, 168
Basalzellen 158, 169, 235
Becherkeim 156
Becherzellen 170, 171
Befruchtung 193
Befruchtungsmembran 193
Befruchtungsstoffe 193
Besamung 194
Bilirubin 129
Bindegewebe, fibrilläres 177
—, retikuläres 177
Bit 236
Blastoderm 156
Blastomere 155
Blastula 156
Blepharoplast 82
Bluterkrankheit 143
Blutkörperchen, rote s. Erythrozyten
Blutplättchen 68, 150
Blutzellen 179
Bowmannsche Kapsel 171
Brenztraubensäure 105, 111, 114

Bruchsche Membran 227
Bürstensaum 35, 172
Cananiculi 170
Chalon 132
Chiasmata 166
Cnloragozyten 97
Chlorokruorin 21
Choanozyt 31
Cholesterin 24, 32
Cholin 24
Cholinesterase 220
Chondriokonten 69
Chondriom 69
Chondriosom 69
Chondroblast 159
Chondroklast 159
Chondrozyt 159
Chromatiden 137
Chromatin 14, 39
Chromatophoren 101
Chromidien 87
Chromomeren 137
Chromonema 136, 137
Chromosomen 39, 130, 134, 159
Chromosomen-aberration 136
Chromosomen-konjugation 165
Chromosomenmutation 143
Chromosomensatz, diploider 134
—, haploider 134
Chromozentrum 40, 47
Cistron 65
Cölom 157, 159
Coenzym A 113
Coenzym F 149
Coenzym Q 119
Cohnheimsche Felderung 200
Colamin 23
Corona radiata 161, 194
Cristae mitochondriales 71
Crossing over 166
Cytopyge 31
Cytosin 53
Cytostom 31

Dalton-Komplex 186

241

Darmepithelzellen 34, 170
Dauerkontraktion 206
Dekrement 218
Deletion 144, 147
Denaturierung 16
Dendriten 210
Desaminierung 118
Desmosomen 28, 170
Desoxyribonuklein-
 säure 11, 25, 138, 158
2-Desoxyribose 53
Deuterosom 83
Diakinese 166
Diapedese 175
Diaster-Stadium 131
Dictyosom 86, 87
Diplosom 80, 168
Diplotän 166
Disci intercalares 201
Diskochondrien 74
DNS-Polymerase
DNS-Transformation 64
Dotterbildung 154
Dotterkern 153
Dotterzelle 161
Dotterzytosom 154
Drüsenzelle, apokrine 173
—, holokrine 173
—, merokrine 173
Drumstick 41

Echinochrom 193
Effektoren 65
Ei, isolezithales 154, 157
—, telolezithales 154, 157
—, zentrolezithales 154, 157
Eiweißsynthese 230
Eizelle 30, 50, 151
Ektoderm 155
Ektomesoderm 157
Ektoplasma 16
Elastose, senile 26
Elektronenmikroskopie 11
Elektronen-Transport-
 system 77
Elementarpartikeln 73
Elinin 179
Ellipsoid 229
Endbäumchen 211
Endolymphe 224

Endomitose 148
Endoplasma 16
Endothel 174
Endothelzelle 175, 176
Endoxan 148
Endozytose 128
Endplatte, motorische 211
Energide 155
Energiestoffwechsel 5, 103, 105, 121
Enteritis 171
Enterokinase 103
Entoderm 155, 157
Entropie 16
Eosinopenie 183
Eosomen 92
Ependymzellen 217
Epidermiszellen 169
Epiphyse 226
Epithelfaser 28
Epithelgewebe 27
Epithelmuskelzelle 198
Epithelzellen 31, 168
Ergastoplasma 87
Ergosomen 93
Erregungspotential 218
Erythroblast 36, 128, 129
Erythropoiese 181
Erythropoietin 181
Erythrozyten 33, 36, 47, 179
Essigsäure, aktivierte 114
Euchromatin 39
Eukaryonten 94
Exozytose 97
Explosionsspermie 168

Fasern, adrenerge 220
—, cholinerge 220
Feedback-Mechanismus 236
Ferritin 129
Fertilizin 193
Fettzellen 177
Feulgen-Reaktion 51, 138
Fibroblast 178
Fibrozyt 177, 178
Filopodien 16
Flavin-adenin-
 dinukleotid 118
Flavinenzyme 118
Flimmerepithel 168

Flimmerepithelzellen 168
Fluoreszenzmikroskopie 10
Follikelsprung 164
Follikelzelle 152, 161
Fruktolyse 112
Fruktose 24
Fruktose-6-phosphat 109
Furchung 155
—, diskoidale 157
—, superfizielle 157
—, total-äquale 157
—, total-inäquale 157
Furchungshöhle 156

Gammaglobulin 186
Gamone 193
Ganglienzelle s. Nerven-
 zelle
Ganglion 215
Gastrula 156
Gastrulation 157
Gaucher-Zelle 128, 176
Gelbkörper 164
Gemini 165
Gene 139, 195
Genkarte 141
Genmutation 143
Genotypus 63
Geschlechtsbestimmung, genotypische 194
—, progame 197
Geschlechtschromatin 40
Geschlechtschromoso-
 men 40, 143, 195
Geschlechtsrealisatoren 195
Geschlechtszelle 158
—, männliche 189
Geschmackszellen 224
Gierkesche Krankheit 25
Gitterfaser 26
Glanzstreifen 201
Gliazelle 216
Glioblast 216
Globin 22, 23
α-Globulin 123, 186
β-Globuline 123, 186
Glomerulum 172, 176
Glomerum olfactorium 224
Glukagon 107, 173
Glukogenosen 25
Glukose 24, 106, 108

Leptotän 165
Leukopenie 183
Leukozyten 31, 181, 183
Leukozytose 183
Leydig-Zellen 73, 161
Lezithalbumin 21
Lezithin 23
Lichtsinneszellen 226
Lipämie 132
Lipasen 104
Lipochondrien 211
Lipofuscin 211
Lipoid-Poren-Theorie 127
Lobopodien 16
Luteinzellen 164
Lymphoblast 92
Lymphogranulomatose 151
Lymphopenie 183
Lymphopoese 182
Lymphozyten 42, 129, 181, 187
Lysosomen, primäre 96
—, sekundäre 96

Macula lutea 228
Makronukleus s. Großkern
Makrophage 183
Markscheide 212
Mastzelle 177, 187
Maulbeerkeim 156
Maulbeerzellen 151
Megakaryoblast 159
Megakaryozyten 150, 159
Meiose 138, 164
Melanin 101, 154, 169, 211
Melanoblasten 169
Melanophagen 95, 97
Melanophoren 95, 101
Melanosom 101
Melanozyten 101, 168, 169
Melatonin 102, 227
Membranelle 83
Membrane vitellina 154
Meromyosin 204
Mesaxon 212, 214
Mesenchym 159
Mesoderm 155, 157, 159
Messenger-RNS 59, 231
Meßglied 237
Metachromasie 187

Metaphase 130, 147
Metaplasie 181
Metaplasma 15
Methämoglobin 180
Methyl-tRNS-Transferase 232
Mikrobodies 98
Mikrogliazelle 216
Mikronukleus s. Kleinkern
Mikropinozytose 128
Mikrosomen 76, 97
Mikrotubuli 94, 95
Mikrovilli 34, 35, 170, 217
Milchsäure 105, 112
Mitochondrien 14, 68, 203
Mitomen 148
Mitomycin 58
Mitoribosom 77
Mitose 130, 147
Mitosegifte 147
Mitoserate 132
Mitralzellen 224
Mongoloidismus 136
Monozyt 177, 181, 183
Morbus Gaucher 128
— Hodgkin 151
Morula 156
Mucine 25
Mucopolysaccharide 17, 20, 25, 161
Mucoproteide 25
Müllersche Stützzellen 227, 228
Muskelfaser 199
Muskelzelle, glatte 30, 198, 199
Mutation 65, 143
Muton 65
Myelingenese 214
Myelinhülle 210, 213
Myeloblast 159, 181
Myelozyten 159
Myoblasten 159, 200
Myofibrille 89, 199
Myoglobin 21, 204
Myoid 229
Myomer 200
Myosin 208
Myosinfilamente 204

NAD 110, 145
NADP 110, 145
Nahrungsvakuole 16, 100

Natriumpumpe 126, 218
Nebenkern 46
Nebennierenmarkzelle 221
Nekrobiose 235
Nekrolyse 235
Nekrophanerose 235
Neomycin 58
Neosomen 92
Nephron 172
Nervenfaser, adrenerge 120
—, cholinerge 120
Nervenzelle 31, 47, 158, 209
—, amakrine 227
—, bipolare 210, 215
—, horizontale 215, 227
—, motorische 210, 217
—, multipolare 210, 227
—, sensible (afferente) 217
—, unipolare 210
Neuralrinne 209
Neuralrohr 209
Neurit 210
Neuroblast 209
Neurofibrille 209, 214
Neurolemm 212
Neuron 215, 221
Neuropil 216
Neurosekret 87, 221
Neurosekretion 221
Neurotubuli 94, 95
Nierentubuli, Hauptstück 171
—, Mittelstück 171
Nierentubuluszellen 35
Nissl-Schollen 211
Nonsenskodon 234
Noradrenalin 220
Nucleus niger 211
—, paraventricularis 222
—, supraopticus 222
Nuklealreaktion 51, 82
Nukleinsäuren 11, 52, 145, 148
Nukleolus 8, 14, 39, 47, 94, 139
Nukleolusorganisator 47
Nukleonema 49
Nukleoproteide 21, 60
Nukleosid 54
Nukleotid 54
Nukleus s. Zellkern

Glutamat-Dehydro-
  genase 77
Glutathion 21, 96, 146
Glykogen 25, 107
Glykolyse 79, 105, 107,
  208
—, aerobe 121
Golgi-Apparat 14, 84,
  164
Gomori-Färbung 220
Gonadendysgenesie 195
Gonogom 137, 144
G_1-Phase 58
G_2-Phase 58
Graafscher Follikel
  160, 161
Granuloma anulare 26
Granulomer 184
Granulozyt, basophiler
  181, 188
—, eosinophiler 37
—, neutrophiler 37
Granulozyten 41, 47,
  158, 181
Großkern 38
Grundhäutchen 174
Grundplasma 14, 76,
  100
Guanin 53, 60, 65, 148
Guanosin 54
Guanosintriphosphat
  116, 233
Gynogamon 193

Haarzellen, Vestibular-
  apparat 36, 224
Häm 22
Hämatokrit 179
Hämerythrin 21
Hämin 23
Hämocyanin 21
Hämoglobin 21, 179
Hämolyse 181
Hämophilie 143
Hämosiderin 129
Hämozytoblast 158
Halbwertszeit 13
Hapten 187
Hauptstückzelle 35
Heinzsche Körperchen
  179
Hela-Zellen 93
α-Helix 20
β-Helix 20
Henlesche Schleife 171
Heparin 182, 187
Heteroantikörper 186

Heterochromatin 39
Heterochromosom 40,
  135
Heterozygote 42
Hexokinase 104, 108
Hisssche Bündel 201
Histamin 182, 187
Histiozyten 97, 128, 177
Histone 52, 60, 139, 158
Hodgkin-Zelle 151
Holoenzym 104
Homoöstase 236
Homozygote 42
Hyalomer 184
Hyaluronidase 27, 194,
  197
Hyaluronsäure 27, 194,
  197
Hydrolasen 104
Hyperplasie 158
Hypoxanthin 65
Hypoxie 80
H-Zone 202, 209

Immunglobuline 186
Immunreaktion 98
Informator-Gen 66
Insulin 173
Internodium 212
Interphasekern 42
Interzellularbrücken 28
Interzellularfuge 28
Interzellularspalten 26
Interzellularsubstanz 26
Iodopsin 230
Isoagglutinin 181
Isoantikörper 186
Isomerasen 104
Isotocin 222
I-Streifen 201

Jungfernzeugung 155

Kalymma 138
Kalzium-Pumpe 209
Karotinoide 24
Karyolyse 235
Karyorhexis 235
Katabolismus 103
Katalase 61
Keimbahn 159
Keimbläschen 7, 153
Keimblätterbildung 155
Keimzellen 160
Kephalin 23
Keratinozyten 169
Keratohyalingranula
  169

Kerndimorphismus
Kernkörperchen
  s. Nukleolus
Kernmembran 43, 45
Kernödem 37
Kernpyknose 235
Kinetin 132
Kinetochor 94, 137, 147,
  166
Kinetosom 80, 82, 168
Kinozilien 36, 170, 217,
  225
Kleinkern 38
Klinefelter-Syndrom
  196
Knochenzelle 30, 159,
  178
Knorpelriesenzelle 150
Knorpelzelle 159, 178
Kode, genetischer 66
Kodon 67, 231
Körnerzellen 169
Körperchen, intra-
  mitochondriale 73
Kolchizin 147
Kollagenbildung 20
Kollagenfaser 20, 26
Kollagenfibrille 20, 27
Kollagenosen 26
Kollateralen 211
Kolzemid 147
Kontraktionsfibrille 199
Kortisol 96, 236
Kortison 96
Kragengeißel-Zelle 31
Krebszyklus s. Zitronen-
  säurezyklus
Kupffersche Sternzelle
  176
Kutikula 169
Kybernetik 236

Labyrinth, basales 36
Lamina densa 174
— rarae 174
Lampenbürsten-
  chromosomen 140
Langerhanssche Inseln
  173
Langerhans-Zelle 169
Langhanssche-Riesen-
  zelle 151
Latebra 154
Leberparenchymzelle
  37, 44, 91, 98
Leibeshöhle, sekundäre
  s. Cölom

Oligodendrogliazellen 216
Ommatidien 226
Ontogenese 155
Oogenese 161, 163
Oogonie 159
Oozyten 46, 160, 163
Operator-Gen 65
Operon 65
Opsin 230
Osteoblast 159
Osteoklast 150
Ovovitellin 21
Ovulation 164
β-Oxydation 117
Oxygenierung 179
Oxyreduktasen 104
Oxysomen 78
Oxytocin 222

Pachytän 165
Palade-Granula 88
Pankreasdrüsenzellen 94, 102
Pantothensäure 113
Pappenheimfärbung 179
Parabasalapparat 82, 133
Paramyosin 204
Paraplasma 15, 101
Pars amorpha 49
Parthenogenese 155
PAS-Reaktion 191
Pasteur-Effekt 122
Pasteur-Reaktion 122
Pelger-Anomalie 37, 143
Pellikula 34
Peptidbindung 18
Peptidyltransferase 233
Perikaryon 215
Perilymphe 224
Perimysium 200
Perineurum 212
Perizyten 174
Peroxydasereaktion 182, 183, 189
Peroxysomen 96, 99
Peyersche Haufen 182
Pflasterepithel 168
Phänotypus 63, 142
Phagolysosomen 96, 97
Phagosomen 96
Phagozyten 97
Phagozytin 182
Phagozytose 128

Phosphatase, alkalische 187
—, saure 98
Phosphatide 23
Phosphatidsäure 126
Phosphorylase 107
Phosphorylierung, oxydative 121
Photorezeptor 223, 226
Phyllochinon 119
Pigmentzellen 88, 227
Pinealorgan 102, 226
Pinozytose 127
Pinozytosebläschen 198
Plasmagel 15
Plasmalemma 15, 31
Plasmasol 15
Plasmazellen 43, 90, 184
Plattenepithel 168
Pluripotenz 177
Podozyten 176
Pol, animaler 155
—, vegetativer 155
Polozyten 163
Polstrahlen 130, 133
Polyblast 183
Polydaktylie 142
Polyploidie 147
Polysom 93
Polyspermie 194
Polytänie 148
Pompesche Krankheit 25
Porphin 22, 129
Potenz, bisexuelle 194
Primärfollikel 161
Primärharn 172, 173
Proerythroblast 159, 181
Progesteron 96
Prokaryonten 94, 232
Promitochondrien 75
Promitose 132
Promyelozyt 159
Prophase 130
Proteide 21
Prothrombin 184
Protolysosomen 96
Protoplasma 8, 14, 15
Protoporphyrin 22
Prozentriol 83
Puff 139, 140
Purin 52
Purkinjesche Ganglienzelle 211
Pyknose 129

Pyramidenzellen 211
Pyrimidin 52
Q-Streifen 201
Radiomimetika 145
Ranvier-Knoten 210, 213, 218
Ranviersche Schnürringe 212
Raum, perinuklearer 44
Recon 65
Reduktionsteilung 166
Refraktärzeit 206
Regelstrecke 237
Regulator-Gen 66
Reifeteilung 163, 166
Reizschwelle 205
Renin 21
Repressoren 65
Retikulinfaser 26
Retikulosen 176
Retikulozyten 92, 159, 232
Retikulum, endoplasmatisches 88, 89, 98, 202
Retikulumzellen 42, 129, 177, 187
—, lymphoide 177
—, plasmazelluläre 177
Retina 227, 228
Retinal 230
Retinulazellen 226
Retothelsarkom 176
Retraktozym 184
Rhodopsin 230
Rhopheozytose 128, 129
Ribonuklease 45, 104
Ribonukleinsäure 25, 59, 141
Ribose 53
Ribosomen 45, 91, 94, 232
Ribosomen-RNS 59, 67
Richtungskörper 163, 167
Riechhärchen 224
Riechkegel 224
Riechzellen 224
Riesenchromosom 39, 139
Riesenzellen 150
Ringfibrille 192
RNS, ribosomale 59, 67
Rouget-Zellen 174
Rückkoppelung, negative 236

245

Ruhepontential 219
Russel-Körper 186
Russel-Zellen 186

Salzdrüse 125
Sammelchromosom 149
Sarkolemm 199, 206
Sarkoplasma 199
Sarkosom 69, 199
SAT-Chromosom 137
Saumzellen 170
Schiffsches Reagenz 50
Schlußleiste 28
Schock, anaphylaktischer 189
Schwannsche Zellen 210, 212, 214
Sehpurpur 230
Sehstäbchen 227, 228
Sehzapfen 227, 228
Sehzellen 226
Sekundärfollikel 160, 161
Serotonin 187
Sertoli-Zellen 161, 167
Sex-Chromatin 41
S-Filament 204, 209
Sichelzellanämie 23
Silberfibrille 26
Sinneshärchen 36
Sinnesnervenzellen 223
Sinneszelle, primäre 223
—, sekundäre 223
Skleroproteine 21
Sol-Gel-Transformation 15
Speicheldrüsenzellen 173
Spermatiden 160, 163, 167
Spermatogenese 51, 161
Spermatogonien 159, 160
Spermatophore 194
Spermatozoen 37, 167
Spermatozyte 160, 163
Sphärochondrien 74
Sphäroproteine 21
S-Phase 58
Spindeltubuli 94
Stachelzellen 28, 29, 169
Stäbchensaum 34
Startfaktoren 232
Startkodon 232
Stellglied 237
Stellgröße 237
Stemmkörper 95

Stereozilien 36, 225
Sternberg-Zellen 151
Steroide 24
Störgröße 236
α-Strahlen 13
β-Strahlen 13
γ-Strahlen 13
Stratum, basale 168
—, corneum 168
—, granulosum 168
—, spinosum 28, 168
Streptomycin 67
Stromatin 179
Struktur-Gen 65
Subfibrille 191
Substantia retikulofilamentosa 179
Succinyl-CoA 115
Superfizialzellen 235
Synapse, axosomatische 215
—, vasoneurale 221
Synzytien 26
Synzytiotrophoblast 26

Tanyzyten 217
Teichmannsche Kristalle 32
Telodendron 211
Telolysosomen 97
Telomer 138, 165
Telophase 131
Terminalretikulum 170
Termone 195
Tertiärfollikel 160, 161
Testosteron 96
Tetanus 206
Tetracyclin 96
Tetraden 165
Thrombin 184, 189
Thrombokinase 184
Thrombopathie 184
Thromboplastin 184
Thrombozyten 68, 183
Thymin 53
Tigroid 210, 211
Tokochinon 119
Tonofibrillen 28, 199
Tonofilament 28, 169
Tonus 199
Transaminierung 118
Transferasen 104, 234
Transferrin 129
Transfer-RNS 59, 232
Transition 143
Transkription 59, 68, 231

Translation 67, 68, 231
Translokase 234
Translokation 144
Transphosphorylierung 111
Trenimon 148
Trichozyste 34
Triplett 67, 231
21-Trisomie 136
Tropokollagenmolekül 26
Tropomyosin 204
Trypanosomen 82
Tubuli, mitochondriales 74
Tubulus contortus 172
Tumorzellen 52, 60, 149
Turner-Syndrom 196
Tyrosinase 101

Ubichinon 119
Uferzellen 176
Urazil 53
Urdarm 157
Urgeschlechtszelle 159
Uridin 54
Urikase 99
Urkeimzelle 163
Urmesodermzelle 157
Urmund 157
Urophyse 222
Ursamenzelle 161
Ursegmente 157

Vakuolen 100
—, pulsierende 100
Vasopressin 173, 222
Vasotocin 222
Verlängerungsfaktoren 234
Vesicula germinativa 7
Vielteilung 155
Viren 64, 186
Vitalfärbung 9
Vitellogenese 46, 79, 154
Vorkern 194

Wachse 23
Waldenströmsche Makroglobuline 186
Warburg-Keilin-System 121
Warburgsches Atmungsferment 121
Wasserstoffbindungen 19, 56

X-Chromosom 40, 135, 139, 195
X-Spermie 197

Y-Chromosom 40, 135, 139, 195
Y-Spermie 197

Zellafter 31
Zelldifferenzierung 6
Zellen, chromaffine 221
—, neurosekretorische 221
Zellfraktionierung 13, 76
Zellkern 14, 36
Zellmembran 14, 31, 122
Zellmund 31
Zellnekrose 235
Zellteilung, direkte 130
—, indirekte 130
Zelltod 26
Zellverband 26
Zellvermehrung 130
Zellwachstum 130, 150
Zentralfibrille 192
Zentralkörperchen s. Zentriol
Zentralspindel 130
Zentrifugierung 77
Zentriol 14, 81—84
Zentromer 137
Zentrosom s. Zentriol
Zentrosphäre 83, 134
Zerebroside 24
Zitronensäure 115
Z-Linie 201
Zona fasciculata 74, 75
—, glomerulosa 75
—, pellucida 152, 154, 161, 194
—, radiata 161
—, reticularis 75
Zygotän 165
Zygote 151
Zylinderepithel 168
Zymogengranula 102
Zytidin 54
Zytoblastem 8
Zytochrome 119
Zytochromoxydase 121
Zytokrinie 169
Zytolysosomen 98
Zytopempsis 128
Zytosom 98
Zytostatika 148
Zytozentrum 185